LA PERSÉCUTION

CONTRE LE CLERGÉ

DU

DÉPARTEMENT DU GERS

SOUS LA RÉVOLUTION FRANÇAISE

PAR L'ABBÉ P. LAMAZOUADE

Missionnaire

PARIS | AUCH
RENÉ HATON | J. CAPIN
libraire-éditeur, | libraire-éditeur,
33, RUE BONAPARTE | 17, RUE DE LA PRÉFECTURE

TOUS DROITS RÉSERVÉS.

1879

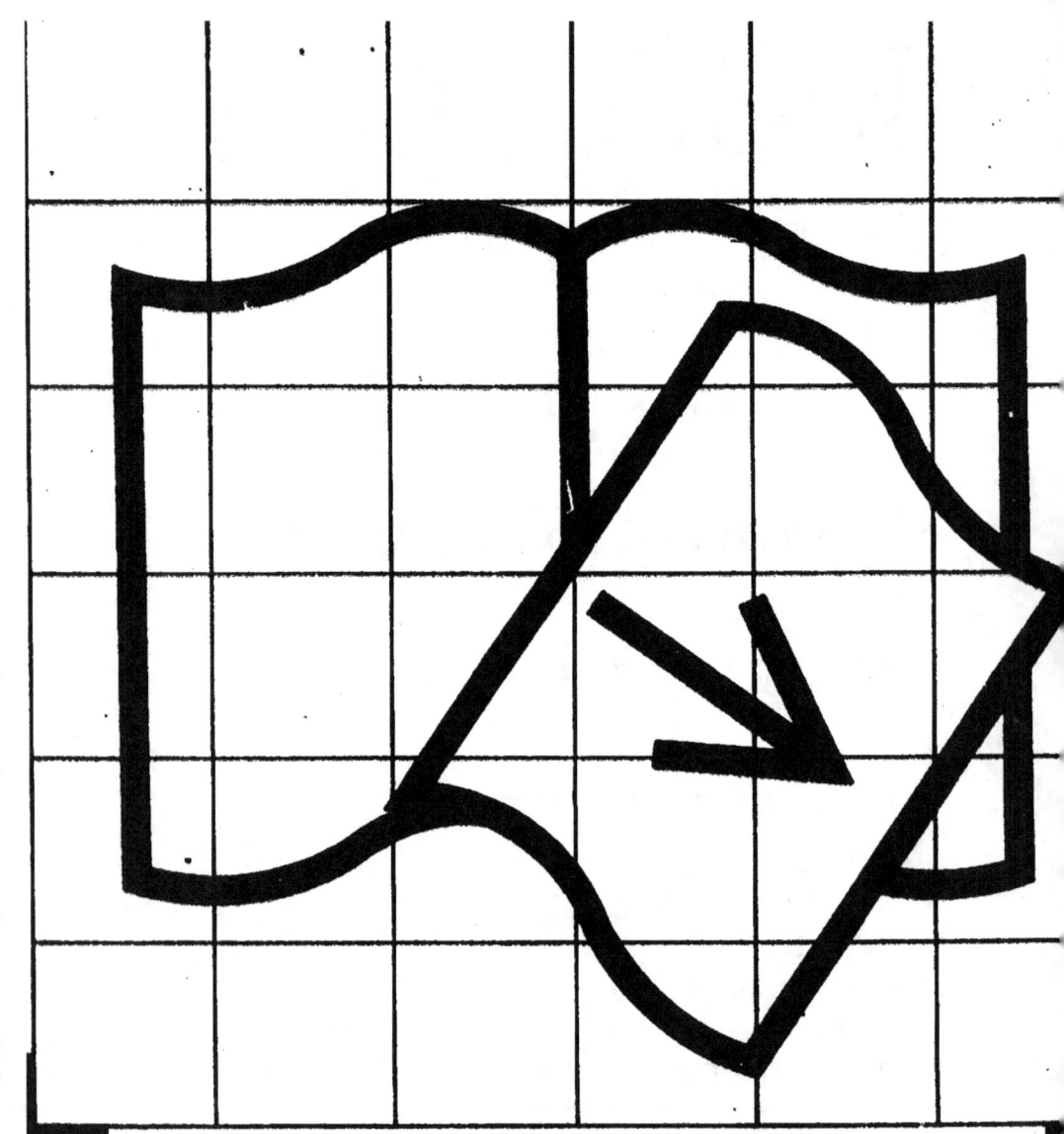

LA PERSÉCUTION

CONTRE LE CLERGÉ

DU

DÉPARTEMENT DU GERS

SOUS LA RÉVOLUTION FRANÇAISE

PAR L'ABBÉ P. LAMAZOUADE

MISSIONNAIRE

PARIS	**AUCH**
RENÉ HATON	J. CAPIN
libraire-éditeur,	libraire-éditeur,
33, RUE BONAPARTE	11, RUE DE LA PRÉFECTURE

TOUS DROITS RÉSERVÉS.

1879

TARBES. — ÉMILE CROHARÉ, IMPRIMEUR
place Maubourguet et rue Massey.

LA
PERSÉCUTION RÉVOLUTIONNAIRE
DANS LE GERS

ERRATA

Pages 7, 19, 20, 21, au lieu de *Darré*, lire DARRET.
Page 28, ligne 9, au lieu de *conseils*, lire CONCILES.
Page 33, ligne 24, au lieu de *natoriété*, lire NOTORIÉTÉ.
Page 58, ligne 22, au lieu de *syndic*, lire SYNODE.
Page 199, ligne 2, au lieu de *St-Mézard*, lire ST-MÉDARD.
Page 492, ligne 6, au lieu de *ayant*, lire AVAIENT.

On n'a jamais essayé de retracer l'histoire de la persécution révolutionnaire dans cette contrée. Bien des personnes cependant désiraient la connaître et se plaignaient qu'on laissât mourir les derniers témoins de ces temps malheureux, mais féconds en exemples utiles, sans se donner la peine de recueillir leurs souvenirs.

J'aurais voulu abandonner cette tâche à un homme de plus de loisirs et de plus de talent que moi. Mais personne ne paraissant vouloir s'y dévouer, j'ai cru devoir y consacrer les rares moments de liberté que m'ont laissés pendant deux ans les exercices des missions.

J'ai cherché un peu partout les éléments de cette histoire, déjà bien oubliée. Je n'ai pris cependant que peu de choses dans les livres, et encore moins dans les traditions orales, qui m'inspiraient souvent quelque défiance et que je n'ai pu, d'ailleurs, consulter qu'en de rares localités.

Presque tous les matériaux de ce livre m'ont été fournis par les documents originaux, conservés aux archives départementales du Gers. Par conséquent, à défaut d'autre mérite, les récits que je publie auront celui d'une authenticité inattaquable.

Ce n'est pas, du reste, une histoire proprement dite que j'offre aux lecteurs chrétiens. Ce sont des mémoires, des fragments, disposés par ordre chronologique, et dont un historien pourra user en liberté. Il aura seulement à les faire entrer dans un récit suivi, et à compléter, par des recherches locales, les nombreux épisodes dont les documents consultés par moi ne m'ont pas révélé le dénouement.

Je n'ai pas voulu faire œuvre d'écrivain ; je n'aspire qu'à faire connaître la vérité pour l'édification de tous. J'ai pris des précautions, qu'on a trouvées exagérées, pour ne pas violer la charité en affligeant les vivants du déshonneur de leurs pères. Je n'ai pas même, le plus souvent, transcrit les noms propres qui ne pouvaient être cités avec honneur.

N'ayant aucune prétention littéraire, je me contente d'ordinaire de copier, en les abrégeant, les pièces originales. J'ai pris à peu près la même liberté avec les travaux partiels publiés sur ce sujet par MM. de Bastard d'Estang, Am. Tarbouriech, J. Solon, etc. Je n'ai pas même marqué toujours assez exactement ce que j'emprunte. Mais cette explication me fera pardonner, j'espère, ce qu'il y a eu peut-être d'excessif et d'indiscret dans cette conduite.

Je ne saurais assez exprimer ma reconnaissance à ceux qui m'ont aidé de leurs communications ou de leurs conseils. Je me contente de nommer M. Paul Parfouru, archiviste du département du Gers, dont l'obligeance est au-dessus de tout éloge, et sans lequel ce livre n'aurait jamais pu naître; — et M. Léonce Couture, professeur au petit séminaire d'Auch et à la faculté catholique des lettres de Toulouse, qui a bien voulu revoir presque toutes les épreuves à partir du chapitre VI.

Il ne me reste qu'à prier Dieu de bénir un

travail entrepris uniquement pour offrir aux prêtres et aux fidèles des exemples de foi héroïque, qui pourront les encourager dans les luttes et les souffrances du présent et de l'avenir.

P. LAMAZOUADE.

CHAPITRE Iᵉʳ.

Monseigneur de Latour-Dupin-Montauban. — Ses protestations. — Son accusation. — Sa condamnation. — Son exil. — Ordinations. — M. l'Abbé Darré. — Son arrestation. — Sa fuite. — Dévouement de quelques personnes. — M. l'abbé de Bastard. — Exécutions.

I

MONSEIGNEUR DE LATOUR-DUPIN.

Lorsqu'un danger menace une famille, le père ne craint pas de s'exposer à une mort certaine pour sauver la vie de ses enfants.

Tel fut Mgr de Latour-Dupin au milieu de son clergé.

Il est écrit dans l'Evangile que le bon pasteur donne sa vie pour ses brebis. Disons-le hautement à la louange de l'Archevêque d'Auch. Parmi les victimes de la Révolution dans le Gers, c'est lui qu'on aperçoit au premier rang ; c'est lui qu'on voit tout d'abord au milieu des dangers qui menaçaient la religion catholique dans notre pays, braver courageusement le péril et s'efforcer de rallier tous ses enfants autour de l'étendard sacré de la Foi.

Monseigneur de Latour-Dupin avait su conquérir la sympathie de son diocèse ; tout le monde appréciait ses hautes qualités. Aussi ne faut-il pas s'étonner si le conseil administratif éprouva d'abord certaines répugnances à prendre des mesures sévères contre l'Archevêque d'Auch, lorsque cet éminent prélat refusa de se soumettre aux décrets de l'Assemblée nationale.

Ce fut le 15 novembre 1790 que Monseigneur Latour-Dupin fut dénoncé.

L'un des membres de l'Assemblée départementale l'accusa d'enfreindre les lois de l'État : Il s'agissait de la Constitution civile du clergé.

Cette loi, comme nous le dirons plus tard, portait une atteinte grave à la suprématie de la Cour romaine ; elle froissait les consciences catholiques.

A Auch, l'heure de la lutte allait sonner.

Mgr Latour-Dupin était au premier rang des combattants ; le chapitre de Ste-Marie marcha noblement sur ses traces.

Le courageux prélat adressa au Procureur-Général-Syndic une protestation conçue en ces termes :

« Lorsque par l'autorité du St-Siège apostolique, l'Église m'a investi de sa juridiction, en me plaçant sur le siège antique et vénérable de la métropole d'Auch, je ne croyais pas que j'eusse jamais des ordres à recevoir de qui que ce soit dans le monde, pour le gouvernement spirituel de mon Eglise, si ce n'est du concile de ma province, d'un concile national ou œcuménique et de l'Eglise de Rome, mère et maîtresse de toutes les autres.

« Les temps ont pu changer, Monsieur, mais les principes sont toujours les mêmes, parce qu'ils sont établis sur Jésus-Christ qui était hier, qui est aujourd'hui et qui sera le même dans tous les siècles.

« C'est lui qui a donné à l'Eglise seule le droit de fixer sa discipline, droit qui est une partie essentielle du gouvernement spirituel qui lui appartient incontestablement.....

« Ainsi donc, Monsieur, dans tout ce qui dépendra de moi, les choses resteront dans l'état où elles sont.

« Jusqu'à ce que le Père commun des fidèles, le vicaire de Jésus-Christ ait parlé, je n'aurai pas d'autre conseil que le Sénat vénérable placé par l'Eglise auprès de mon Siége.

« La force peut apporter quelque changement à cet ordre de choses, on pourra faire couler les larmes des vrais fidèles, en interrompant dans nos églises le cours de la prière publique, en s'opposant au sacrifice des louanges qu'offrent à Dieu soir et matin mes vertueux et vénérables frères, les chanoines et bénéficiers de la métropole d'Auch.... Mais malheur à qui portera une main sacrilége sur ces saints établissements, et surtout ceux que la piété de nos pères a fondés en faveur des pieux cénobites, des humbles vierges et des admirables congrégations que Dieu, dans sa bonté, a données à son Eglise. »

On voit déjà l'effet que dut produire la lettre de Monseigneur.

Elle fut considérée par le Conseil du département comme un document fanatique et incendiaire. Elle excita les fureurs du parti révolutionnaire, soit dans la ville, soit au sein de l'Administration.

Le président du Conseil, après avoir entendu le Procureur Général, proposa immédiatement les deux questions suivantes :

« — Faut-il dénoncer aux tribunaux M. l'Evêque, ses complices et ses adhérents réfractaires à la loi, comme perturbateurs, tendant à troubler le repos public ?

« — Faut-il les dénoncer dès ce moment, ou bien attendre l'organisation prochaine du tribunal du district auscitain ? »

Il fut décidé que le lendemain, M. le Procureur Général dénoncerait au tribunal M. l'Evêque, les complices et adhérents comme réfractaires à la loi. De plus on déclara que M. l'Evêque cesserait de percevoir son traitement jusqu'à ce qu'il se fût soumis aux décrets de l'Assemblée. Cette lâche dénonciation eut lieu le 4 décembre.

D'après M. l'abbé de Feller, le curé de l'église métropolitaine, revêtu de ses habits sacerdotaux, traversait un jour la foule immense du peuple, pour aller prêter, aux pieds de l'autel, le serment de fidélité à la constitution civile du clergé.

Tout à coup, Mgr de Latour-Dupin apparaît en habits pontificaux; il s'avance gravement, monte sur les marches de l'autel, et somme le curé de renouveler entre ses mains les vœux qu'il fit autrefois au moment de son ordination. Comme s'il eût été frappé de la foudre, le curé hésite, garde le silence. Le prélat lui fait une seconde sommation. Même silence. Alors l'Archevêque l'interdit publiquement de toutes ses fonctions, et lance sur lui les anathèmes de l'Eglise. Le curé éperdu, saisi de douleur, se jette à ses genoux en exprimant le plus vif repentir; il sollicite son pardon et, après l'avoir obtenu, monte en chaire et adresse la plus pathétique des exhortations au peuple, qui bientôt partage ses transports. Le pasteur jure de souffrir mille fois la mort plutôt que de se rendre apostat. Les révolutionnaires frémissent de rage, tandis que la foule, demeurée fidèle à la religion catholique, se pressait autour de Mgr de Latour-Dupin et le reconduisait en triomphe dans son palais.

II

Ce ne furent pas là les seules accusations que l'on formula contre Mgr Latour-Dupin.

Le 8 décembre, fête de la Conception de la Vierge, Monseigneur annonça publiquement à tous les fidèles qu'il protesterait contre les décrets de l'Assemblée nationale.

Et le 24 décembre, le tribunal rendit ce décret : « M. Latour-Dupin, ci-devant évêque du Gers, sera ajourné, au délai de l'Ordonnance, afin de comparaître en personne et répondre sur les faits résultant des charges et autres sur lesquels il sera interrogé pour avoir tenu des propos en présence du peuple réuni dans le Chœur de l'église Ste-Marie, et tendant à le soulever contre la loi. »

L'Archevêque, en effet, profitait de toutes les occasions qui lui étaient offertes, pour protester avec énergie contre les injustes décrets de l'Assemblée.

Comparaissant devant les officiers municipaux, le 11 janvier 1791, pour faire sa déclaration relative au serment prescrit, quand on lui présenta le livre des registres, loin de prêter le serment de la Constitution, loin de donner à son clergé l'exemple d'une lâche soumission à ces lois anti-religieuses, il ne craignit point de flétrir ces décrets émanés de l'Assemblée nationale.

Puis il ajouta qu'il ne cesserait jamais de se considérer comme Archevêque d'Auch, jusqu'à ce que l'Eglise en eût décidé autrement.

M. Darré, archidiacre de la métropole, qui avait accompagné Monseigneur, se leva à son tour, bien qu'il ne fût point interrogé, et s'écria d'une voix ferme, en présence des officiers municipaux :

« Nous avons l'espoir que sur 360 prêtres du diocèse, plus de 300 refuseront ce serment, et, bien sûr, vous aurez dimanche prochain à regretter quelque événement malheureux occasionné par la cessation du service divin. »

Le 16 janvier, le tribunal ordonna que M. Darré fût mis en état d'arrestation. Quant à Mgr Latour-Dupin, il devait comparaître en personne, attendu qu'il était accusé d'avoir *indécemment trompé* la bonne foi des officiers et *scandaleusement déclamé* contre la loi.

Or, le 29 janvier 1791, on lisait dans le *Moniteur* :

« D'Auch, département du Gers :

« Monseigneur l'Evêque avait fait distribuer une lettre qui tendait à égarer le peuple et à le soulever. M. D..., son grand vicaire, s'était permis les propos les plus indécents. Le tribunal du district a décrété M. l'Evêque d'ajournement personnel et M. D... de prise de corps. Le grand vicaire a disparu. »

Quoique, aux yeux de la loi, Mgr Latour-Dupin dût s'interdire toute espèce de fonction épiscopale, il n'en protestait pas moins publiquement en donnant la confirmation dans toute l'étendue de son diocèse.

Le 18 mars, le tribunal rendit une ordonnance en vertu de laquelle « défense rigoureuse était faite à M. Latour-Dupin, ci-devant évêque du département du Gers, de remplir aucune fonction de son ministère. »

On avait compris, en effet, que Monseigneur se proposait de faire une ordination le lendemain matin.

Qu'il nous soit permis d'emprunter ici le récit de M. Monlezun.

Les détails sur cette touchante cérémonie semblent lui avoir été fournis par un témoin oculaire. Au reste, ils sont conformes à ceux qui furent consignés plus tard dans une enquête spéciale.

On était accouru de plusieurs diocèses voisins.

La cérémonie eut lieu dans la chapelle du palais et durant la nuit.

Là tout était de la primitive Eglise : et le Pontife, et les lévites, et le dévouement et la piété.

Rien n'y manqua, pas même les ténèbres et le mystère. Jamais ordination n'avait été plus nombreuse. On y compta, dit-on, près de deux cents ordinants.

La tribu sacerdotale s'est toujours multipliée dans les persécutions.

Mgr Double (depuis évêque de Tarbes), y fut promu au sacerdoce.

L'autorité civile, instruite vaguement de ce qui devait se passer, fit environner de troupes le palais, dès trois heures du matin. Mais la cérémonie, commencée un peu avant minuit, s'était terminée vers deux heures, et le palais était vide de tous les étrangers.

L'Evêque lui-même le quitta le soir pour ne plus y rentrer.

Il était parti pour la terre étrangère.

De là, il continuera ses protestations ; de là, il soutiendra par ses instructions pastorales ses ordonnances, ses lettres et ses conseils, ceux qui, à son exemple, auront refusé d'obéir à la constitution civile du clergé.

Dans la matinée du 19 mars, l'auguste prélat avait définitivement quitté le département du Gers pour se rendre à Garaison.

Il y resta peu de jours.

Néanmoins il fit dans une chapelle solitaire du voisinage une seconde ordination presque aussi nombreuse que la première.

Comme à Auch, la cérémonie eut lieu pendant la nuit. Elle commençait à peine lorsqu'on entendit les pas précipités d'un cheval traversant rapidement le bois, au milieu duquel se cachait la chapelle.

On frappe avec force. Les assistants se regardent effrayés ; on ouvre avec quelques précautions.

Tout se calma bientôt.

On reconnut M. l'abbé Dartet, mort depuis vicaire général d'Auch ; d'autres disent que c'était un diacre de Foix ou de Pamiers. Parti de loin, il n'avait pu arriver plus tôt, et il venait recevoir le sacerdoce qui lui fut conféré.

III

Nous avons déjà dit que Mgr Latour-Dupin entretenait de fréquentes relations avec son clergé resté fidèle aux principes de l'Eglise romaine.

M. l'abbé Pison, son ancien aumônier, et M. l'abbé Dupuy, son ex-secrétaire, tous les deux résidant à Auch, lui servaient principalement d'intermédiaires pour répandre en cachette ses circulaires et ses mandements.

De fréquentes dénonciation émanées de la *Société des amis de la Constitution* tenaient depuis quelque temps l'autorité en éveil sur les manœuvres de Mgr de Latour-Dupin. Enfin, le

2 juin, le département ordonna une perquisition chez M. l'abbé Pison. On y trouva une quantité considérable de brefs pontificaux, d'instructions, de lettres diverses que le noble exilé adressait à plusieurs archiprêtres du diocèse. De tous ces documents saisis par les officiers municipaux, un des plus importants avait pour titre : « Instruction de Mgr l'Archevêque d'Auch à MM. les curés de son diocèse qui n'ont pas prêté le serment. — Donné à Fos, le 9 mai 1791. »

Il n'en fallut pas davantage pour déterminer des juges sans conscience à décréter (2 août) que le sieur Latour-Dupin, ci-devant évêque du département du Gers, serait pris, saisi de corps et conduit dans la prison du tribunal, afin d'y répondre sur les actes qu'on lui imputait.

Et le décret ajoutait : « Dans le cas où il ne pourra être pris, après perquisition faite de sa personne, qu'il soit assigné au délai de quinzaine; et par un seul cri public, à la huitaine suivante, que ses biens soient saisis et annotés. »

Ses meubles furent, en effet, vendus dans une salle du séminaire le 4 octobre 1792 ; en 1793, on continua cette vente. Mgr Latour-Dupin fut inscrit sur la liste des émigrés du Gers avec cette note :

« Un mobilier dont la valeur est fort au-des-
« sous de ses dettes. »

Il s'était retiré dans la célèbre abbaye de Monserrat, à 40 kilomètres de Barcelone, et, du fond de sa retraite, il ne cessa de veiller sur son diocèse.

La *Revue de Gascogne* nous fait encore connaitre les noms de deux autres prêtres qui périrent victimes de leur attachement inviolable à la foi catholique : c'étaient M. l'abbé Daudoux, originaire de Tillac et M. l'abbé Cazeneuve, de Marciac. Ils étaient vicaires de Viella, à l'époque où éclata la Révolution de 1789. M. Deffieux, curé de cette dernière paroisse, ainsi que ses deux vicaires, refusèrent énergiquement de prêter le serment de fidélité à la Constitution civile du clergé : et pendant quelque temps ils se tinrent cachés dans le château d'Aydie. M. le curé mourut sur ces entrefaites; ses vicaires furent découverts, arrêtés, et bientôt après conduits à Pau, où ils eurent la tête tranchée : Ils étaient *prêtres réfractaires*, c'était là le seul crime qu'on avait eu à leur reprocher.

Quant à M*me* de Capdevielle, née de Viella, qui n'avait pas craint de leur donner asile dans son château, elle fut également arrêtée avec ses deux filles, dont on la sépara plus tard, et puis attachée au carcan sur une des places publiques de Pau. Elle ne recouvra sa liberté qu'après avoir longtemps souffert les horreurs de la prison dans cette ville. A son retour à Aydie, elle ne retrouva plus son château, car il avait été démoli jusqu'aux fondements et ses biens avaient été vendus. Privée de tout, elle fut réduite à accepter, avec ses filles, les secours que leur offrait généreusement la charité publique.

Nous avons le bonheur de conserver une partie de la correspondance que Mgr de Latour-Dupin adressait du Montserrat (Espagne), à quelques-uns de ses prêtres. Ces lettres publiées par la *Revue de Gascogne* sont du plus haut intérêt. Comme il serait trop long de les reproduire ici, nous nous contentons d'en extraire les passages suivants :

A Monsieur de Castéran,
Vicaire général de Tarbes (et vicaire général d'Auch).

« J'avais prié l'évêque de Tarbes..... de vous recommander tous mes diocésains : vous avés déjà commencé à leur rendre service, et je ne puis trop vous en remercier : continués je vous en prie vos soins généreux en leur faveur : Il y en a parmi eux plusieurs qui vous seconderont avec zèle et droiture pour faire le discernement nécessaire des besoins les plus pressants : M. Cénac, curé de St-Arroman, M. l'archiprêtre de Sos, le curé de Marciac et autres, quel dommage que le curé de Marciac ait été obligé de quitter la ville : elle a été admirable.....

« J'évalue à plus de trois mille prêtres ce qui est en Aragon, en Catalogne et dans le royaume de

Valence. Je vous recommande M. Dufréchou curé de Rozès et M. Ducor, doyen de Simorre : ce sont deux bien bons ecclésiastiques….. »

Lorsque la guerre eut éclaté entre l'Espagne et la France, les communications, on le comprend, devinrent beaucoup plus difficiles entre ces deux puissances. C'est ici le moment de signaler le dévouement héroïque de quelques personnes fidèles qui, le plus souvent déguisées en mendiantes, servaient de commissionnaires, puisant ainsi dans la constance de leur foi religieuse un courage à toute épreuve.

L'une d'elles appartenait au diocèse d'Auch et l'on a quelque raison de croire qu'elle était originaire du Haut-Armagnac : elle avait nom Rose Lagardère.

La seconde, décédée à Auch en 1842, à l'âge de 80 ans, Rose Duthu, était du diocèse de Tarbes; en 1792 elle était attachée au service d'un prêtre qui desservait la paroisse de Bizous-de-Neste. Obligé de franchir les Pyrénées pour demander à une terre étrangère un asile et une protection que lui refusait sa patrie, ce vénérable prêtre souffrait en silence privé des soins que réclamaient ses infirmités. Rose l'avait deviné. Elle ne put longtemps résister au désir de suivre son maître. Malgré toutes les précautions dont elle eut soin d'entourer sa détermination, la nouvelle de son départ s'ébruita dans le village :

les ennemis du curé lui en firent un crime et la haine les aveugla au point de décréter que Rose Duthu serait placée sur les autels de la déesse Raison aux jours des fêtes nationales.

On le comprend, la pudeur de cette jeune fille fut alarmée : aussi s'empressa-t-elle de profiter des ténèbres de la nuit pour échapper aux outrages qu'on lui préparait. Elle se fit accompagner de son frère et d'un voisin, ami de la famille, et l'on se dirigea par des sentiers détournés vers la chaîne centrale des Pyrénées.

« Oh ! comment vous donner une idée, disait Rose dans ses vieux jours, de tout ce que j'ai souffert dans ces profonds ravins, à travers ces pics abruptes où la neige avait couvert les rares sentiers qui auraient pu nous diriger dans cette pénible fuite ! Le froid, la lassitude, les chutes fréquentes et surtout le manque de nourriture eurent bientôt épuisé mes forces ; à tel point que, pour m'arracher à une mort certaine, mes deux compagnons de voyage furent obligés de me ceindre d'une corde au moyen de laquelle ils me conduisaient ou plutôt me traînaient à leur suite. Nous finîmes néanmoins par atteindre le port, où mon frère aîné, qu'on avait prévenu de mon départ, s'était empressé de venir nous attendre. C'est à peine si je me possédais assez pour le reconnaître !... »

M. le curé de Bizous ayant formé le projet de

rentrer dans sa paroisse, fut bientôt obligé de reprendre le chemin de son exil, et, cette fois, c'était pour y mourir. Rose Duthu se trouva désormais plus libre ; son pieux dévouement comme sa réputation ne tardèrent pas à s'étendre dans le petit royaume d'Aragon et en Catalogne, si bien que l'évêque et son vicaire général la jugèrent digne de la haute confiance dont elle fut investie. Plusieurs fois ces pieuses personnes firent péniblement le voyage d'Espagne en France et de France en Espagne.

Un jour cependant, Mgr de Latour-Dupin reçut avis qu'il fallait désormais prendre des mesures pour que les deux commissionnaires françaises ne fussent point arrêtées, car on désignait déjà et les maisons où elles se reposaient, et le motif de leurs voyages.

Cet avertissement qui avait été donné par un homme du pays, était venu trop tard. On n'avait pas eu le temps de le mettre à profit, puisque dans un dernier voyage, Rose Lagardère, qui s'était rendue plus suspecte encore en demandant un passeport, fut arrêtée en chemin. Quand elle eut recouvré sa liberté, elle quitta la route de Montserrat et se dirigea vers Saragosse...

A la suite de cet incident, l'Archevêque d'Auch eut occasion de faire connaître à son ami le sort de quelques-uns de ses prêtres : « MM. Cam-
« pardon, Duprat et Lagrange se portent bien,

« écrivit Mgr de Latour-Dupin-Montauban.
« L'abbé Darret qui est à Saint-Sébastien, est à
merveille aussi ; le curé de Ste-Marie, M. Despiau, est à Londres, avec Alexandre son vicaire.
Alexandre a pris une éducation, ce qui ajoute à
son aisance ; le curé de Ste-Marie d'Auch en a
refusé une, et a préféré de n'avoir que les 45 ou
46 francs par mois que donne le gouvernement
aux prêtres français, afin d'être tout entier à
Dieu dont il est uniquement occupé : sa piété est
au plus haut degré. »

Nous savons néanmoins que nos prêtres exilés
ne voulaient pas contrister le cœur de leur saint
archevêque ; aussi avec une délicatesse admirable
prenaient-ils toutes les précautions pour lui
laisser ignorer leurs souffrances. M. l'abbé
Alexandre était loin de trouver dans les leçons
qu'il donnait à Londres les ressources indispensables à son honnête existence ; il passait une
partie de son temps à fabriquer des lanternes
vénitiennes, que les Anglais à cette époque
recherchaient avec un certain empressement.

On sait également que M. de Belloc, mort à
Auch le 20 octobre 1857, se vit obligé, pendant son
exil en Espagne, à faire des cages pour les vendre.
De plus, il tournait la meule à un de nos prêtres,
M. l'abbé Trémoulet, qui fabriquait des couteaux
pour fournir à leur commun entretien. Ce digne
ecclésiastique eut aussi la consolation de rentrer

en France. Il mourut dans sa paroisse de Montégut-Gures, à l'âge de 75 ans.

D'autre part, Mgr de Latour-Dupin parle dans sa correspondance, de deux vénérables prêtres, MM. Dayreux et Ducasse que les révolutionnaires n'avaient pu saisir et qui continuaient à se dévouer au salut des âmes dans la ville d'Auch. M. l'abbé Ducasse avait trouvé la plus cordiale hospitalité dans la maison qu'habitait la famille La Claverie. C'est là, qu'en vertu d'un indult spécial du Souverain Pontife, ce digne prêtre consacrait des pierres destinées au saint sacrifice et dont on faisait usage pour célébrer la messe *en chambre*, comme l'on disait, tant que dura la persécution.

Cependant, par suite des victoires remportées par les Français sur les armées espagnoles, Mgr de Latour-Dupin et la plupart des prêtres émigrés comprirent qu'ils n'étaient plus en sûreté dans les environs de Montserrat. Alors ils formèrent le projet de se disperser dans les provinces centrales de l'Espagne. Le 17 février 1795, l'Archevêque d'Auch était à Plasencia.

Plus tard, à la suite du Concordat, après avoir donné sa démission sur la demande de Pie VII, Mgr de Latour-Dupin rentra en France, et fut nommé en 1803 à l'évêché de Troyes.

Promu au grade d'officier de la Légion d'Honneur, l'an XIII, il venait d'être élu sénateur, quand la mort vint le frapper, le 28 novembre 1807, à peine âgé de 63 ans. « Les vertus éminentes de ce Prélat, dit le *Moniteur*, sa charité envers les pauvres, sa bonté envers tous et la sagesse de son administration, qui lui avaient concilié l'amour de tous ses diocésains, le feront vivre longtemps encore dans leurs cœurs et dans leur mémoire. »

IV

On se souvient du langage énergique de M. l'abbé Darré, lorsque Mgr de Latour-Dupin fut obligé de comparaître devant ses juges.

A son tour, le vicaire général dut subir un interrogatoire sur les faits qu'on lui reprochait. L'accusateur public avait dit dans sa requête « que les propos du sieur abbé Darré étaient d'autant plus déplacés que la prestation du serment ne l'intéressait pas. Ils annonçaient, en prévision, des événements malheureux, résultant de quelque trame ourdie, sous le voile de la religion, pour soulever les citoyens les uns contre les autres..... »

On avait décrété l'arrestation de l'archidiacre de Ste-Marie. Mais pendant quelque temps il était parvenu à se soustraire à toutes les recherches de la justice.

Ayant été arrêté dans sa voiture, à Mirande, il fut bientôt ramené à Auch, puis écroué le 18 janvier, sur la requête de l'accusateur public, dans les prisons du district auscitain. Tout ce que l'on trouva dans le véhicule fut immédiatement saisi. Trois lettres seulement parurent mériter l'attention du tribunal et furent déposées au greffe. L'une d'elles, et la plus importante, était écrite de la main de Mgr de Latour-Dupin-Montauban. Elle était toute confidentielle et livrait la pensée intime du prélat, au sujet de la Constitution civile du clergé.....

Sur l'attestation du médecin, M. l'abbé Darré obtint son élargissement provisoire pour cause d'infirmités.

La maison du sieur Morlan, voisine du sénéchal, devint alors sa nouvelle prison. Là, deux cavaliers de la gendarmerie nationale se tenaient dans l'intérieur de son appartement, afin de mieux surveiller sa captivité, tandis que deux soldats du guet montaient la garde devant la porte d'entrée.

Ce fut le 20 janvier qu'il dut subir son interrogatoire.

Ses réponses témoignèrent d'une certaine circonspection. Il protesta contre les affirmations de l'enquête, déclara qu'il n'avait point parlé d'émeute ou de révolte et qu'il s'était permis seulement d'exprimer son opinion sur les embarras que pourraient produire les événements en ce qui concernait la célébration du culte catholique. M. l'abbé Darré obtint de nouveau de ses juges la faveur d'un élargissement provisoire. Et tandis que l'accusateur public réclamait, auprès du tribunal, le droit de poursuivre une telle procédure, M. le vicaire général profita de sa liberté pour passer en Espagne. En 1794, il était à St-Sébastien.

Quant aux abbés Pison et Dupuy, qui faisaient parvenir aux prêtres non assermentés du Gers les instructions que Monseigneur leur envoyait de sa terre d'exil, ils prirent la fuite, ainsi que M. Courtade, supérieur du séminaire d'Auch.

Nous avons le regret d'annoncer que les documents officiels nous font absolument défaut au sujet de nos Evêques de Lombez, de Condom et de Lectoure.

V

M. l'abbé Dominique-François de Bastard d'Estang était grand vicaire de Lombez. Voici entre autres détails ce que nous lisons dans un excellent article publié par la savante *Revue de Gascogne* (tome III, p. 141) relativement à cette illustre victime de la persécution révolutionnaire :

M. l'abbé de Bastard d'Estang, prêtre, docteur en Sorbonne, chanoine de l'église cathédrale de St-Gervais de Lectoure, prieur de Ste-Gemme de Bustet, vicaire général de Mgr de Fénélon, évêque de Lombez, naquit le 31 août 1740, dans la ville de Nogaro.....

Sa profonde instruction, son goût pour les sciences qu'il avait cultivées avec succès, son talent pour la prédication, où son caractère se peignait tout entier, sa douceur, sa charité, que la simplicité de ses goûts personnels rendait inépuisable, le faisaient rechercher et chérir de tous, et les classes pauvres le connaissaient plus encore que les riches.

Mgr de Fénélon étant mort, M. l'abbé de Bastard désira retourner dans le diocèse de Lectoure.

Cependant la Révolution grondait et menaçait le clergé.

Rester à son poste, comme un soldat sur la brèche, tant que la chose lui serait matériellement possible, refuser un serment contraire à la discipline de l'Eglise catholique et continuer néanmoins le saint ministère que la mort seule devait interrompre ; s'y conduire avec assez de prudence, pour qu'une injuste agression pût seule le lui interdire, telle fut sa règle dans ces temps malheureux. Grâce à lui et à quelques saints prêtres, compagnons de ses travaux, le diocèse de Lectoure eut pendant quatre années la consolation de voir l'exercice du culte continué.

Un décret ayant ordonné à tout ecclésiastique non assermenté de quitter le département dans les huit jours, et la République dans un mois, M. l'abbé de Bastard fut obligé de faire ses adieux à sa famille, à ses amis et à sa patrie, car la Convention demandait, par la loi révolutionnaire du 18 mars, l'exécution de tout prêtre déporté ou réfractaire.

La municipalité de Lectoure lui délivra un passeport, le 4 avril 1793; il partit bientôt après, accompagné de son frère aîné, le comte d'Estang; ils passèrent à Agde, puis se rendirent au port de Cette. C'est là que les deux frères se séparèrent pour ne plus se revoir sur la terre.

M. l'abbé de Bastard s'embarqua sur le bâtiment *Notre-Dame de la Garde* où il eut le bonheur de retrouver quatre prêtres : Joseph de Trémont, du diocèse de Lectoure; Laurent d'Escuret, cordelier de Condom; Etienne de la Molinairie, cordelier de Loudun, et un capucin dont le nom est resté inconnu.

Une heure s'était à peine écoulée depuis leur départ, qu'une violente tempête les jeta sur la plage du Bandol, à trois lieues de Toulon.

Sur une dénonciation du capitaine, les autorités préposées à la santé, accompagnées de la garde nationale, se transportèrent à bord du navire, réclamèrent brutalement les passeports de nos victimes, s'emparèrent de leurs personnes, de leurs papiers, de leur argent. Seul, le capucin parvint à s'échapper. Un arrêté du département du Var ordonna de les traduire aussitôt devant la municipalité de Toulon. Ils furent donc conduits dans cette ville, garrottés comme des criminels et, le 24, écroués dans la maison d'arrêt, pour comparaître le lendemain devant la commission militaire : ils étaient *nobles, émigrés, rentrés, réfractaires et prêtres déportés*, et pour ces motifs, ils furent condamnés à mort. On les fit rentrer dans leurs cachots pour y attendre l'heure de leur exécution ; là, ils reçurent la visite d'un prêtre assermenté ; mais nos victimes refusèrent de l'entendre et se préparent à mourir.

Sur ces entrefaites, la municipalité de Toulon avait fait afficher sur tous les murs la proclamation suivante :

« Citoyens,

« Conformément à la loi du 18 mars, le tribunal criminel vient de condamner à la mort un de ces scélérats contre-révolutionnaires, continuellement occupés à déchirer le sein de notre chère patrie. Le glaive de la loi va, dans l'instant, trancher le fil de cette vie infâme et criminelle, et vous êtes invités par vos magistrats à assister à cette exécution avec tout le respect d'un peuple libre, et qui ne trouve jamais son bonheur qu'à l'abri des lois.

« Toulon, 16 avril 1794, une heure après-midi. »

« Le même jour, au moment où deux heures sonnaient, les quatre condamnés (et non un seul) furent conduits sur la place de Toulon où l'échafaud était en permanence. L'abbé de Bastard, toujours nommé le premier dans les actes de ce drame sanglant, est aussi désigné pour précéder ses compagnons dans ce moment suprême. Il monte sur l'échafaud, et s'avançant sur le bord, il s'adresse à la foule assemblée...............
....

Avec tant de force et d'élévation sur la violation des droits qui auraient dû les protéger dans leur naufrage, mais avec une si touchante résignation sur le sort qu'il va subir, que Pierre Bayle, commissaire de la Convention Nationale, présent à l'exécution, effrayé de la vive émotion et des sentiments de pitié qui se manifestent dans le peuple, et craignant un soulèvement général, impose silence à la victime, *et la tête de l'abbé de Bastard tombe sur l'ordre réitéré du Représentant.*

A l'instant, un cri général retentit : à mort les assassins ; les couteaux brillent dans les rangs de la multitude qui se précipite sur l'échafaud, trempe des linges dans le sang de la victime et se les distribue comme des reliques. Repoussées par les troupes, trois personnes sont frappées à mort ; quarante sont blessées ; les soldats ont eux-mêmes deux hommes tués dans leurs rangs et plusieurs de blessés ; mais Bayle n'ose faire exécuter les trois autres condamnés ; il les fait reconduire en prison, où ils restèrent jusqu'à la prise de Toulon qui vint les délivrer. »

M. l'abbé de Bastard n'avait alors que 47 ans.

Celui qui a écrit l'histoire de la Révolution dans le département du Var, dit simplement que cette noble victime monta vers les deux heures à l'échafaud, leva les yeux au ciel, et mourut avec le courage d'un homme sans peur et la résignation d'un martyr.

Cette mort fut une violation du droit des gens. Elle n'était justifiée ni par la haine, ni par l'esprit de vengeance du parti de la Montagne, il lui fit plus de mal que si la victime, au lieu d'être étrangère et inconnue au pays, eût été un noble ou un bourgeois influent. Les patriotes sages furent honteux de ce triomphe... La ville de Toulon garda la mémoire de ce tragique événement. Un témoin oculaire affirme que pendant le siége le peuple allait prier sur la tombe de l'abbé de Bastard et que l'on écrivit à Rome, pour demander sa béatification.

CHAPITRE II

Constitution civile du Clergé.

Disons un mot seulement de cette abominable *Constitution* imposée à tout le clergé de France par une loi de l'Assemblée nationale en date du 12 juillet 1790. Cette Assemblée supprimant un nombre considérable de siéges épiscopaux, décréta qu'il n'y aurait plus désormais qu'un évêque par département. Quant à leur élection et à celle des curés, elle devait être faite par le peuple à la pluralité des voix.

Parmi les évêques titulaires, quatre seulement : l'Archevêque de Sens, les évêques d'Autun, d'Orléans et de Viviers, se soumirent à cette Constitution, les cent quatre-vingt-sept autres non-seulement refusèrent leur adhésion, mais encore la condamnèrent dans leurs écrits, comme entachée de schisme et d'hérésie et portant une véritable atteinte aux droits et à l'autorité de l'Eglise. Le Pape Pie VI, après un examen long et patient des divers articles de cette Constitution, après avoir consulté les cardinaux et les théologiens les plus savants, après avoir pris l'avis des évêques français pour arrêter le mal dans sa source, déclara dans deux brefs (10 mars 1791 et 13 avril de la même année) que cette Constitution était en opposition manifeste avec les principes de la foi catholique, avec les lois générales de la discipline ecclésiastique, avec l'enseignement des saints Pères et la définition des conseils généraux. Dans le bref du 13 avril, le Pape prononça la peine de *suspense* contre ceux qui ayant prêté le serment à cette Constitution ne l'auraient pas rétracté dans 40 jours, et par suite déclara atteints d'*irrégularité* ceux qui, après cette époque, exerceraient quelque fonction de leur ordre. De plus il déclara *illégitimes, sacriléges et tout à fait nulles les élections des nouveaux évêques; illégitimes, sacriléges et faites contre les saints canons*, les consécrations de ces mêmes Évêques et par conséquent entièrement nulle leur juridiction sur les diocèses pour lesquels ils avaient été ordonnés. Leurs actes étaient frappés de *suspense* et d'*irrégularité*, ainsi que les actes des curés et des prêtres qui avaient été ordonnés par eux, qui avaient accepté un titre ou une paroisse et exercé une fonction sacrée de l'ordre sacerdotal, en vertu de la *Constitution*.

La Constitution civile du clergé était manifestement erronée et schismatique, principalement dans les quatre points suivants :

1° Parce qu'elle créait pour toute la France une circonscription entièrement nouvelle d'archevêchés et d'évêchés, après en avoir supprimé un grand nombre pour en établir de nouveaux qui n'avaient jamais existé. Elle changeait donc de sa propre autorité l'étendue juridictionnelle, l'agrandissait ou la diminuait selon l'étendue elle-même et la circonscription du département où elle plaçait un évêque. Il est évident que l'Assemblée nationale ne pouvait légitimer un acte aussi important sans l'adhésion du Souverain Pontife;

2° La nomination des évêques, des curés, des vicaires et de tous les ministres du culte en général devait être faite par les électeurs populaires, et cela, au mépris de l'autorité de l'Église et des lois qui depuis des siècles réglaient cette matière. Comment supposer un instant que de semblables nominations pouvaient être valides et légitimes, alors qu'elles étaient faites sans le consentement ou plutôt malgré l'opposition et la condamnation positive de l'autorité spirituelle ?

3° Les curés et les vicaires nommés par les électeurs laïques pouvaient administrer leurs paroisses et exercer toutes les fonctions du ministère ecclésiastique, par le seul fait qu'ils étaient élus et sans être obligés de recourir à l'autorité de l'évêque diocésain pour faire confirmer leur élection;

4° Tous ceux qui refusèrent de prêter le serment à la Constitution furent déclarés démissionnaires et privés dès lors de toute autorité, de toute juridiction sur leurs diocèses ou leurs paroisses. Or, il n'y a rien de plus manifestement opposé aux doctrines fondamentales de l'Eglise catholique et aux canons qui forment sa discipline.

Bientôt après, une loi plus rigoureuse encore que celles de la *Constitution* fut portée contre les prêtres. Chaumette, le procureur général de la commune de Paris, vint la demander à la Convention au nom de la Commune qu'il représentait. Voici le texte de l'une des dispositions de ce décret:

« Tous les gens suspects seront mis en état d'arrestation. Sont réputés suspects. ceux qui, par leur conduite, par leurs relations, par leurs propos ou leurs écrits, se sont montrés partisans de la tyrannie (de la royauté) ou du fédéralisme, et ennemis de la liberté; ceux qui ne pourront pas justifier de la manière prescrite par la loi du 20 mars précédent, de leurs moyens d'existence, de l'acquit de leurs devoirs civiques; ceux à qui il a été refusé des certificats de civisme... »

Or, tout le monde sait que les prêtres insermentés étaient obligés d'avoir recours à la charité publique pour vivre. En octobre, de l'année suivante, la Convention regretta que malgré cette loi des suspects, beaucoup de prêtres catholiques eussent néanmoins échappé aux recherches des agents. De généreux fidèles, en effet, les tenaient secrètement cachés.

La Convention dirigea donc ses coups sur le sacerdoce en général, au point de proscrire et ceux qui avaient déjà juré fidélité à la Constitution civile du clergé, et ceux qui s'étaient montrés favorables à la puissance de la démocratie en prêtant le serment de Liberté-Egalité (20-30 vendémiaire, an II).

CHAPITRE III

Paul-Benoit Barthe. — Son élection. — Cérémonie d'installation. — Les prêtres refusent le serment. — Mandement de M. Barthe. — Pamphlet contre lui. — Accusation. — Condamnation. — Retour. — Synode diocésain. — Ordinations. — Sa mort.

I

Le départ de M. de Latour-Dupin nous amène naturellement à parler de l'Evêque constitutionnel qui fut désigné pour lui succéder. Ce fut Paul-Benoit-Barthe. Au moment de la Révolution, Barthe était à la fois chanoine de l'Eglise abbatiale de St-Paul de Narbonne, Prieur de St-Arailles, diocèse de Carcassonne, professeur de théologie, doyen de la Faculté royale de Toulouse, et, dans cette même ville, Conseiller à la chambre souveraine du Clergé.

Il était né à Montredon, petit village du département de l'Aude, aux environs de Narbonne, le 21 mars 1739. En 1790, il fit paraître un ouvrage théologique, où l'on put déjà remarquer quelques idées en faveur de la Constitution civile du clergé.

Comment M. l'abbé Barthe fut-il désigné pour succéder à M. Latour-Dupin-Montauban ?

Voici la seule explication qu'il nous soit possible de donner :

A Toulouse, ainsi qu'à Auch, s'était formée une société des *Amis de la Constitution*, et l'abbé Barthe était déjà signalé comme un partisan déclaré des idées nouvelles, car, devenu grand aumônier des gardes nationales de la Haute-Garonne, il avait prononcé, lors de la Fédération, à Toulouse, un discours civique sur l'autel de la Patrie.

On le nomma bientôt président de cette Société.

Dans plusieurs circonstances, il fit entendre sa voix en faveur de la Constitution civile du clergé; même quelques-unes de ses conférences furent publiées en brochures et durent être envoyées à la société auscitaine.

Ses discours lui acquirent une certaine natoriété parmi nous ; de là, sans doute, les rapports qui s'établirent entre l'abbé Barthe et le département du Gers.

A Auch, à mesure que le mouvement s'accentuait, et que la Révolution se dessinait plus nettement, les fidèles catholiques, blessés dans les convictions les plus intimes, se groupaient autour du clergé persécuté.

Ce parti, grandissant chaque jour, inspira bientôt des craintes sérieuses à l'Administration du département.

Aussi, lorsqu'en février 1791, l'on voulut s'occuper de l'élection du nouvel Evêque, ne faut-il pas s'étonner du discours que prononça l'un des administrateurs du Gers dans une séance du Directoire.

« Cette ville, dit-il, est le foyer d'un feu secret qui couve depuis longtemps, qui s'est propagé peu à peu et qui, dans ce moment, est prêt à embraser tout le département...

« Aujourd'hui, Messieurs, les événements se multiplient et deviennent plus périlleux. Les brochures circulent ; les prêtres les colportent ; on en a trouvé plusieurs exemplaires dans la chambre d'un professeur du Séminaire ; on a circonvenu de toutes parts les électeurs pour empêcher la nomination du nouvel Evêque, ou pour la rendre vaine.

« Les femmes s'assemblent tous les jours, au nombre de deux ou trois cents, tantôt dans une église, tantôt dans une autre ; elles en sortent précédées ou suivies d'un prêtre, traversent les rues et les places, se rendent à l'Evêché. Certaines, dit-on, poussent le fanatisme jusqu'à fendre la presse, dans la salle, pour se jeter à deux genoux aux pieds de l'Evêque et lui demander sa bénédiction, en promettant avec serment de le regarder seul comme Evêque.....»

« Il se forme en ce moment, à Auch, une société des amis de la Paix qui se développe et s'augmente avec une rapidité étonnante. On assure que le nombre de ces sociétaires s'élève déjà à deux ou trois cents; que des officiers et des soldats des gardes nationales s'y font recevoir en foule. Leur serment, dit-on, est de maintenir la Religion et de défendre les opprimés.

« On répand que plusieurs citoyens d'Auch cherchent à se pourvoir d'armes et de munitions. La division de deux sociétés rivales est marquée dans leurs opinions et leurs principes. Leurs membres respectifs se rassemblent par pelotons dans les maisons, dans les rues, sur les promenades; la défiance est dans les cœurs; l'effroi est peint sur les visages, et tout, en un mot, offre les présages les plus sinistres... La discussion et la discorde, soufflées par le fanatisme, agitent violemment cette malheureuse ville, et une querelle particulière peut, à chaque instant, devenir le signal d'une guerre civile et faire couler des ruisseaux de sang....»

Le dimanche 13 février 1791, au milieu d'une émotion générale, on procéda à l'élection de l'Evêque constitutionnel du Gers. Ce fut dans l'Eglise cathédrale de Ste-Marie, à l'issue de la messe paroissiale, qu'eurent lieu les opérations électorales : Paul-Benoit Barthe sortit des urnes. Il était alors à Toulouse. Avant de clore son procès-verbal, l'assemblée électorale se fit un devoir d'envoyer au futur Prélat un courrier extraordinaire, afin de connaitre ses intentions.

Barthe répondit qu'il partageait avec cette assemblée le désir d'être promptement avec ses diocésains.

D'après la Constitution civile du clergé, le Métropolitain (archevêque, titre supprimé) devait consacrer l'Evêque de l'arrondissement : Mais si le Métropolitain avait déjà refusé de prêter le serment civique, les directoires étaient autorisés à désigner, en France, un Evêque assermenté, pour procéder à la confirmation canonique et à la consécration de son nouveau collègue. Trois évêques constitutionnels furent désignés par le directoire du Gers : De Talleyrand-Périgord, évêque d'Autun, de Jarente, évêque d'Orléans et de Loménie de Brienne, évêque de Sens.

Barthe partit aussitôt pour Paris, et un mois après son élection, le 13 mars, à six heures et demie du matin, il recevait la consécration des mains de Saurine, évêque de Dax, assisté de MM. Lindet et Laurent, évêques d'Evreux et de Moulins.

On s'en souvient, Mgr de Latour-Dupin avait

dû quitter le palais archiépiscopal dès le 19 mars, dans la soirée. Le siége était donc vacant d'après les lois de l'Assemblée, quand Barthe vint en prendre possession.

Nous croyons être agréable au lecteur en reproduisant, d'après le registre officiel de l'Evêché d'Auch, le compte-rendu de cette cérémonie à la fois civique et religieuse :

» L'an mil sept cent quatre-vingt-onze et le dimanche deuxième jour du mois d'avril, dans l'Eglise cathédrale de Ste-Marie d'Auch...

« A comparu M. Mre Paul-Benoit Barthe, évêque nommé au département du Gers, natif de Montredon, diocèse de Narbonne, professeur royal et doyen de la faculté de Théologie de l'université de Toulouse, lequel nous a déclaré qu'ayant reçu la mission apostolique et ayant été sacré dans l'église de la congrégation de l'Oratoire situé à Paris, rue Ste-Honoré, le 13 mars dernier, par M. Jean-Pierre Saurine, évêque du département des Landes, à ce délégué par M. Charles Maurice de Talleyrand-Périgord, ancien évêque d'Autun, de qui le dit sieur Barthe avait reçu, le jour précédent, douze mars dernier, l'institution canonique et la confirmation de son élection à l'Evêché du département dont le siége est dans ladite Eglise de Ste-Marie d'Auch ; attendu qu'il avait été renvoyé à cet effet par devers mondit sieur l'évêque d'Autun par Messieurs les administrateurs du Directoire dudit département du Gers ; lesdits actes de confirmation et de consécration résultant des procès-verbaux retenus à Paris, lesdits douze et treize mars dernier, par les sieurs Dossant et Bevière notaires; qu'en conséquence il nous requiert de vouloir être présents au serment qu'il doit renouveler dans l'Eglise cathédrale Ste-Marie, conformément aux décrets de l'Auguste Assemblée nationale, quoiqu'il y aye déjà satisfait, lors du sacre ; de vouloir, en même temps, procéder à son installation et le mettre en pocession du siége épiscopal de son Eglise.

« Sur quoy, nous maire susdit, toujours assisté des officiers municipaux et notables, nous sommes transportés dans ladite Eglise Ste-Marie, étant accompagnés de presque toutes les légions du département, qui s'étaient rendues pour assister à cette auguste cérémonie, au son de la musique et du tambour, au bruit des canons et artillerie ; accompagnés encore par les différents corps administratifs de la présente ville, de MM. les Electeurs, ayant en téte la Bannière suivie de quatre-vingts drapeaux, et des différentes corporations qui sont dans l'enceinte de notre ville.

« Rendus à ladite Eglise, nous nous serions de suite transportés audit palais épiscopal, avec les corps administratifs et un clergé nombreux, pour inviter M. Barthe, évêque du départemen du Gers, à se rendre dans son Eglise pour en prendre possession comme Evêque dudit département du Gers, et comme curé primitif. Revenus dans le même ordre dans ladite Eglise, nous nous serions 1° arrêtés dans la nef, et étant montés dans la chaire, nous aurions prononcé un discours, pour faire connaître au peuple la majesté de la cérémonie à laquelle il assistait, et pour rendre hommage aux vertus morales et civiques du nouveau Pasteur, chargé de nous conduire dans la voie du salut.

« Le discours par nous maire, étant fini, le Procureur de la Commune est monté en chaire, et après avoir adressé un compliment à l'Evêque, nous a requis de recevoir le serment de M^{tre} Paul-Benoit Barthe, évêque du département du Gers ; sur quoi mon dit sieur Barthe a prêté en notre présence et en nos mains à haute et intelligible voix, le serment requis dans la forme suivante : « Je jure de veiller avec soin sur les fidèles du diocèse qui m'est confié, d'être fidèle à la nation, à La loy et au Roy, de maintenir de tout mon pouvoir la CONSTITUTION décrétée par l'Assemblée nationale et acceptée par le Roy. »

« Le dit serment reçu, les acclamations d'un peuple immense se sont faites entendre ; la joye était peinte sur toutes les figures ; les divers instruments pour témoigner la satisfaction générale firent retentir les voûtes du Temple des airs analogues à la cérémonie. Ensuite M. le curé de St-Jean Poutge est monté en chaire et a instruit le peuple du respect et de l'honneur qu'il doit rendre au nouveau pasteur.

« Cette opération terminée, M. Barthe a été conduit dans la chaire où il a prononcé un discours très éloquent, rempli de sentiments d'amour et de reconnaissance pour le peuple qui l'environnait ; de là nous l'avons conduit aux fonts-baptismaux, ensuite au confessionnal à Luy destiné, à l'autel de paroisse, afin qu'il en prit possession comme curé primitif.

« Rendu dans la nef d'où nous étions partis avec tout son clergé, s'étant revêtu de ses habits pontificaux, de la crosse et mitre, nous l'avons introduit dans le chœur de ladite Eglise où il a célébré pontificalement le saint sacrifice de la Messe, avec toute la pompe et la majesté qu'exige une cérémonie si auguste, sur la fin de la messe, après avoir chanté les trois versets différents :

> Domine, salvam fac Gentem ;
> Domine, salvam fac Legem ;
> Domine, salvum fac Regem,

il a continué le *Te Deum* qui a été de même chanté au son des instruments et de la musique.

« Au même instant, les différents corps administratifs et légions, voulant lui donner une marque de leur affection et de leur dévouement, l'ont prié par notre organe de vouloir se rendre en procession sur le Champ de Mars, à l'effet de recevoir sur l'autel de la Patrie le renouvellement du serment civique ; ce qui aurait été exécuté avec tout l'ordre et la décence qu'une pareille cérémonie pouvait inspirer. « Nous nous sommes enfin retirés, dans le même ordre, dans la dite église où nous avons clos le procès-verbal, pour servir, ainsi que de droit après l'avoir signé, avec Barthe, et notre greffier, le jour et an que dessus. »

† Paul-Benoit Barthe, évêque du département du Gers, approuvant la rature de trois lignes et deux mots qui sont dans l'Acte.

Suivent les signatures des officiers municipaux et des notables.

II

Le Champ de Mars, on le sait, était situé sur le bord du Gers, dans les vastes prairies avoisinant les quais. « A la hauteur de dix pieds environ s'élevait l'autel de la Patrie orné de guirlandes, de festons et de différents emblèmes. » Ce fut dans cet emplacement qu'avait eu lieu le 4 juillet 1790 la fête de la *Fédération des gardes natio-*

nales. Un des premier soins de M. Barthe après son installation fut de nommer ses vicaires épiscopaux.

Avant de quitter Garaison le 30 mars, Mgr Latour-Dupin, afin de prévenir le schisme qui menaçait l'Eglise de Ste-Marie, ainsi que les autres paroisses, lança une ordonnance pour frapper d'interdit la cathédrale d'Auch et ne cessa plus d'encourager à la résistance le clergé insermenté de son diocèse.

Jusqu'alors ce clergé fidèle avait conservé sur les populations chrétiennes un ascendant moral. La persécution respectait encore les ministres de l'Eglise.

Cependant les paroisses perdaient leurs pasteurs. Une foule de prêtres qui dabord avaient prêté le serment de fidélité à la Constitution s'empressaient de le rétracter. Chaque jour entraînait de nouvelles désertions. Ordre fut donné à tous les prêtres insermentés de se retirer aussitôt de l'administration de leurs paroisses. Aussi voyons-nous à cette époque les différentes municipalités, de concert avec M. Barthe, combler avec peine les vides qui augmentaient chaque jour dans le rang du véritable clergé.

Quand on voulait nommer un prêtre assermenté en remplacement d'un réfractaire, l'Assemblée électorale se réunissait dans l'Eglise et là, après le chant du « Veni Creator », chacun des membres prêtait le serment de maintenir de tout son pouvoir la Constitution du royaume. A Mirande, le président prit la parole :

» Vous jurez, Messieurs, dit-il, de ne nommer que ceux que vous aurez choisis en votre âme et conscience, comme les plus dignes, sans y avoir été déterminés par dons, promesses, sollicitations ou menaces. Et pour vous rappeler cette obligation, je requiers que la formule de ce serment soit écrite en caractères très lisibles, pour être déposée à côté du vase du scrutin. »

On procéda ensuite à la nomination du curé de Marciac. Ici se produisit un incident provoqué par M. Léberon, de Marciac, qui refusa énergiquement de voter, affirmant qu'il ne voulait point contribuer à une opération aussi *nuisible qu'inutile.*

On le chassa de l'Assemblée.

C'était avec les plus grandes difficultés que l'on pouvait trouver des *intrus*, pour remplacer les *réfractaires.*

Pour donner une idée de ce mouvement qui s'opéra dans le diocèse d'Auch, à l'occasion du serment de fidélité prescrit par l'Assemblée nationale, qu'il nous soit permis de signaler les changements survenus dans les paroisses pendant quelques semaines seulement.

Voici d'abord la formule habituelle :

« Paul-Benoît Barthe, par la miséricorde divine et dans la communion du St-Siége apostolique, évêque constitutionnellement élu au département du Gers, à tous ceux qui les présentes verront, salut et bénédiction en N. S.

« Faisons savoir et certifions qu'ayant vu le procès-verbal d'élection et proclamation de J. J. Fages, notre vicaire épiscopal, à la cure de l'Eglise paroissiale de Vic-Fezensac, sous l'invocation de St-Pierre, vacante par le refus de la prestation du serment de M⁺ʳᵉ Terrade, ci-devant curé immédiat de ladite Eglise, exigé de tout fonctionnaire public par les décrets de l'Assemblée nationale, acceptés par le Roy, et que ledit J. J. Fages s'étant présenté à nous... l'avons jugé capable d'exercer les fonctions de ladite cure, etc. »

Le 3 juin :   M. Terrade, curé de Vic-Fezensac, refuse le serment.

—   M. D'Arcamont, curé de Pessan, refuse le serment.

—   M. Eloi Demont, curé de Saramon, refuse le serment.

—   M. Joseph Lébé, curé de Barran, refuse le serment.

—   M. Guiraudé de St-Mézard, curé de Lavardens, refuse le serment.

Il est envoyé à l'Assemblée nationale.

Le 7 juin : M. Larrivière, curé de Puycasquier, refuse le serment.
— M. Barthélemy Bistos, curé de Lombez, refuse le serment.

Le 8 juin, M. Barthe envoya au clergé de son diocèse une ordonnance épiscopale dont l'article Ier est ainsi conçu :

« Tous pouvoirs de confesser ou d'absoudre des péchés et censures ci-devant accordés en vertu d'une approbation de nous ou de nos prédécesseurs aux prêtres séculiers ou réguliers, dans toute l'étendue de notre département du Gers, seront supprimés et demeureront comme non avenus, à compter du 24 du présent mois exclusivement. »

Le 9 juin : M. Adhémar, curé de Samatan, refuse le serment.
— M. Joseph Bazin, curé de Castéra-Vivent, refuse le serment.
Le 10 juin : M. Souccaire, curé de Montestruc, refuse le serment.
Le 11 juin : M. Courrant, curé de l'Ile-Bouzon, refuse le serment.
Le 16 juin : M. D'Estrac, curé de Condom, refuse le serment.
— M. Treille, curé de Lauraët, refuse le serment.

Le 16 juin : M. Benoît Paumé, curé de St-Amand, refuse le serment.

— M. Lasserre, curé de Montréal, refuse le serment

— M. Gérard Launet, curé de Beaumont, refuse le serment.

— M. André Jegun, curé de Gazaupuy, refuse le serment.

Le 17 juin : M. Naveillan, curé de St-Paul-sur-Baïse, refuse le serment.

— M. le curé de Sauriac, refuse le serment.

— M. Sinère, curé de St-Arroman, refuse le serment.

Le 20 juin : M. Couture, curé de Roques, refuse le serment.

On sait que le 26 juin, M. Barthe ordonna un *Te Deum* d'actions de grâces dans toutes les Eglises du département, pour célébrer le retour de Louis XVI à Paris, après les événements de Varennes.

Encore quelques jours et il fallait pourvoir aux cures de Fleurance, de Jegun, de Grazinis, de Bretagne, de Montlezun, de Risclo, de l'Hôpital, de Plaisance, de l'Eglise St-Quitterie à Plaisance, de Nogaro, de Poupas, de Castéra-Lectourois.

Dès ce moment pour que les cérémonies du culte ne fussent point suspendues tout à fait, les prêtres assermentés s'adressaient de toutes parts à M. Barthe pour solliciter la faveur de célébrer deux messes, dans leurs paroisses ou dans les paroisses voisines.

III

Mais rien de plus triste que le Mandement par lequel M. Barthe s'efforça de prouver aux Fidèles de son diocèse que son institution était vraiment canonique et sa mission véritablement divine....

« C'est donc une confirmation vraiment légale et conforme aux saints canons, une confirmation dont la difficulté des conjonctures assurait la validité, aux yeux même de la Nation, que celle que nous avons obtenue de M. Talleyrand-Périgord.

« Quel respectable nom que celui que nous prononçons, N. T. C. F.

« Quel sentiment de reconnaissance n'excite-t-il pas dans notre cœur, bien moins par rapport au bienfait de l'institution dont nous lui sommes redevables qu'à cause des biens incalculables dont ce Prélat comble la France ?

« Quel sentiment de douleur et d'indignation ne produit pas dans notre âme le souvenir des calomnies atroces dont l'*horrible Bref* que nous réfutons (Bref du Pape Pie VI, 10 mars et 13 avril

1791) accable un Prélat que la supériorité de ses talents et le courage de ses vertus patriotiques ont immortalisé dans les fastes de la Patrie ! Point de garant plus sûr de la fausseté de cet écrit envenimé que le fiel dont il est imprégné. Le langage de la haine et de la rage a-t-il jamais été celui du Père commun des Fidèles, du chef d'une religion toute fondée sur la charité ? Ces parallèles iniques....

« Mais imitons, par notre silence, l'exemple édifiant que donne ce digne Prélat, aussi généreux et loyal conservateur des droits de la Nation, qu'intrépide défenseur des Libertés de l'Eglise de France, et réformateur zélé des abus de son sanctuaire.

« N'arrêtons pas notre marche qui ne s'est déjà que trop prolongée.... »

Une sorte de pamphlet sans nom d'auteur et sous le titre de : Lettre à M. Barthe, circula bientôt en réponse à ce Mandement de l'évêque constitutionnel.

« A qui succédez-vous, Monsieur, lui disait-on, et qui êtes-vous ? *Tu quis es ?* Quelles sont vos vertus ?...

« Indiquez un lieu où vous ayez été et où vous n'ayez pas semé la zizanie et porté le trouble. Le chapitre de Narbonne et l'Université de Toulouse savent, par une triste expérience, combien vous avez l'esprit litigieux. L'Apôtre vous avait donc formellement exclu de l'Episcopat : *Non litigiosum*. Un cahier déchiré en chaire avec fureur, à la place même de ceux qui vous ont mis en place, et qui s'en repentent, ces yeux enflammés et saillants, hors de leurs orbites, que vous portez en chaire ; ces gestes menaçants, bien plus signes d'un énergumène que d'un Evêque ; ces imprécations que vous vomissez contre les ministres restés fidèles à la Loi et à leur Etat, eux que vous appelez réfractaires ; ces scènes de scandale et d'horreur qui ont soulevé la ville d'Auch, tantôt à l'occasion d'une demoiselle vertueuse, Mademoiselle Gestas-Bétous, souffletée dans sa bière, tantôt à l'occasion des respectables sœurs de la charité, insultées atrocement, poussées rudement et battues cruellement. Cette demoiselle, plus distinguée encore par son mérite que par sa naissance, quel était son crime ? Point d'autre que d'avoir préféré la communion de l'Eglise catholique à la vôtre. »

Quelques pages plus loin, l'auteur établit un parallèle entre Mgr Latour-Dupin et M. Barthe:

« Loin de lui ces orgies qui vous accompagnèrent à Lectoure, où l'on voyait au mépris de son état et des lois sévères du carême, un indigne prêtre, mais digne de la Constitution nouvelle, une bouteille à la main, boire en dansant et danser en buvant, dans les rues et sous vos yeux, comme si c'eût été l'entrée non d'un Evêque, mais de Bacchus, suivi de ses Bacchantes. »

« On mande de Lectoure que vous mariâtes, sans dispense, un oncle avec sa nièce, et que cet oncle était parrain de cette nièce. » Après les allusions et les quolibets viennent sans doute les diffamations.

« Vous seriez heureux au moins devant les hommes, si tout le monde était aussi discret que moi. Car je connais votre vie et je ne la dis pas. Vous seriez heureux si ce certain meunier toulousain réfugié à l'hôpital d'Auch, par un trait frappant de la Providence, n'avait pas cru vous faire plaisir en vous donnant des nouvelles de votre fille Jeanou... Je rougis pour vous et je me tais. »

IV

D'après la Constitution civile du clergé, la paroisse épiscopale de Ste-Marie d'Auch ne pouvait avoir d'autre Pasteur immédiat que son Evêque ; tous les autres prêtres étaient considérés comme vicaires, et devaient en remplir les fonctions.

Cependant on protestait à Auch contre l'Evêque constitutionnel et on ne reculait pas même devant les voies de fait :

Le 20 novembre 1791, M. Barthe revêtu de ses habits sacerdotaux se disposait à porter le Saint Viatique à des malades, quand il fut insulté dans la cathédrale de Ste-Marie par le sieur Jean-Baptiste Brun, avoué de la ville. Brun, alla jusqu'à le menacer du poing, tout en saisissant la porte avec énergie, afin de l'empêcher de sortir.

Aussitôt l'accusateur public forma une plainte contre cet avoué et le délit fut renvoyé en police correctionnelle. Mais voilà qu'à cette nouvelle 150 citoyens des plus actifs, s'étant assemblés, adressèrent une autre plainte, pour que cette affaire fût soumise au tribunal criminel. Elle traîna en longueur, car ce fut seulement le 5 mars 1793 que le sieur J.-B. Brun fut condamné à 150 livres d'amende et à trois mois de prison, pour outrages contre l'Evêque constitutionnel. Depuis le 2 décembre 1792, M. Barthe faisait partie de l'Assemblée départementale. Il vota une adresse à la Convention, pour demander la mise en accusation de Louis XVI. Puis au mois de mars 1793, quand les Représentants du peuple Ichon (du Gers) et Dartigoeyte (des Landes) furent envoyés en mission dans le Gers pour provoquer des mesures de sûreté générale et organiser la défense de la frontière contre l'Espagne, M. Barthe prit encore une part active aux délibérations de l'Assemblée départementale. Nous le voyons ensuite voter l'arrestation des aristocrates, leur réclusion ainsi que celle des prêtres insermentés. Depuis que les évènements avaient pris un caractère plus alarmant, M. Barthe en sa qualité de doyen d'âge présida un certain nombre de réunions du Conseil *qui s'était constitué en permanence.*

Instruit, dès le 21 juin, qu'à Aubiet, dans une Assemblée où l'on devait nommer le juge de paix de Gimont, l'on se proposait d'y soulever les passions populaires et d'exciter une émeute, ce Conseil auscitain arrêta que M. Barthe serait envoyé en Commissaire *pacificateur*, avec pouvoir de requérir au besoin la force armée pour rétablir la concorde.

Mais, ô vicissitude des choses humaines!

Nous avons déjà dit que Barthe avait demandé la réclusion pour les prêtres insermentés. Et voilà que le 18 juillet 93, dénoncé à son tour par Ichon, sur la demande formelle de Dartigoeyte, l'Evêque Constitutionnel du Gers fut, en vertu d'un décret de la Convention, *destitué de ses fonctions, mis en état d'arrestation et mandé à la barre de cette Convention nationale.*

Ichon accusait, en outre, dans son discours, le Président, le Procureur-Général-Syndic et trois administrateurs du département du Gers, d'être en révolte ouverte contre le Gouvernement.

Barthe se rendit à Paris. Mais la Convention, après lui avoir refusé les honneurs de sa barre, le renvoya devant le Comité de sûreté générale. (*Moniteur*, 15 août 1793.)

Plusieurs arrêtés de ce Comité furent successivement rendus par rapport à l'Evêque Constitutionnel du Gers. Enfin, Barthe fut mis en liberté et revint à Auch, où il avait déjà perdu son prestige. Devenu suspect à son tour, il fut bientôt un objet de haine pour les patriotes.

Les 22 et 23 septembre 1793, un congrès fraternel des sociétés montagnardes du Gers s'étant réuni à Auch, en présence des représentants du peuple Dartigoeyte, Pinet et Monestier, le député de la société condomoise monte à la tribune, déclare avec emphase qu'il est expressément chargé de demander l'arrestation de Barthe, évêque du Gers, sa destitution et sa déportation.

Plusieurs députés des sociétés populaires ayant fait la même proposition, l'Assemblée conclut à l'unanimité :

1° Que les représentants du Peuple actuellement à Auch seraient invités à mettre Barthe en état d'arrestation et à le transférer hors du département du Gers;

2° Qu'il serait fait une Adresse à la Convention nationale pour demander sa destitution et sa déport....

Le Représentant Dartigoeyte succède à l'orateur de Condom. Il termine sa harangue révolutionnaire en proposant « d'intimer aux prêtres

« l'ordre de se marier ; de destituer ceux qui ne
« le seraient point après un temps moral, d'obli-
« ger les prêtres âgés de 60 ans à adopter un
« enfant, et d'inviter les sociétés populaires du
« Gers à ne reconnaître que les prêtres mariés. »

Voici donc les conclusions de cette séance du 22 novembre :

« Au nom de la République française, une et indivisible,

« Attendu la dénonciation faite par la Société populaire et montagnarde d'Auch, réunie avec les commissaires des sociétés républicaines du Gers, contre la conduite de Barthe, évêque du même département ;

« Attendu que ces dénonces portent manifestement sur des faits et des délits qui, au nom et aux termes de la loi, peuvent amener sa légitime destitution ;

« Attendu que tous les patriotes s'accordent à présenter ledit Barthe comme très dangereux par son influence et très suspect par ses principes fédéralistes ;

« Attendu que les sociétés de Lectoure et de Condom ont dénoncé Barthe et demandent son éloignement et sa destitution ;

« Après en avoir conféré avec le Procureur-Général-Syndic et le Conseil général du département du Gers, qui nous ont déclaré que ledit Barthe était un homme suspect et dangereux ;

« Nous, Représentants du peuple, réunis dans la ville d'Auch, chef-lieu du département du Gers,

« Arrêtons que le dit Barthe sera sur le champ mis en état d'arrestation et ensuite conduit par la gendarmerie nationale dans une des maisons d'arrêt ou de réclusion de Mont-de-Marsan. (Landes).

« Chargeons les procureurs généraux-syndics des départements du Gers et des Landes de veiller à l'exécution du présent, chacun en ce qui le concerne. Auch 22 novembre au soir 1793.

Suivent les signatures.

Cet arrêté fut immédiatement mis à exécution.

Le 19 octobre suivant, un extrait du registre d'écrou de Mont-de-Marsan constate la présence de l'Evêque Barthe dans la prison de cette ville.

A la suite du décret de la Convention nationale qui remplaçait les mystères sacrés de la religion catholique par le culte immoral de la déesse Raison, les Evêques constitutionnels s'empressèrent de protester et d'envoyer leur démission.

M. Barthe a-t-il imité l'exemple de ses collègues ? C'est ce qu'il nous est difficile d'établir d'une manière certaine.

Quoi qu'il en soit, à cette époque, l'Evêque constitutionnel du Gers resta près de 15 mois enfermé dans la prison de Mont-de-Marsan depuis octobre 1793 jusqu'à décembre 1794.

Tout fait supposer qu'il y fut traité avec plus de rigueur que ses compagnons de captivité, car le représentant du peuple Monestier, à la séance du 17 prairial an II (5 juin 1794) racontant à la société montagnarde d'Auch ce qu'il avait fait dans le département des Landes pour y accréditer les idées révolutionnaires, dit qu'il avait trouvé dans la prison l'un des auteurs du Fédéralisme. « C'était Barthe, ci-devant Evêque du département du Gers. » Et il ajouta que les dehors trompeurs dont ce citoyen était susceptible n'avaient pu le surprendre et n'avaient abouti qu'à faire reléguer cet Evêque dans les ténèbres des prisons. »

A ces mots, de vifs applaudissements couvrirent la voix de l'orateur...

V

Au mois de décembre 1794, Barthe fut renvoyé à Auch dans la maison de réclusion qu'il quitta définitivement le 22 du même mois.

Le culte catholique avait été complètement aboli sous la Terreur, nos églises dépouillées et transformées en temples de la Raison. Il nous faut cependant arriver jusqu'au 8 floréal an IV (27 avril 1796) avant de pouvoir constater le premier acte de sa nouvelle administration.

Le curé d'Arbéchan obtint alors le droit de biner, sur la requête des habitants de la commune. Le 27 mai, Barthe ordonna de chanter un *Te Deum* en l'honneur des victoires remportées par l'armée Française, en Italie. Et quelques jours auparavant l'Evêque constitutionnel, rendant compte dans une lettre pastorale des cruautés dont il avait été la victime, s'exprimait en ces termes :

« Dès avant les préludes de la cruelle persécution que l'Eglise de France vient de souffrir, les coups des persécuteurs ont été dirigés contre nous.

« Traduit par la calomnie aux pieds de la Convention nationale, et bientôt déchargé de toute inculpation, nous nous hâtames de venir reprendre auprès de vous les fonctions de notre Saint Ministère ; mais à peine suis-je de retour, que le crime de faux et l'imposture, réunies à la vénalité de la calomnie, m'arrachent de nouveau à ces fonctions Saintes et paisibles, me déportent au loin et me jettent tout vivant dans une espèce de tombeau...

« La persécution se ralentit ; nous obtenons d'être ramenés dans la commune de notre siége, mais pour gémir encore derrière des treilles de fer, sous de triples verroux, dans l'impuissance absolue de vous voir et de vous être d'aucune utilité....

« Quel affligeant tableau se présente à nos yeux !

« Les principaux monuments de la piété de vos pères profanés et dévastés ; tous les autres édifices consacrés à la Divinité, rasés jusqu'à leurs fondements ; cette majestueuse basilique érigée au centre du département ; ce chef d'œuvre d'architecture ; cette merveille des édifices de France, encombré des débris de ses autels ; ses augustes portiques dont la magnificence frappe, étonne le spectateur, fermés à la piété, ouverts à l'irréligion.

« Grâce à l'administration centrale du Gers, ce temple majestueux nous est enfin ouvert. » (Lettre pastorale du 9 mai 1796.)

Cependant toutes les mesures étaient prises pour la réunion d'un grand concile national qui devait se tenir à Paris. Les Evêques des différents départements devaient aussi convoquer des synodes diocésains pour envoyer leurs députés au concile national.

Les membres du syndic auscitain s'étant rendus dans le chœur de Ste-Marie, Barthe célébra pontificalement la messe et l'on procéda à l'élection d'un député et d'un suppléant. La majorité absolue des suffrages désigna malgré son absence le curé de St-Orens, et le desservant de la commune de Noilhan fut élu suppléant. L'Evêque ayant terminé la séance par la bénédiction pastorale (4 juillet 1797), l'Assemblée rédigea une adhésion pleine et entière à la première *Encyclique* émanée du concile national.

Le jour touchait à sa fin quand on vit accourir en toute hâte un personnage envoyé par le citoyen Curé pour remercier l'Assemblée de la confiance dont elle l'avait honoré et déclarer qu'il ne pouvait accepter une telle mission. On décida séance tenante que le citoyen desservant le remplacerait au Conseil.

Puis l'Archidiacre appela les bénédictions du ciel sur le Souverain Pontife, l'Evêque du Gers et tous ses collaborateurs ; sur tous les évêques réunis à Paris, sur la ville d'Auch et les autres communes du diocèse, et enfin sur la République française... Et l'Assemblée se sépara. On a quelque raison de croire que Barthe assista au Concile national.

VI.

Le 4 août 1800, l'Evêque du Gers publia un Mandement pour convoquer un nouveau synode. Et le 19 de ce mois, un certain nombre d'archiprêtres, de curés, prêtres, desservants, vicaires et autres prêtres approuvés dans le diocèse, étant rassemblés dans la cathédrale, l'Evêque constitutionnel revêtu de ses habits pontificaux entra solennellement, vers les neuf heures du matin, dans le chœur de Ste-Marie d'Auch.

Le curé de Grazimis et un prêtre de Mansencôme furent chargés de prévenir le citoyen Balguerie, préfet du Gers, ainsi que la municipalité auscitaine, qu'une Assemblée synodale allait se tenir à Notre-Dame Ste-Marie.

Tous les membres, la main sur la poitrine, firent la profession de Foi du Concile de Trente: *Hæc est fides mea*; les différentes congrégations furent organisées. Nous ne passerons pas sous silence un incident qui peut offrir un certain intérêt à nos lecteurs.

On sait que les prêtres infirmes ou sexagénaires étaient détenus à l'Eglise des Carmélites et à la chapelle du ci-devant Prieuré. C'est là que l'administration communale leur permettait, par tolérance, de célébrer leurs offices.

Les mêmes délégués se rendirent dans ces deux établissements, afin d'inviter les prêtres insermentés à venir dans l'Assemblée synodale.

Disons-le hautement à la louange de nos courageux captifs, pas un seul n'y consentit. Tous au contraire repoussèrent cette invitation et d'une voix unanime répondirent qu'ils aimaient mieux souffrir dans leur prison que de paraître dans une Assemblée schismatique.

Un nouveau Concile national fut tenu à Paris, le 21 juin 1801; nous savons que 43 Evêques y prirent part, mais nous igorons si Barthe fut de ce nombre.

Lorsque le Pape Pie VII eût signé une Bulle de pacification pour l'Eglise de France, Barthe conserva peut-être quelque temps encore l'espoir d'être maintenu comme Evêque. En sa qualité de Professeur à l'Ecole centrale, il obtint un congé de deux mois pendant lesquels il se rendit à Paris, pour attendre, « que la grande affaire des cultes fût décidée, » ainsi que l'écrivit au Préfet cet *Evêque Professeur*.

Ses démarches n'eurent pas de succès.

Le siége d'Auch fut supprimé et réuni au diocèse d'Agen ; Barthe donna sa démission le 16 octobre 1801, entre les mains du Cardinal-légat.

Il continua néanmoins ses fonctions de professeur à l'Ecole centrale du Gers jusqu'à suppression de cet Etablissement, le 19 août 1804.

Avant de terminer ces notes biographiques de M. Barthe, nous ne pouvons nous empêcher de parler de ses différentes ordinations. Tout d'abord nous trouvons dans le registre de ses actes épiscopaux qu'un certain abbé J.-M. Sorde demande à M. Barthe l'autorisation de se faire ordonner dans un autre diocèse, se refusant sans doute à recevoir l'imposition des mains d'un Evêque constitutionnel. Cette autorisation lui fut impitoyablement refusée.

Le 24 mars 1791, Barthe fit sa première ordination dans la chapelle de l'archevêché. Il y eut 2 tonsurés, 5 minorés, 8 sous-diacres, 2 prêtres, dont l'un fut sous-diacre, diacre et prêtre le même jour.

Ordination des quatres Temps de décembre 1791 :

3 tonsurés, 6 sous-diacres, 8 diacres et 6 prêtres.

Ordination du 4 mars 1792 :

1 sous-diacre (des Hautes-Pyrénées), 3 diacres, 5 prêtres, dont 3 furent diacres et prêtres le même jour.

Ordination du 24 mars 1792 :
(Veille de la Passion).

2 tonsurés, 8 minorés. 4 sous-diacres, 8 diacres, 2 prêtres.

Ordination du 7 avril 1792 :

1 tonsuré, 2 minorés, 3 sous-diacres, 4 diacres, 5 prêtres, dont 3 furent diacres et prêtres le même jour.

Ordination du 1er juin 1792 :
(Chapelle du Grand Séminaire).

5 tonsurés, 12 minorés.

Ordination du 2 juin 1792 :

9 sous-diacres, 5 diacres, 6 prêtres.

Ordination du 21 décembre 1792 :

3 tonsurés, 5 minorés, 1 sous-diacre, 2 diacres.

Ordination du 22 décembre 1792 :

8 tonsurés, 11 minorés, 10 sous-diacres, 3 diacres, 4 prêtres.

Ordination du 23 février 1793 :

1 tonsuré, 1 minoré, 5 sous-diacres, 4 diacres, 2 prêtres.

Ordination du 20 mars 1793 :

3 tonsurés, 2 minorés, 1 sous-diacre, 8 diacres, 4 prêtres.

Ordination du 24 mai 1793 (Cathédrale d'Auch) :

3 tonsurés, 5 minorés, 1 sous-diacre, 4 diacres, 7 prêtres, dont l'un obtint dispense de bigamie.

Ordination du 21 septembre 1793 :

3 prêtres.

Nous trouvons encore dans les registres épiscopaux les noms de quelques prêtres qui refusèrent avec énergie de lire à la messe de paroisse certaines circulaires de M. Barthe.

L'Évêque constitutionnel les appela plusieurs fois, afin de les obliger à lui expliquer les motifs de leur refus. Certains d'entre eux ne voulurent pas même se rendre devant les menaces de l'Evêque et persistèrent courageusement dans leur première résolution.

Depuis le 19 août 1804, Barthe n'exerça plus de fonctions publiques. Il vécut modestement, à Auch, au moyen d'une modique pension qu'il reçut du gouvernement. Dès lors, il se retira du monde, ne conservant plus de relations qu'avec quelques membres de l'ancien parti républicain, et se tenant à l'écart, comme pour faire oublier le triste rôle qu'il avait joué pendant la Révolution.

L'ancien clergé d'Auch revenu de son exil était pour lui une sorte de condamnation perpétuelle. Aussi Barthe évita-t-il avec soin toutes les occasions de paraître en public. Il ne porta même plus l'habit ecclésiastique. Il habitait paisiblement une maison, démolie de nos jours, faisant partie de ce qu'on appelait alors la *Chanoinie*.

L'ancien évêque constitutionnel mourut à Auch, le 25 décembre 1809, à l'âge de 71 ans.

On assure que des parents de Barthe s'y rendirent à l'occasion de ses funérailles. A ce qui paraît, ils insistèrent auprès de l'autorité ecclésiastique pour qu'elle permit de placer les insignes épiscopaux sur le cercueil de l'ancien Evêque Constitutionnel.

L'autorité s'y refusa et avec raison.

Et, aujourd'hui, si l'on parcourait l'ancien

cimetière de Ste-Marie, on ne trouverait même plus, au milieu des ronces et des pierres çà et là dispersées, la modeste croix qui s'éleva jadis sur la tombe de Paul-Benoît Barthe, l'Evêque constitutionnel du Gers ! ! !

CHAPITRE IV

Un prêtre assermenté. — Protestation d'un grand nombre de prêtres. — Dénonciation. — Prêtres exilés en Espagne. — Anecdotes.

Reportons-nous un instant à cette époque fatale où les lois de la République, assimilant les prêtres aux fonctionnaires publics, exigèrent d'eux le serment de fidélité à la Constitution. Sur l'invitation des officiers municipaux, ou de leur propre initiative, les prêtres étaient tenus, pour donner plus de solennité à leur serment, de choisir les occasions où le peuple était assemblé dans l'Eglise.

Un des premiers pasteurs qui donna à sa population le triste exemple de cette lâche obéissance fut le curé de Caillavet.

Voici ce que nous lisons à ce sujet :

« L'an 1791, le trentième jour du mois de février, au lieu de Caillavet, dans l'Eglise paroissiale du dit lieu, vers les neuf heures du matin, a comparu par devant nous officiers municipaux et paroissiens, le curé du présent lieu, lequel étant devant l'autel principal de la dite Eglise, à l'issue de sa Messe, nous aurait dit que pour se conformer aux décrets ci-devant rendus par l'Assemblée nationale.... il est obligé de prêter son serment civique.

« Il nous a requis d'en être témoins mémoratifs, sur quoi nous, officiers municipaux, avons reçu ce serment là en la manière suivante :

» Je jure que je veillerai avec soin sur tous les fidèles de la paroisse qui m'est confiée par l'Eglise, d'être fidèle au Roy, à la Loy et à la Nation, et de maintenir de tout mon pouvoir la Constitution décrétée par la Nation et acceptée par le Roy, en tout ce qui ne sera pas contraire à la religion catholique. »

D'autres crurent devoir modifier la formule de ce serment et ne le prêter qu'avec restriction.

C'est ce que fit, un des premiers, le vicaire de Pavie, le 20 février 1791.

« Je jure, dit-il, de veiller avec soin sur les fidèles, etc., etc.., et de maintenir de tout mon pouvoir la Constitution en tout ce qui *dépend de la puissance temporelle.* »

Mais le diocèse d'Auch peut le dire avec un légitime orgueil, la plupart des prêtres, qui, surpris dans leur bonne foi, ou cédant aux conseils d'un zèle mal éclairé, eurent la faiblesse de prêter le serment, le rétractèrent bientôt après publiquement, et le nombre de ceux qui succombèrent après les premières épreuves ne mérite même pas d'être mentionné.

Quelques-uns d'entr'eux eurent le tort de croire à l'indulgence des administrateurs, mais ils n'en montrèrent pas moins d'énergie à persévérer dans la foi de leurs pères, à l'heure du combat :

Voici ce que nous lisons dans les archives départementales :

« Les prêtres insermentés du Gers aux membres de l'administration de ce département :

« Citoyens,

« Ne jamais troubler l'ordre public, sous quelque prétexte que ce puisse être ; mais au contraire travailler de toutes ses forces à le maintenir; étouffer les haines et les divisions; faire régner la paix en rapprochant les cœurs ; procurer le rétablissement des bonnes mœurs et concourir de toutes les manières possibles au bonheur de ses concitoyens et à la prospérité de sa patrie, tels sont les grands devoirs de celui qui fait profession de suivre l'Evangile de Jésus-Christ.

« Les prêtres non assermentés, toujours fidèles aux principes de cet Evangile, dont ils s'honorent d'être les ministres vous annoncent qu'ils sont prêts à contracter solennellement l'engagement de ne jamais s'écarter de ces principes et d'employer leurs efforts pour les faire régner dans tous les cœurs. Persuadés que c'est là la soumission que désire la Convention par son décret du 11 prairial, ils ont la confiance que la déclaration franche et sincère qu'ils vivent soumis au Gouvernement, en tout ce qui n'est pas contraire à la foi, à la morale, à la hiérarchie de l'Église catholique, apostolique et romaine, les mettra à même de jouir de l'effet de la loi qui a prononcé le libre exercice du culte. Ils sont d'autant plus fondés dans leurs espérances, qu'ils croient que leur déclaration est entièrement conforme à l'esprit de la loi.

« Les Représentants du Peuple en mission dans la ci-devant Province de Bretagne, dans les départements de la Gironde et du Lot-et-Garonne le connaissent sans doute, cet esprit. Ils n'ont pas balancé de prendre des arrêtés qui secondent la soumission faite par les prêtres de leurs départements respectifs, d'après l'explication ci-dessus.

« Regardant comme séparés de leur communion les prêtres qui ont adopté la ci-devant Constitution civile du clergé; ils doivent vous prévenir qu'il « serait contraire à leurs principes d'exercer leur culte dans les temples qui leur seraient communs, soit avec les prêtres, soit avec les ministres de tout autre culte.

« Ils espèrent que, par une disposition bien

prononcée de votre part, citoyens-administrateurs, des édifices publics leur seront exclusivement affectés. »

Signés : Ardenne, Monlaur, Arqué, Lécussan, Béon, Boubée, Bourrust.

La réponse que les administrateurs firent à cette pétition est un monument qui peut servir à donner une idée de leur bienveillance et de l'esprit conciliateur qui animait nos patriotes du Gers :

« Considérant qu'on ne peut présenter que des pétitions individuelles, tandis qu'il n'est plus de clergé et qu'il n'existe dans la République d'autres corps que les corps constitués, les pétitionnaires, qui n'admirent jamais cette loi, se présentent cependant par cette qualification : Les prêtres insermentés du Gers...

« Considérant que les pétitionnaires demandent la concession exclusive d'édifices nationaux pour l'exercice de leur culte... tandis que la loi admet non les prêtres, mais les citoyens à réclamer l'usage des édifices pour le libre exercice de leur culte ;

« Considérant que (le serment) doit être prêté dans les formes prescrites, sans extension, ni restriction...

« Les pétitionnaires préjugeant que les lois de la République sont contraires à la morale, annoncent plutôt le mépris de ces lois que la soumission à leurs volontés ;

« Si des cultes différents ou prétendus tels réclament concurremment l'usage du même local, ce local doit leur être commun, sauf aux municipalités à fixer à chaque culte les jours et heures convenables,

« Déclarons qu'il n'y a pas lieu de statuer sur la demande des pétitionnaires, et cependant arrêtons que leur pétition sera adressée au Comité de Législation. »

Nous voyons bientôt la municipalité de Montaut dénoncer à l'Assemblée électorale d'Auch la conduite de son pasteur. Le curé et les vicaires de cette paroisse avaient refusé énergiquement de prêter le serment prescrit par la Constitution civile du clergé. Aussi les officiers municipaux de cette localité réclamèrent-ils à grands cris le remplacement de leur curé.

« On vous observera, messieurs, écrivirent-ils à l'Administration centrale, que Montaut compose une paroisse considérable par son étendue et par sa population. Il serait donc juste d'y placer un sujet d'élite et capable d'y maintenir le patriotisme qui y règne en général.

« Pour remplir cet objet, on a jeté les yeux sur le sieur vicaire de Montesquiou.

« Aussi espérons-nous que vous seconderez nos vues. » Suivent 17 signatures.

M. l'abbé Lézian, curé de la paroisse de Montaut, ne fut pas, croyons-nous, remplacé par ce vicaire, car les registres ne mentionnent point son installation.

Procès-verbal de prestation de serment :

Le citoyen, curé d'Auterive, la messe paroissiale étant terminée, s'étant tourné vers le peuple, a fait un léger tableau des principes sacrés de notre religion sainte, en exprimant les sentiments du plus pur et *du plus vif patriotisme*. Il a levé la main et déclaré vouloir prêter son serment sans aucune restriction : Je jure, etc., etc.

A peine le sieur curé a-t-il prononcé son serment, qu'une joie générale s'est répandue dans toute l'Eglise et chacun des auditeurs a manifesté les sentiments de la plus vive allégresse. D'une voix unanime, tous ont témoigné ensuite à leur pasteur le plaisir qu'ils avaient de le voir rester parmi eux. Le citoyen-curé a répondu à tous ces témoignages d'attachement par l'expression des sentiments les plus attendrissants.

II

Comme nous l'avons déjà dit, une foule de prêtres quittèrent leurs paroisses et prirent le chemin de l'exil plutôt que de prêter cet abominable serment de fidélité à la Constitution civile du clergé. Les uns se retirèrent en Espagne, les autres passèrent en Angleterre. Il nous souvient d'une anecdote assez intéressante que nous tenons d'un vieillard digne de foi.

M. l'abbé Thore, curé de St-Pierre, et quelques-uns de ses confrères insermentés comme lui venaient d'arriver à Grenade (Espagne), au milieu des plus grandes privations, sans pain, sans argent, souvent insultés dans les pays de France qu'ils avaient traversés.

Leur première visite fut pour l'Evêque du lieu.

Il était midi passé. Introduits dans le palais épiscopal, ces malheureux proscrits sollicitèrent une audience près de Monseigneur. C'était l'heure où le Prélat terminait son repas : « Nous vous en prions, dirent-ils au valet de chambre, annoncez seulement notre visite au moment où Monseigneur pourra, sans le moindre inconvénient nous donner sa bénédiction. » Sur ces entrefaites, ces nobles exilés s'étant rangés sur deux files, le long d'un vaste corridor, commençaient à réciter en commun les vêpres du jour, quand Monseigneur apparut. Pendant que leurs prières se terminaient, le Prélat se promenait silencieusement au milieu des prêtres français : « Pauvres amis ! leur dit-il ensuite avec émotion, pauvres amis ! la France vous a chassés... vous n'avez plus de patrie ; oh ! détrompez-vous ; déjà vous êtes les enfants de ce diocèse, et son évêque sera votre père!... » Les larmes étouffèrent la voix de Monseigneur. Les prêtres français tombèrent à genoux à ses pieds ; il les bénit avec cette bonté qui le caractérisait; nos exilés se relevèrent encouragés, fortifiés contre toutes les épreuves qu'ils devaient subir encore; et le Prélat les ayant pressés sur son cœur avec effusion, insista vivement pour avoir l'honneur d'être le premier à leur offrir l'hospitalité... Ses instances furent inutiles. Monseigneur regagna ses appartements. Puis il appela un de ses vicaires généraux, et après lui avoir raconté ce qui venait de se passer, il le pria d'aller, lui aussi, souhaiter la bienvenue à ces malheureuses victimes de la persécution française. Le vicaire général descendit à son tour. Admirable délicatesse de la charité chrétienne ! Il voulait profiter du moment où il les embrassait pour leur glisser adroitement dans leurs mains une pièce d'or de quatre-vingts francs. Ici s'engagea une scène admirable de désintéressement. Les exilés, harrassés de fatigue, pauvres, sans aucune espèce de ressources, ne voulaient point accepter cette marque de générosité. Ils étaient trop heureux, disaient-ils, de l'accueil si cordial qu'ils avaient trouvé jusqu'alors au milieu des populations espagnoles. Et alors le vicaire général, avec un sourire de la plus gracieuse bienveillance : « Mes chers amis, leur dit-il, c'est un service que je vous demande; faites-moi le plaisir d'accepter cette petite offrande... si vous me refusiez, Monseigneur ne serait pas content de moi... »

Ainsi que nous venons de le dire, l'Espagne accueillit partout nos prêtres avec bonté; à leur passage, les populations se levaient, les saluaient avec respect et se montraient heureuses de pouvoir leur procurer quelque secours. M. l'abbé Thore raconta qu'au moment où il venait de mettre le pied sur le sol de l'Espagne, il avait rencontré près de sa route des vendangeurs et des jardiniers qui allèrent au-devant de lui et de ses compagnons pour leur faire accepter les raisins et les fruits qu'ils pourraient emporter.

La France insultait ses prêtres innocents; l'Espagne les accueillait avec bonté et les bénissait!

Il est une multitude de petits traits fort intéressants de leur nature, qui mériteraient bien une place dans cet ouvrage, s'il nous était possible de constater leur authenticité. Ainsi, les vieillards de Lectoure se rappellent avoir entendu raconter à leurs pères qu'un jour, pendant la tourmente révolutionnaire, M. l'abbé Ricau, aumônier de l'Hôpital, se trouvait dans l'Etablissement, prodiguant aux malades les consolations de la Religion et leur procurant les secours de son ministère. Cet aumônier était d'un dévouement à toute épreuve ; sa bonté était connue de tout le monde ; il avait pour chacun de ses malades une parole de consolation et d'encouragement : Tout à coup un gendarme se présente le sabre à la main, jurant et menaçant d'égorger M. l'abbé Ricau. Tous les infirmes tremblaient pour leur ami penché en ce moment au chevet d'un de leurs compagnons. Il est sûr que le gendarme entrevit derrière le rideau le vénérable aumônier à côté d'un moribond ; néanmoins, il passa outre et se contenta de donner une preuve extérieure de civisme en proférant ses jurons accoutumés, pendant qu'il brandissait son sabre à côté de M. Ricau lui-même.

Un jour, M. l'abbé Ducasse allait dans la ville d'Auch administrer en secret le sacrement de l'Extrême-Onction ; il fut reconnu par le commissaire qui le poursuivit quelques instants. Et comme le prêtre était sur le point d'être atteint, le fonctionnaire se laissa tomber volontairement pour lui donner le temps d'échapper à ses poursuites.

On nous assure qu'un jeune auscitain du nom de Trémoulet était regardé par les patriotes comme un des chefs de file du parti révolutionnaire ; c'est ce qui lui permit de donner l'hospitalité à un prêtre, sans inspirer le moindre soupçon à ses concitoyens. Ayant appris que non loin de sa maison une personne était sur le point de rendre le dernier soupir, il s'empressa d'en avertir le prêtre et s'offrit lui-même pour l'accompagner jusqu'à l'habitation du malade. C'était à l'entrée de la nuit. Nos deux voyageurs cheminaient tranquillement quand ils furent surpris par une foule de patriotes qui se mirent en devoir de les arrêter. Aussitôt le jeune homme se fait connaître, prononce un juron accentué et entonne le chant de la *Marseillaise*, tout en continuant son chemin avec son compagnon silencieux. Ces patriotes avaient nommé TRÉMOULET ; c'en était assez pour que personne ne songeât plus à inquiéter les deux voyageurs.

CHAPITRE V

M. l'abbé Lespinasse. (Marciac 8 janvier 1793). — **Sa correspondance.** — **Perquisitions.** — **Maison de réclusion.** — **M. l'abbé Aurensan.** — **Honoré Sansas.** — **Quelques autres prêtres.** — **Pierre Lacoste.** — **Le 29 fructidor.**

I

Mgr de Latour-Dupin avait quitté la France pour se retirer en Espagne ; et néanmoins, avons-nous dit, il n'avait pas cessé d'entretenir des relations assez suivies avec plusieurs prêtres de son ancien diocèse. Nous avons désigné quelques-uns des prêtres qui recevaient les correspondances de leur archevêque.

Il en est un que nous avions passé sous silence : C'était M. l'abbé Lespinasse, résidant autrefois à Gondrin, mais qui depuis les troubles révolutionnaires, s'était réfugié dans sa famille à Marciac.

Ce vénérable prêtre écrivit à Mgr de Latour-Dupin une longue lettre pour le tenir au courant de ce qui se passait dans sa contrée. Malheureusement pour lui, l'on intercepta cette correspondance qui était de nature à mettre les persécuteurs sur les traces de plusieurs victimes.

Nous extrayons quelques passages de ce document :

« Monseigneur,

« Le 1ᵉʳ de ce mois, la Communauté dont vous m'aviez fait l'honneur de me confier la direction (Ursulines de Gondrin) se dispersa. Le grand nombre resta à Gondrin ou dans le voisinage. Auch, Vic-Fezensac, Marciac et Aire ont été le refuge des autres, chez leurs parents.

« Marciac est notre patrie ; c'est aussi mon asile et celui de ma sœur.

« Je crois devoir informer Votre Grandeur que par l'effet de vos instructions accompagnées de celles de M. le Curé et de ses vicaires prudemment soutenus par la sage conduite du Maire, notre contrée était des plus édifiantes. Deux chanoines et trois religieux qui restent pourvoient à tous les besoins spirituels.

« Les personnes qui ont confiance en moi viennent voir ma sœur, la religieuse ou la séculière, qui, connaissant leur discrétion, les introduit secrètement dans ma chambre.

« Avec une semblable précaution, je me rendais autrefois utile à votre diocèse et à celui de

Condom, il n'y avait aucun ombrage contre moi, lorsque je résidais à Gondrin. On ne compte dans mon pays (Marciac) que peu de démocrates, et encore ceux-ci sont-ils un peu modérés parce qu'ils rougissent de leur petit nombre.

« M. l'Archiprêtre de Gondrin n'est plus dans sa paroisse. Il est chez ses parents, près de Valence, paralysé d'un côté et dès-lors à peu près inutile à son troupeau. Deux intrus sont arrivés successivement ; les vicaires sont émigrés pour échapper à la rigueur du décret. Heureusement qu'il reste dans le pays deux prêtres non assermentés: l'ancien curé de St-André et l'ancien curé de Magnan. Quoique ces deux prêtres soient plus que septuagénaires, ils remplissent toutes les fonctions de leur ministère.

« Ce qu'il y a à craindre pour eux, c'est le cas de maladie ou l'arrivée d'un intrus.

« Les huit religieuses de chœur et les quatre sœurs converses qui habitent la ville pourront entendre la messe et communier à l'église parroissiale.

« Il en reste quatre à une maison de campagne qui est la maison paternelle de l'une d'elles : De ces dernières, deux étaient à Gondrin, une autre était clairiste à Nérac, et la quatrième carmélite à Auch.

« J'ai prié ces deux prêtres de leur dire la messe tous les huit jours ou tous les quinze.

« Comme Gondrin est entouré de curés jureurs ou intrus, les vrais catholiques y viennent en foule du voisinage pour entendre la messe d'un prêtre orthodoxe. (La maison où ces quatre religieuses sont réfugiées est désignée sous le nom de Camarade.)

« Le prêtre pourra y laisser la réserve du Saint-Sacrement, pour que les infirmes puissent l'y adorer et s'en communier selon le mouvement de leur dévotion.

« Si Gondrin est affligé d'un nouvel intrus, les religieuses qui habitent cette ville ne pourront plus entendre la messe, ni communier dans l'église paroissiale. Dans ce triste cas, j'ai permis à madame Broa, la supérieure, résidant à Gondrin, de faire dire de temps en temps la messe dans sa maison, d'y avoir la réserve pour en user, comme à Camarade.

« Dans les deux maisons, il y aura une chambre décente et isolée;

« Il en sera de même à Vic-Fézensac, dans les maisons de Mlle Réchou et des dames de Saint-Julien. La maison de Mlle Réchou est désignée pour être le lieu où l'on célèbrera et où l'on établira la réserve...

« Je leur ai permis de recevoir sans cérémonie la communion de la main de la supérieure ou de la plus ancienne de l'Assemblée, comme le pratiquaient les premiers chrétiens. »

Les législateurs étaient en possession d'un document compromettant. Ils ordonnèrent donc aussitôt des perquisitions rigoureuses dans les familles déterminées dans cette lettre. On commença par Vic-Fézensac. C'était le 12 janvier 1793. L'administrateur-commissaire du département du Gers, l'administrateur du Directoire, l'officier municipal de Vic-Fézensac et le lieutenant de gendarmerie de Plaisance se rendirent chez les demoiselles St-Julien, près l'Eglise St-Pierre. Cette maison donnait sur deux rues. Deux gendarmes furent placés devant chacune des portes extérieures, tandis que les autres agents se préparèrent à faire à l'intérieur les recherches prescrites. Ils frappent ; une servante descend ; on la prie d'avertir les demoiselles qu'on a des nouvelles très sérieuses à leur communiquer. Dès qu'ils sont introduits, ils expliquent le motif de leur visite. « Veuillez, leur dirent-ils, nous conduire aux différents appartements de votre habitation, afin que nous puissions procéder aux recherches qui nous sont ordonnées. »

Les demoiselles St-Julien s'exécutèrent de bonne grâce. Les agents commencèrent donc leurs perquisitions aussi exagérées que ridicules.

Dans une chambre de l'étage supérieur, sur la cheminée, ils remarquèrent une lettre sans enveloppe. On la lut en leur présence, puis on la confisqua ; un peu plus loin, une seconde lettre fut également enlevée ; un peu plus loin encore, une troisième lettre eut le sort des précédentes. On parcourut ainsi tous les appartements, afin de découvrir des papiers suspects.

Non contents de ces recherches minutieuses, ils exigèrent que les demoiselles St-Julien ouvrissent devant eux toutes les armoires de leur maison. C'est ce qui fut fait.

Heureusement pour elles que les agents ne purent trouver le moindre objet relatif à la mission qu'ils avaient reçue.

Mises en demeure de désigner les noms des personnes qui leur avaient adressé ces différentes missives, elles répondirent que la servante de la maison les avaient reçues, et celle-ci interrogée à son tour déclara qu'elle n'avait point reconnu les messagers.

II

Les perquisitions se faisaient chez les demoiselles St-Julien, et déjà l'autorité s'était rendue chez M. l'abbé Lespinasse.

Le 10 janvier 1793, l'administrateur du Directoire s'était transporté dans la ville de Marciac, accompagné du lieutenant de gendarmerie résidant à Mirande.

A midi, les agents du pouvoir public et les officiers municipaux de la ville se présentèrent à la maison de la citoyenne Lespinasse, veuve Carrère. Ils y trouvèrent Marie-Jeanne Lespinasse, ci-devant religieuse à Gondrin, Séverin Lespinasse leur frère, et Jean-Baptiste Dupouy, ci-devant religieux de l'ordre St-Dominique, du couvent de Marciac.

D'un ton impérieux, les inquisiteurs demandèrent à voir le prêtre Jean-Guillaume Lespinasse. On les conduisit donc dans une chambre du Nord, donnant sur la place de Marciac. C'est là qu'ils trouvèrent ce prêtre, étendu dans un fauteuil. Il était pâle, sans force, et presque sans mouvement ; après une sérieuse maladie de deux mois environ, c'est à peine s'il était aux premiers jours de sa convalescence.

Les agents lui présentèrent la lettre que ce prêtre avait écrite le 10 octobre 1792 à Mgr de Latour-Dupin, archevêque d'Auch, en résidence à Monserrat (Espagne). On lui présenta également une seconde lettre à l'adresse « de *Dom Francisco*... par Toulouse, à Barcelone, Catalogne. »

M. l'abbé Lespinasse avoua qu'il avait écrit lui-même la première ; quant à la seconde lettre, il déclara qu'une personne étrangère et inconnue l'avait introduite dans la première, afin de la faire parvenir d'une manière plus sûre à sa destination.

Puis il ajouta ces observations à la fois nobles et franches :

« Je ne réclamerai pas, dit-il, sur l'infraction que l'on a faite en interceptant ma lettre, parce que je ne rougis pas et qu'il ne peut y avoir à rougir de l'avoir écrite.

« Quant aux inductions que l'on veut en tirer contre le maire de Marciac, je fais observer que j'ai parlé seulement de la sagesse de sa conduite, sans rien spécifier ; d'ailleurs, je ne puis faire que l'éloge de ce maire. »

Les agents dirent alors que, pour s'acquitter entièrement de leur mission, ils devaient examiner les différents objets qui lui appartenaient.

« Dans ce cas, leur répondit-il, veuillez entrer dans la chambre que j'occupais avant d'être malade... Ma sœur vous remettra les clés de mes armoires et M. l'abbé Dupouy vous livrera ces divers objets. »

On se transporta, en effet, dans une chambre au midi, donnant sur une galerie d'assez belle apparence.

Toute vérification faite, on ne put rien découvrir, à l'exception de cinq lettres, dont l'une avait été remise personnellement ; trois étaient sans adresse, et la cinquième renfermait un titre de rente que lui avait souscrit à la date du 6 janvier 1792 M. l'abbé Maigné, archiprêtre d'Aignan. Toutes ses correspondances furent saisies. On fit toutefois observer au prêtre Lespinasse que cette obligation de rente lui serait restituée dès que la justice aurait fait de cette missive l'usage convenable.

En raison de sa maladie, M. l'abbé Lespinasse fut sans doute dispensé de suivre ses inquisiteurs, et l'on dut probablement se contenter de le placer jusqu'à nouvel ordre, sous la surveillance de l'administration municipale.

Quant aux poursuites dirigées contre le maire de Marciac, tout fait supposer qu'elles n'eurent point de conséquences fâcheuses.

De semblables perquisitions durent être faites à Vic chez les demoiselles Réchou et à Gondrin dans les maisons désignées plus haut. C'est encore ce que nos archives ne nous permettent pas de certifier d'une manière précise.

III

Le 5 février 1793, les administrateurs du Gers cherchèrent un établissement public destiné à servir de maison de réclusion. Ils jetèrent les yeux sur le couvent de *Camarade*.

Cependant, comme une foule de prêtres qui devaient s'y rendre dans les délais déterminés exprimèrent le désir de pouvoir y faire transporter une partie de leur mobilier; d'un autre côté, comme plusieurs d'entr'eux étaient dépourvus de ressources, les administrateurs accordèrent un sursis jusqu'au 25 février 1793.

D'après les règlements établis, le concierge recevait la somme de 600 francs qu'on lui payait par trimestres.

Tout porte à croire que même à cette époque le couvent de *Camarade* n'était pas encore disposé de manière à renfermer tous les prêtres condamnés à la réclusion. Quelques-uns d'entre eux furent logés provisoirement dans certaines familles de la ville, ce qui leur permettait d'exercer en secret les fonctions de leur ministère.

Mais voilà que le 29 janvier 1793, un des membres du Conseil départemental se plaignit de ce qu'on tolérait trop longtemps la présence de ces prêtres insermentés hors de la maison de réclusion :

« Ils étendent, dit-il, leur dangereuse influence, leur fanatisme sur la crédulité des habitants des campagnes.

« L'on vient à Auch de trois à quatre lieues pour se faire marier ou remarier par eux, etc. »

L'accusation était grave. Les citoyens administrateurs prirent donc des mesures répressives.

En outre il fut décrété à l'unanimité que tous ces prêtres infirmes seraient établis le plus tôt possible dans la maison de réclusion.

IV

Le lendemain de cet arrêté, dans la nuit du 23 au 24 messidor, l'un des prêtres tenus en réclusion, M. l'abbé Aurensan, était parvenu à s'échapper à la faveur des ténèbres. La nouvelle de cette évasion se répandit en un instant dans toute la ville, et l'administration centrale s'arma de ce prétexte pour menacer tous les autres détenus des peines les plus sévères. Quelques-uns protestèrent sur leur âme et conscience qu'ils demeureraient scrupuleusement dans le couvent de *Camarade*, jusqu'à ce que les lois leur eussent rendu la liberté.

Cette énergique protestation de fidélité fléchit le courroux des administrateurs qui se décidèrent, après avoir soulevé maintes difficultés, à laisser encore les détenus dans cette maison de réclusion, au lieu de les écrouer comme on l'avait résolu d'abord dans la maison d'arrêt de la ville.

Honoré Sansas, ex-capucin.

Marciac, 17 février 1793 (an II.)

Déjà toutes les municipalités avaient reçu des instructions pour qu'on dressât aussitôt la liste de tous les prêtres insermentés qui pouvaient être une occasion de trouble dans les communes.

Marciac, en cette circonstance, fit preuve d'une admirable impartialité. Tous les administrateurs, sans exception, déclarèrent aux autorités supérieures que les prêtres Doubrère, Montauzon et Dupouy, en résidence dans cette ville, méritaient à juste raison l'estime et la bienveillance de leurs concitoyens. Ils ajoutèrent que le Conseil général n'avait jamais eu qu'à se louer du zèle avec lequel ces prêtres remplissaient les fonctions de leur ministère.

Ensuite ils rendirent hommage au caractère paisible des prêtres Cadroua et Honoré Sansas, résidant à Marciac depuis quelques mois seulement, et ils déclarèrent avec loyauté que les prêtres Peyran et Castillon n'avaient jamais excité aucun trouble dans la population.

Cependant, quelques citoyens malveillants avaient représenté l'ex-capucin Honoré Sansas, connu dans le pays sous le nom de Père Paulin, comme un esprit perturbateur. Il n'en fallut pas davantage pour que l'Administration centrale ordonnât immédiatement son arrestation. En conséquence, la brigade de Marciac se transporta chez le citoyen Medrano, à Mont-Pardiac ; le maire de cette commune, invité à assister aux perquisitions, s'y refusa énergiquement et ne dut céder qu'après avoir entendu les menaces réitérées de la gendarmerie.

On pénétra dans la maison où l'on découvrit

tout d'abord, au milieu de la lingerie, une boîte renfermant des hosties pour dire la messe. Elles furent confisquées.

Un peu plus loin, les gendarmes allaient saisir une nouvelle boîte plus précieuse renfermant des hosties consacrées, lorsque le maître de la maison s'élança au-devant des inquisiteurs, la prit lui-même et déclara hautement qu'ils ne parviendraient jamais à la lui arracher, dût-il verser son sang pour la défendre.

Les agents de la force armée eurent le bon sens de respecter ses convictions religieuses. Ils ordonnèrent au prêtre Sansas de les suivre. Comme celui-ci leur faisait observer qu'il était dans l'impossibilité de marcher à cause de ses douleurs, les gendarmes prièrent l'agent municipal de leur procurer un cheval ou un véhicule. Le maire s'y refusa de nouveau, accompagnant ce refus de quelques expressions que nos agents ne durent pas trouver très gracieuses.

Le Père Paulin fit alors appeler le citoyen Broca, médecin, de la ville de Marciac, et obtint un certificat attestant que ses cruelles souffrances exigeaient les plus grands ménagements.

Cette déclaration du médecin parut adoucir un instant la rigueur de la sentence, car l'abbé Sansas ne fut point déporté, quoiqu'il eût moins de soixante ans. On se contenta de l'envoyer provisoirement dans la maison de réclusion, trois jours après qu'on lui eût notifié cette première décision.

Il comprit sans tarder qu'il était encore menacé de la déportation.

Ce prêtre et un de ses compagnons de captivité, M. l'abbé Jean Dulom, arrêté par la municipalité de Semboués, supplièrent les administrateurs du Gers de vouloir bien les maintenir dans cet établissement, à cause de leurs cruelles infirmités. Les juges furent inexorables. Il fut décidé que l'abbé Sansas serait conduit de brigade en brigade, avec les prêtres Louit et Senescau, hors du territoire de la République, et que l'abbé Dulom serait déporté à la Guyane Française et par conséquent conduit par les gendarmeries jusqu'à la ville de Bordeaux.

Pierre Lacoste.

Berdoues, 12 mars 1793.

M. le curé de Berdoues se tenait caché dans la maison du citoyen Jean-Pierre Lacoste. Les officiers municipaux de Mirande avertis organisèrent des perquisitions pour se saisir de sa personne. A peine furent-ils entrés dans la maison désignée, qu'ils aperçurent le citoyen récéleur et lui firent subir un interrogatoire. Et comme il était dépourvu de papiers légalisés, on l'entraîna sans autre forme de procès devant l'administration du district.

Quant à M. le curé Berdoues, il fut impossible de le découvrir.

Le même jour, la gendarmerie de Mirande s'était transportée à St-Maur, chez le citoyen Launies, afin d'arrêter son frère, prêtre insermenté, soupçonné d'émigration.

M. l'abbé Launies fut, en effet, découvert dans un recoin de l'habitation et comparut, le jour même, devant l'administrateur du district mirandais.

Le 29 fructidor, l'administration centrale écrivit au ministre de la police générale une lettre dont nous extrayons les passages suivants :

« Il est dangereux que ces individus (les prêtres réfractaires incarcérés à Auch), demeurent plus longtemps dans le pays, à cause des liaisons intimes qu'ils ont dans cette commune.

« Nous craignons sans cesse leur évasion qui entrainerait avec elle des maux incalculables. Une partie des habitants est assez fanatisée pour que nous ayons à craindre continuellement qu'ils ne fassent une tentative, afin de les délivrer. »

CHAPITRE VI.

Le 29 fructidor. — Margouët. — Le 24 mars 1793. — Fête de la jeunesse.—Les prêtres Dazies. —Bouzon. — Lacave. — Décrets contre les prêtres. — Réclusions. — M. l'abbé Barris. — Déportation.

I

Un décret du 24 février 93 prescrivit les opérations relatives au recrutement de l'armée.

Dans toutes les localités, un registre fut ouvert pour recevoir les inscriptions volontaires.

Or, dès le 20 mars, la municipalité de Margouët s'était conformée à ces exigences de la loi, mais personne ne s'était fait inscrire. Le 25, vers onze heures du matin, le commissaire de Nogaro se présente à Margouët. Soixante-dix jeunes gens étaient réunis. La municipalité n'arriva qu'à une heure de l'après-midi.

L'appel nominal venait de commencer, lorsqu'un jeune homme de Margouët rompit les rangs, une hache à la main, et se précipita sur le commissaire qu'il saisit à la gorge, tout en le menaçant de lui fendre la tête.

Deux de ses amis, levant aussitôt leurs bâtons sur notre agent, exigeaient de lui qu'il déracinât l'arbre de la Liberté. Mais le commissaire, doué d'une force peu commune, se dégagea de ses adversaires et dressa procès-verbal contre les assassins et tous les habitants de Margouët.

Le croirait-on ? Quelques jours après l'on reçut dans cette localité une copie de ce document :

Liberté. — Egalité,

Lisez, agitateurs et tremblez.

Le citoyen Druilhet, curé de Margouët, a constamment tenu la municipalité en état de désobéissance. A son aide, il a échappé à la vigilance et aux recherches du département qui voulaient lui faire subir la peine méritée de la déportation à la Guyane française.....

En conséquence :

ARTICLE Ier.

Les citoyens Druilhet, etc., etc., etc., etc., etc., seront arrêtés et envoyés à la Maison de Justice du tribunal du département.

ART. 2.

Il est défendu à jamais de considérer Margouët comme une municipalité. Défense même de donner à cette localité le nom de Margouët. Son territoire sera enclavé dans la municipalité de Meymes, dont elle sera une section sous le nom de : *Section de la Douze.*

L'Eglise de Margouët sera close et les sceaux mis sur la porte d'entrée. Le Procureur-Syndic de Nogaro fera vérifier de temps en temps si le scellé a été violé.

On raconte de nos jours encore, dans cette contrée, que M. l'abbé Druilhet trouva, pendant cette période révolutionnaire, l'hospitalité la plus cordiale chez quelques-uns de ses paroissiens. On désigne en particulier une famille connue sous le nom de Trincalio. La maison était située à quelques pas d'un bois considérable appartenant à la ville d'Aignan. Nuit et jour, un des membres de cette excellente famille montait la garde, afin d'empêcher le vénérable prêtre de tomber entre les mains de ses persécuteurs. Ceux-ci comprirent néanmoins qu'à certaines heures du jour, M. l'abbé Druilhet se tenait caché dans le bois ; aussi lancèrent-ils sur ses traces une meute de chiens, pour le traquer comme une bête fauve. Les chiens revinrent longtemps après et n'apportèrent que le manteau de celui qu'on poursuivait ; quant à lui, une fois encore, il avait échappé à leurs perquisitions.

II

Le 24 mars 1793, le département du Gers prit une décision relative aux prêtres non assermentés. Le conseil des administrateurs était présidé par Dartigoeyte et Ichon, membres et commissaires de la Convention nationale dans les départements du Gers et des Landes.

Voici le prélude de cette déclaration à jamais mémorable :

« Le Directoire du département du Gers, instruit que parmi les agents qu'employait l'aristocratie pour empêcher le recrutement de l'armée l'on a reconnu malgré leur déguisement des prêtres et des moines qui parcouraient les campagnes ;

« Considérant que l'on vient de découvrir les fils d'une trame ourdie par les tyrans coalisés ; trame qui, dans les départements de la Vendée et de la Loire-Inférieure a produit une insurrection déclarée ; dans Paris, un complot exécrable contre les jours des augustes représentants de la nation, et qui préparait dans les autres départements de pareilles atrocités....

« A arrêté :

Article Ier.

« Tous ecclésiastiques séculiers et réguliers, prêtres, simples clercs minorés ou Frères lais, sans distinction, qui n'ont pas prêté le serment du 10 août 1792, seront tenus de sortir du territoire du département dans le délai de huitaine, à moins qu'ils ne soient âgés de 60 ans ou infirmes; dans lequel cas, ils seront tenus de se rendre à la maison de réunion établie dans le chef-lieu du département.

ART. 2.

« Ceux qui ne seront pas sortis du territoire du département dans le délai prescrit par l'article précédent, seront considérés comme devant être déportés à la Guyane française.....

ART. 4.

« Les propriétaires ou locataires de maisons donneront à leurs municipalités respectives la liste nominative des personnes logées chez eux.

« Les contrevenants subiront la peine de l'emprisonnement qui ne peut être moindre d'un mois et en excéder trois.

« Six ans de fers, contre tout citoyen qui cache ou qui recèle une personne assujettie aux lois de l'émigration ou de la déportation. »

Les citoyens administrateurs du Gers avaient constaté, dès les premiers jours de l'année 1793, qu'un nombre assez considérable de prêtres sexagénaires s'étaient volontairement déportés, d'après la promulgation de la loi du 26 août, au lieu de se rendre dans la maison de réclusion.

Il s'agissait de savoir si l'on devait les considérer comme émigrés...

L'administration centrale crut devoir consulter à ce sujet le ministre de l'intérieur qui déclara que ces prêtres, en préférant la déportation à la réclusion, n'avaient nullement encouru les peines infligées aux émigrés.

Le 27 mars, le ministre de l'intérieur informa les citoyens administrateurs du Gers que, dans trois semaines, un vaisseau devait partir de Bordeaux pour Cayenne.

En même temps ordre était donné de faire conduire par la voie des brigades tous nos déportés dans le chef-lieu de la Gironde.

Mais un mois et demi s'était à peine écoulé, que le ministre de l'intérieur annonça aux administrateurs départementaux que, pour des causes involontaires, le navire annoncé ne pouvait encore mettre à la voile.

Il fallut donc attendre de nouveaux ordres.

III

FÊTE DE LA JEUNESSE.

10 germinal, 30 mars.

Le Commissaire du Directoire exécutif près l'administration centrale du département du Gers se plaignit amèrement de ce que dans la plupart des communes on apportait trop de négligence pour célébrer les fêtes religieuses établies par la République. Il menaça de ses colères et n'obtint aucun résultat.

Voici en quoi consistait la fête de la Jeunesse, d'après ce que nous lisons dans un manuscrit de Lannepax :

Le 10 germinal, les autorités constituées, après avoir invité tous les officiers municipaux du canton à célébrer convenablement cette fête de la Jeunessse, se rendirent près de l'autel de la Patrie, autour de l'arbre de la Liberté. D'après la loi, tous les instituteurs, les institutrices et leurs élèves devaient être conviés au chef-lieu du canton. Ordre formel avait été donné aux parents d'accompagner leurs enfants, afin de connaitre ceux qui se seraient le plus distingués par leur application et leurs succès. Or, il n'y avait dans tout le canton de Lannepax aucun instituteur public ou particulier.

A l'heure déterminée pour la célébration de la fête, les autorités municipales, la garde nationale et les fonctionnaires publics, précédés de la jeunesse et suivis d'un grand concours de peuple, se rendirent, en chantant des hymnes patriotiques, au lieu désigné pour la fête. Là, un enfant âgé de 13 ans récita publiquement *les Droits de l'homme* ; un autre enfant, de Dému, âgé de 12 ans, déclama le *Catéchisme républicain* avec les droits du citoyen au milieu des applaudissements de toute l'assistance. Le président les embrassa et déposa sur leurs jeunes fronts une couronne civique.

On chanta de nouveaux hymnes guerriers, on cria : *Vive la République*, et l'on dansa jusqu'à la nuit.

IV

L'ABBÉ DAZIES.

Avril 1793.

M. l'abbé Paulin Dazies, chapelain de Cahuzac, avait soixante ans moins six semaines, quand on ouvrit, à Auch, une maison de réclusion pour les prêtres infirmes ou sexagénaires.

Sous prétexte qu'il n'était point fonctionnaire public, il se dispensa d'obéir aux lois de l'Etat et sollicita même la faveur de passer chez un ami les six semaines qui le séparaient de la soixantaine, afin de se rendre ensuite à la maison de réclusion. Cette manière d'agir fut portée à la connaissance du Procureur-Syndic qui ordonna aux agents municipaux d'Orbessan de faire les recherches nécessaires.

L'on trouva M. l'abbé Dazies chez le citoyen Prieur habitant de Sansan. Il était malade et ses souffrances ne lui permirent pas de se faire transporter à Auch, ainsi que le constatèrent deux officiers de santé.

L'état maladif de ce prêtre n'empêcha pas cependant l'administration centrale de prendre la décision suivante :

« Considérant que le citoyen Paulin Dazies, chapelain de Cahuzac, faisait aussi le service de la paroisse de St-Sauveur et qu'il était adonné à la prédication, et par conséquent atteint par les lois de l'Etat,

« Arrête :

« Qu'il sera déporté à la Guyane française ; qu'il sera sursis à l'exécution du présent décret jusqu'après le rétablissement de sa santé, s'il est jugé malade.... »

L'ABBÉ BOUZON.

Tous les presbytères plus ou moins soupçonnés d'incivisme furent l'objet des plus odieuses perquisitions. Les événements nous transportent aujourd'hui dans une commune du canton de Marciac, à St-Justin. Ici l'on avait bien pu constater une sorte de procès-verbal où l'on rendait compte du serment que le sieur Bouzon Joseph, curé de St Justin, avait prêté le 20 mars 1791. Mais ce document renfermait de graves irrégularités. L'on y avait effacé ces mots : *A tout ce qui ne serait pas contraire à la religion catho-*

lique. Puis, venait la signature : « Joseph Bouzon », après laquelle une autre main avait tracé en écriture différente, ces mots : *approuvé la rature* ; et, à la suite du nom de M. le Maire, on lisait *item* écrit avec une encre différente de la première. Tout faisait donc supposer que c'était là une pièce apocryphe.

Interrogés par le Commissaire député pour le département du Gers, les officiers municipaux déclarèrent tour à tour que M. le Curé ne faisait connaître à personne son appréciation sur la nouvelle Constitution. Ils ajoutèrent qu'ils n'avaient aucun souvenir du serment consigné dans le registre officiel et qu'en outre, M. le Curé ne parlait jamais aux fidèles du respect dû aux lois de l'Assemblée ; ils se souvenaient au contraire qu'il avait refusé de lire un mandement de M. Barthe après avoir formellement déclaré qu'il ne reconnaissait point l'autorité d'un tel évêque.

Quel fut le résultat immédiat de cette enquête ? C'est ce que les archives du Gers nous laissent ignorer. Et ce n'est pas la seule lacune que nous ayons à regretter.

Nous savons que le même commissaire était à Aux, le 30 avril de la même année. Les officiers municipaux firent à peu près tous les mêmes dépositions : Ils certifièrent que M. Lacave n'avait jamais voulu prêter son serment de fidélité à la Constitution civile du clergé ; qu'il avait refusé avec la même opiniâtreté de lire les mandements de M. Barthe ; que dans une foule de circonstances il avait poussé l'audace jusqu'à dire à ses paroissiens qu'ils ne devaient jamais avoir recours aux prêtres intrus, pour l'administration des sacrements, parce qu'ils n'avaient aucun pouvoir pour les conférer, etc. Quelques-uns affirmèrent en outre que M. le curé entretenait des relations d'amitié avec M. le curé d'Ausat et le citoyen Medrano de Mont Pardiac, également suspects d'incivisme. Ce sont là tous les renseignements que nous avons pu recueillir au sujet de M. Lacave, curé d'Aux.

V

DÉCRET CONTRE LES PRÊTRES.

29 et 30 du 1ᵉʳ mois 1792.

On lira avec un certain intérêt les infâmes décrets émanés de la Convention contre les ecclésiastiques sujets à la déportation.....

ARTICLE 1ᵉʳ.

Les prêtres sujets à la déportation, pris les armes à la main, soit sur les frontières, soit en pays ennemi ;

Ceux qui auront été ou se trouveront saisis de congés ou passeports délivrés par des chefs français émigrés, ou par des commandants des armées ennemies, ou par les chefs des rebelles ;

Ceux qui seront munis de quelque signe contre-révolutionnaire seront dans les 24 heures livrés à l'exécuteur des jugements criminels et mis à mort....

Le fait demeurera constant soit par une déclaration écrite revêtue de deux signatures, ou d'une seule signature confirmée par la déposition d'un témoin, soit par la déposition orale et uniforme de deux témoins....

Art. V.

Ceux de ces ecclésiastiques qui rentreront, ceux qui sont rentrés sur le territoire de la République seront envoyés à la maison de Justice du tribunal criminel du département dans lequel ils auront été ou seront arrêtés....et après avoir subi l'interrogatoire, dont il sera retenu note, ils seront dans les 24 heures livrés à l'exécuteur des jugements criminels et *mis à mort*, après que les juges du tribunal auront déclaré que les détenus sont convaincus d'avoir été sujets à la déportation....

Art. X.

Sont déclarés sujets à la déportation, jugés et punis comme tels, les évêques, les ci-devant archevêques, les curés, les professeurs de séminaire et de colléges, les instituteurs publics et ceux qui ont prêché dans quelque Eglise que ce soit, depuis la loi du 2 février 1791, qui n'auront pas prêté le serment prescrit par la loi du 2 juillet 1790....ou qui l'auront rétracté. .

Tous ceux qui auront été dénoncés pour cause d'incivisme lorsque la dénonciation aura été jugée valable...

Art. XI.

Ces dispositions ne sont point applicables aux vieillards âgés de plus de 60 ans, aux infirmes et aux caducs.

Art. XII.

Les ecclésiastiques qui auront prêté le serment prescrit... et qui seront dénoncés pour cause d'incivisme seront embarqués sans délai et transférés à la côte de l'Ouest de l'Afrique, depuis le 23e degré sud, jusqu'au 28e.

Art. XIII.

La dénonciation pour cause d'incivisme sera faite par six citoyens du canton et jugée par le Directoire du département.

Art. XIV.

Les ecclésiastiques (non assermentés) cachés en France qui n'ont point été embarqués pour la Guyane française seront tenus, dans le décade de la publication du présent décret, de se rendre auprès de l'administration départementale qui prendra les mesures nécessaires pour leur arrestation ou embarquement et déportation.

Art. XV.

Ce délai expiré, ils seront conduits dans la maison de justice du Tribunal criminel de leur département pour y être jugés.

Art. XVI.

La déportation, la réclusion, la peine de mort emportent confiscation des biens.

Art. XVII.

Tout citoyen qui recèlerait un prêtre sujet à la déportation sera condamné à la même peine.

Vient ensuite une loi qui détermine les conditions dans lesquelles ces diverses peines entraînent la confiscation et que nous n'avons point à examiner ici.

Avant le 25 brumaire de l'an II, les administrateurs avaient écrit au Ministre de l'intérieur au sujet des prêtres dont il fallait débarrasser le pays ; voici la réponse du ministère :

« Vous me marquez, citoyens, qu'il existe dans un dépôt de votre département une vingtaine de prêtres condamnés à être déportés sur les côtes d'Afrique, et qu'il est de l'intérêt de la nation de leur faire subir promptement leur jugement.

« Mon prédécesseur avait écrit plusieurs fois à ce sujet au Ministre de la marine qui n'a pas encore pris pour l'embarquement de cette horde les dispositions convenables.... »

En quelques jours, le nombre des victimes s'accrut considérablement, puisqu'au mois de germinal les administrateurs du Gers annoncèrent, avec un certain air de triomphe, au Ministre de l'intérieur qu'ils tenaient cent-un prêtres à sa disposition.

Voici les noms et âges de ces malheureuses victimes :

Soubdès, 83 ans.
Boubée, 61 ans.
Darcamont, 66 ans.
Sentex, 76 ans.
Barris, 62 ans.
Dumont, 66 ans.
Majan, 79 ans.
Cassagnoles, 80 ans.
Hardouin, 71 ans.
Béon, 68 ans.
Bertrand, 71 ans.
Vivent, 60 ans.
Carrau, 64 ans.
Ferragut, 69 ans.
Vitalis, 65 ans.
St-Géri, 85 ans.
Comet, 79 ans.

Espiau, 77 ans.
Fortassin, 72 ans.
Barris, 63 ans.
Pugens, 73 ans.
Rives, 70 ans.
Molas, 75 ans.
Pérès, 61 ans.
Fontan, 74 ans.
Cornet, 83 ans.
Lacroix, 69 ans.
Barry, 73 ans.
Laforcade, 66 ans.
Duluc, 71 ans.
Descat, 73 ans.
Barada, 70 ans.
Paillaube, 71 ans.
Bouzon, 68 ans.

Aurignac, 79 ans.
Degachis, 73 ans.
Commet, 71 ans.
Arqué, 79 ans.
Barciet, 77 ans.
Carpuac, 73 ans.
Daspe, 79 ans.
Daurio, 78 ans.
G. Didier, 79 ans.
Castaignet, 64 ans.
Monlaur, 61 ans.
Lasserre, 76 ans.
Dubois, 77 ans.
Béguier, 60 ans.
Cadroy, 69 ans.
Froment, 70 ans.
Bauduer, 65 ans.
Brocas, 61 ans.
Barrafitte, 63 ans.
Pader, 84 ans.
Cantan, 73 ans.
Durreigne, 71 ans.
Galavert, 72 ans.
Laporte, 62 ans.
Cassagnoles, 62 ans.
Lamothe, 61 ans.
Mailhos, 65 ans.
Janot, 63 ans.
Cassagnau, 79 ans.

Laspeyrie, 68 ans.
Cortade, 63 ans.
Martin, 66 ans.
Midan, 65 ans.
Grenier, 67 ans.
Tapie, 70 ans.
Jugris, 76 ans.
Modeux, 64 ans.
Barthe, 69 ans.
Robin, 69 ans.
Cazaubon, 76 ans.
Castelbon, 77 ans.
Carde, 78 ans.
Larroche, 69 ans.
Carde, 74 ans.
Taillandier, 65 ans.
Treille, 82 ans.
Sérenc, 73 ans.
Chauvin, 70 ans.
Hydon, 64 ans.
Daran, 69 ans.
Tauriac, 63 ans.
Lacomme, 64 ans.
Depetit, 68 ans.
Houmés, 60 ans.
Espinasse, 66 ans.
Harruc, 66 ans.
Libaros, 68 ans.
Dossat, 68 ans.

Gaspart, 84 ans.   Latreille, 65 ans.
Despiau, 81 ans.   Job, 62 ans.
Darcamont, 67 ans.   Bourret, 62 ans.
Mieussens, 72 ans.   Dupouy, 23 ans, perclus.
Montégut, 66 ans.   Dazies, 45 ans, perclus.

De la maison de réclusion où ils étaient détenus, quelques prêtres, entre autres Prunières, Dazies, Soulès et Chauvin, écrivirent aux administrateurs pour exposer leurs infirmités.

Nous avons sous les yeux la lettre de M. l'abbé Dazies conçue en ces termes :

« Je vous ai déjà exposé mes infirmités. Elles me rendent perclus, au point que j'ai toutes les peines du monde à me remuer avec des échasses et que je ne puis m'habiller ou quitter mes vêtements sans le secours d'une personne étrangère.

« J'espère de votre justice et de votre humanité que vous m'accorderez la faveur de me faire soigner dans ma famille, si vous ne voulez pas m'exposer au danger de perdre la vie. »

Le cas fut soumis au Ministre de la police.

Il répondit que les prêtres Prunières et Chauvin devaient être traduits devant le tribunal, parce qu'au moment de leur arrestation, ils cherchaient à s'évader. Quant aux prêtres Soulès et Dazies, on devait les réintégrer dans la maison de réclusion.

L'ABBÉ BARRIS.

Le 3 mai 1793.

Le maire de Cazaux et les officiers municipaux se présentèrent chez M. le curé pour lui faire savoir qu'ils avaient reçu un Mandement de M. Barthe, évêque du Gers, et lui intimer l'ordre de le publier à la messe paroissiale. M. le curé examine le Mandement. Puis, il exprime ses regrets de ne pouvoir se conformer aux désirs de la municipalité, alléguant pour raison que cette lettre n'était point à son adresse. Sur de nouvelles instances de M. le maire, l'abbé Barris déclare que jamais il ne consentira à lire publiquement une circulaire d'une telle nature, d'abord parce qu'il ne reconnaît point M. Barthe pour évêque, et, en second lieu, parce qu'un tel document est tout à fait contraire à la religion.

Le même jour, on s'assembla dans la maison commune pour y renouveler le serment prescrit par les lois. C'est le maire qui donna l'exemple ; la population marcha sur ses traces. Tout le monde était présent, à l'exception de M. le curé.

Il n'en fallait pas davantage pour soulever contre ce digne pasteur la haine des révolutionnaires.

VI

Voici les noms des prêtres qui le 5 mai 1793 devaient quitter le sol de la République, si leurs infirmités leur permettaient de s'expatrier :

Ader aîné, ci-devant prébendé de Ste-Marie.
Bascaus, ci-devant prébendé et professeur du collége.
Aubian, chanoine de St-Orens.
Cauhapé, chanoine de St-Orens.
Carreté, chanoine de St-Orens.
D'Arcamont, chanoine et curé de Pessan.
Fenasse, curé de Duran.
Darré, curé de St-Cricq.
Roux, curé de Roquelaure.
Pardiac, curé de St-Pierre.
Surestan, curé de Pavie.
Lacaze, professeur du séminaire.
Dauphin, chanoine de Sos.
Despiau, curé de Ste-Marie.
Laborde, vicaire de Ste-Marie.
Plantié, vicaire de Ste-Marie.
Alexandre Tarbouriech, vicaire de Ste-Marie.
Solom, vicaire de Ste-Marie.
Fenasse, professeur du collége.
Trenqualis, professeur du collége.
Fitte, professeur du collége.
Touja, professeur du collége.

Saucède, professeur du collége.
Dasque, professeur du collége.
Bonassis, professeur au pensionnat.
Dastugue, professeur au séminaire.
Ducos, vicaire de St-Orens.
Prunières, curé de Lasséran.
Ducasse, vicaire de Malartic.
Ardit, vicaire de Pavie.
Trébois, vicaire de Pavie.
Carrère, curé d'Aubiet.
Larsenne, curé de Blanquefort.
Lacoste, curé de Gimont.
Laporte, vicaire de Gimont.
Salles, vicaire de Gimont.
Millan, vicaire de Juilles.
Castex, vicaire de Traversères.
Campans, curé de Lagouarde.
Roux, vicaire de Nogaroulet.
Armagnac, curé de Nogaroulet.
Lajus, curé de Lamaguère.
Campardon, vicaire de Plavès.
Lafont, vicaire de Nougaroulet.
Martin, vicaire de Peyrusse-Massas.
Bauduer, curé de Peyrusse-Massas.
Tafut, curé de Boulaur.
Lomagne, vicaire de Boulaur.
Tourné, curé de Faget.
Verdier, vicaire de Faget.
Sauset, vicaire d'Antras.

Lozes, vicaire de Durban.
Lamarque, vicaire de Crastes.
Gouts, curé de Lamotte-Adoulin.
Bialé, vicaire de Travès.
Meste, curé de Gaujan.
Louit, vicaire de St-Guiraud.
David, vicaire de Léboubin.
Arexi, vicaire de Préchac.
Bizos, curé d'Ardens.
Trémoulet, vicaire d'Ardens.
Doucet, curé de Calian.
Deneis, curé de Belmont.
Dupuy, curé de St-Jean Rieuprofond.
Garros, vicaire de St-Jean Rieuprofond.
Sarran, vicaire de St-Michel de Trembléde.
Ducos, curé de St-Jean le Comtal.
Labarthe-Giscaro, curé de Labarthe.
Debatz, vicaire de Pouyloubrin.
St-Antonin, curé d'Ornézan.
Lajus, curé de St-Yors.
St-Gresse, curé de St-Lary.
Thore, curé de Baurens.
Délas, vicaire de Lagouarde-Propre.
Lassale, vicaire de St-Sauveur.
Aveillé, curé de Caillavet.
Verdier, vicaire de St-Jean le Comtal.
Lizon, curé de Moncorneil.
Boas, curé de Marrou.
Daurignac, vicaire de Cachan et de Sémézies.

Pérez, curé de Cazaux-d'Anglès.
Délas, curé de Lartigue.
Demont, curé de Saramon.
Mieussens, vicaire de Las.
Espiau, vicaire de Castillon.
Barciet, curé de Seissan.
Lagelle, curé de Puycasquier.
Esquerré, vicaire de Pépieux.
Daneran, vicaire d'Escornebœuf.
St-Paul, curé de Durban.
Dat, curé de Préneron.
Carrère, curé de Boucagnères.
Martin-Boubée, curé de Nougaroulet et de Laboubée.
Vigues, curé d'Ambon.
Duprat, curé de Vic-Fezensac.
Cassagnoles, chanoine de Vic-Fezensac.
Latour-Dupin, archidiacre de Sos.
Prieur, prébendé de Ste-Marie.
Barciet, prieur de Ste-Marie d'Auch.
Pradal, religieux Bernardin.
Cortade, religieux de l'ordre de Citeaux.
Louis Cortade, religieux de l'ordre de Citeaux.
Cheylan, chanoine de Vic-Fezensac.
Lebé-Larroque, prébendé de Vic-Fezensac.
Roques-Carboire, chanoine de Vic-Fezensac.
Majo, religieux capucin.
Duruti, frère lai cordelier.
Candau, chanoine de Vic.

Joseph Mérigon, chanoine de Vic.
Lacassaigne, curé de Pezens (Carcassonne).
Delbés aîné, religieux bernardin.
Delbés cadet, religieux bernardin.
Laurens Grandidier, religieux bernardin.
Jean-Gabriel Dupuy, religieux bernardin.
Lanusse, religieux bernardin.
Touja cadet, chanoine de Jegun.
Dubourg-Lartigue, chanoine de Jegun.
Abadie, dominicain.
Grateloup, curé de Castelnau de Piquampo.
Seissan de Marignan, curé de Biran.
Méritens, chanoine de Ste-Marie.
Daroux, chanoine-doyen de St-Orens.
Daubas, chanoine-doyen de Jegun.
Solirène, curé de Sézan.
Dubarry, religieux bénédictin.
Gachet, dominicain à Auch.
Delort, chanoine de Lectoure.
Dubosc, prêtre au Houga.
Gossail, vicaire.
Lécussan aîné, chanoine d'Auch.
Lécussan cadet, chanoine d'Auch.
Dauzas.
Capera, prémontré à Lacaze-Dieu.
Mauléon, chanoine.
Castadère, prêtre à Lectoure.
Milignau, vicaire général de Condom.
Souriguère, chanoine de Vic-Fezensac.

Gréon, carme à Lectoure.
Montauzon, dominicain à Marciac.
Louis Pédélupé-Lacoste, vicaire à Cologne.
Dieuzède, prêtre à Cologne.
Truillé, ex-curé à Cologne.
Daries, diacre.
Faumont, trinitaire.
Delort, curé à Cahuzères.
Bourrust, chanoine.
Roussille, prêtre à Lectoure.
Carrère, prieur à Lectoure.
Olivier, cordelier à Condom.
Raffy.
Sénescau (neveu), prêtre à Termes.
St-Martin, curé à Mesmes.
Sénescau, professeur, à Auch.
Ducom, vicaire à Roquelaure.
Bedout, curé à Jegun.
Dupuy, chanoine.
Larroche, ancien curé de St-Paul-sur-Baïse.
Verdier, chapelain de Cahuzac.
Lezian, curé de Montaut.
Lébé, curé de Barran.
Larrivière, curé de Puycasquier.
Darret, archidiacre d'Anglès.
Duprat Caroles, chanoine de Ste-Marie.
Touron, prébendé de Vic-Fezensac.
Cabiran, curé de Barcugnan.
Terrade, curé de Vic-Fezensac.

Palazo, chapelain de N.-D. de Piété.

Joseph Duran, curé de Paris-Couloumé, autorisé pour cause d'infirmités à rester dans la commune de Beaumarchez, sous la surveillance des autorités constituées.

Mauran, vicaire à Beaumarchez.

Caumel, curé de Coutens, reçut la même autorisation que l'abbé Duran.

Bizos, curé de Mondebat.

J.-M. Aboillé, curé de Ricaut.

Lacrampe, curé de St-Laurent-Ladevéze.

Duffau, archiprêtre de Beaumarchez.

Mallac, curé de Vivès.

Dufourg, curé de Taybosc, émigré ou caché.

Jacques Broca, curé de Lias.

Lamarque, vicaire de Crastes.

Plantier, curé de Ste-Christie.

Dutil, chanoine de Bassoues.

Bourret aîné, chanoine de Bassoues.

Laubadère, chanoine et curé de Bassoues.

Loumède, chanoine de Bassoues.

Bourret cadet, chanoine de Bassoues.

Barrès, vicaire de Bassoues.

Bernis, chanoine de Bassoues.

Lespiau, chanoine de Bassoues.

Lespin, chanoine de Bassoues.

Belloc, sans fonctions, à Bassoues.

Gèze, curé d'Armous.

Daran, curé de Cau.

Labat, curé de Cieurac.
Cabino-Peyronet, curé de Gazax.
Dubuc, vicaire de Gazax.
Pérès, curé de Litges.
Bertrand, curé de Mascaras.
Salavert, curé de Peyrusse-Grande.
Salavert, résidant à Peyrusse-Grande.
Couture, curé de Roques.
Lacroix, de Mansencôme.
Méréadier, vicaire de Bézolles.
Athanase Descat, curé de Bonas.
Joseph Soulès, de Valence.
Laborde, curé de Corneillan (Montréal).
Manadé, curé de Lamothe et Rouillan.
Ducand, vicaire à Brenens.
Ducand, curé de Labarrère.
Augustin Délas, vicaire à Samatan.
Marsolan, prêtre de Toulouse.
Hilaire Bernis, vicaire à Malabat.
Montaut, curé de Betplan.
Guerlin, vicaire de Villecontal.
Nodenot, vicaire de Cazaux.
Thomas Ducom, à Cazaux.
Baptiste Ducom, à Cazaux.
Pierre Ducom, à Cazaux.
Baptiste Soulès, à Cazaux.
Jean-Pierre Luro, curé de Sérian.
Gratianne, curé de Montégut.
Manago, vicaire à Eauze.

Fortassin, vicaire à Eauze.
Delart, archiprêtre à Eauze.
Mieussens, vicaire à Eauze.
Paumé, curé de St-Amand.
Dulmau, curé de Bretagne.
Ninous, curé de Bascous.
Dasque, curé de Ramouzins.
Lapeyrère, curé de Noulens.
Dagé, vicaire de Réans.
Raymond Lignac, curé de Cadignan.
Hugues Tinnarage, curé de Poursigue (Landes).
Ducastaing, curé de Lanux.
J.-M. Labric, curé de Lin.
Lasserre Labric, curé de Projan.
Mieussens, vicaire de Rivière.
Dubox Pesquidoux, curé de St-Germé.
Magen, archiprêtre de Lupiac.
Pédélupé Lacoste, vicaire de Laleugue.
Busquet, curé de Verlus.
Duroi, curé de Manciet.
Boué, vicaire à Manciet.
Basignan, vicaire à Manciet.
Couloumés, curé de Bourrouillan.
Dubédat, vicaire de Bourrouillan.
Toulan, curé de Campagne.
Mauras, chapelain de Campagne.
Lapeyrusse, curé de Cravencères.
Lagœnnère, curé d'Espas.
Chauvigni Blot, évêque de Lombez.

Chasteigner, prévôt du chapitre de Lombez.
Bistos, curé et chanoine de Lombez.
Puntous, vicaire à Lombez.
Bourrust, chanoine à Lombez.
Aygobère (évadé des prisons de Perpignan).
Dubech, chanoine de Lombez.
St-Antonin, chanoine de Lombez.
Abadie, prêtre à Lombez.
Romain, prébendé à Lombez.
Dubois, vicaire à Lombez.
Thomassin, chanoine de Lombez. — On le croit mort en Espagne.
Gramont, curé d'Amades St-Loube.
Leys, curé d'Espaon.
Solles, curé de Gaujac.
Derrac, curé de Gensac.
Turle, curé de Laymont.
Daylies, vicaire.
Lartigue, curé de Montpezat.
Lauzin, curé de Mourlens.
Dardenne, curé de Planté.
Namartre, curé de Sauvimont.
Cazabonne, vicaire de Sauvimont.
Mélac, curé de Sauveterre.
Dubois, vicaire de Sauveterre.
Busquet, vicaire à St-Solan.
Arquier, vicaire.
Carboire, chanoine de Vic-Fezensac.
Thouron, prébendé de Vic-Fezensac.

Dauxion, vicaire à Lavardens.
Lajus, curé de Tudelle.
Bizos, curé d'Ardens.
Dupuy, curé de Bouté.
Garros, vicaire de Bouté.
Dat, vicaire à Roquebrune.
Justrabo, vicaire.
Laborde, curé de Fleurance.
Delort, vicaire de Fleurance.
Limosin, vicaire de Fleurance.
Duprat, vicaire de Fleurance.
Ader, curé de Miramont.
Pérès, vicaire à Gavarret.
Lajus, vicaire à Lalanne.
Souquères, curé de Montestruc.
Passerieu, vicaire de Montestruc.
Borista, curé de Puységur.

CHAPITRE VII.

Le costume ecclésiastique ou religieux prohibé. — M. l'abbé Blaize Rabin, condamné à mort. — M. l'abbé Daurio.

I

Le 1er juin 93, le Ministre de l'intérieur Garat écrivit à tous les citoyens administrateurs des départements, avec ordre de communiquer sa circulaire à toutes les communes :

« Plus de neuf mois se sont écoulés depuis la promulgation dans les départements de la loi du 18 août dernier. Cependant, je suis informé que l'article X n'a point également reçu son exécution sur tout le territoire Français.

« Il porte : Les costumes ecclésiastiques, religieux et des congrégations séculières sont abolis et prohibés pour l'un et l'autre sexe : et cependant les ministres de tous les cultes pourront conserver le leur pendant l'exercice de leurs fonctions dans l'arrondissement où ils exercent.

« Les ecclésiastiques amis de l'ordre et de la Révolution sentiront combien il importe à la manifestation de leurs principes qu'ils ne conservent pas plus longtemps un vêtement que persistent encore à porter des prêtres ennemis de la République, qui cherchent par de vains efforts à faire de ce vêtement l'étendard et l'aliment de leur révolte...

« Quant à ces derniers, s'il est quelque reste de raison dans les hommes avides du sang de leurs concitoyens et de l'anéantissement de la patrie, l'intérêt personnel doit leur dire que cet habit distinctif appelle sur eux, à tout moment, l'indignation et la colère des bons citoyens.... »

Cette lettre du Ministre Garat n'avait pas besoin de commentaire. Elle livrait à la haine des révolutionnaires tous les prêtres catholiques qui ne devaient pas avoir le bonheur de trouver chez des amis ou des fidèles dévoués un asile contre la fureur des méchants.

L'ère des persécutions allait s'ouvrir avec une nouvelle violence dans le département du Gers.

Une loi du 26 août 1791 accordait à chaque prêtre condamné à la déportation la somme de *trois francs* par journée de vingt lieues. Les Directoires de département et de district devaient délivrer des mandats sur les receveurs de districts qui les acquittaient sans difficulté.

Le Ministre de l'intérieur, par une décision du 20 octobre 1792, ordonna aux administrations départementales de lui faire connaître le nombre et la valeur des mandats délivrés, afin qu'il pût prendre des mesures nécessaires pour faire rentrer ces fonds dans les caisses des revenus particuliers.

Le 26 septembre 1792, le Directoire s'occupa des maisons de réclusion. Il s'adressa aux administrateurs du Gers pour les engager à choisir parmi les Etablissements libres celui qui pourrait le mieux concilier les sentiments de justice et d'humanité avec l'économie que prescrivaient les intérêts des municipalités.

La Révolution ne cessait de poursuivre son œuvre sacrilége. Le 24 octobre 1792, le Ministre de l'intérieur annonça aux administrateurs du Gers qu'il venait de consulter son collègue, le Ministre de la marine, pour savoir si l'on pourrait bientôt faire sur la Guyane la première expédition de prêtres déportés.

A ce qui paraît, quelques prêtres du Gers, dont le Ministre ne fait pas connaître les noms, étaient désignés pour cette colonie. Aussi la municipalité auscitaine reçut-elle avis qu'un vaisseau était sur le point de partir de Brest pour Cayenne, et qu'elle devait s'occuper de faire transférer dans ce port de mer les prêtres condamnés à la déportation.

Mais le navire annoncé ne parut point.

Le 10 décembre 1792, M. le Ministre de la marine répondit à son collègue qu'avant tout, il fallait préciser le nombre d'ecclésiastiques sujets à la déportation.

II

Condamnation à Mort.

BLAISE RABIN, PRÊTRE DE LECTOURE.

13 thermidor an II (31 juillet.)

« Au nom du peuple français, le tribunal criminel du département du Gers a rendu le jugement suivant :

« Considérant que Blaise Rabin, prêtre, est entré sur le territoire français dans un temps où le serment exigé des ecclésiastiques n'était plus recevable...

« Considérant que quand même il l'eût été, le dit Rabin a déclaré dans son interrogatoire que sa conscience ne lui permettait pas de le prêter et qu'il ne l'aurait fait ni alors, ni aujourd'hui...

« Qu'il s'est caché dans divers endroits, s'est travesti en militaire, a caché sa qualité de prêtre et s'est dit tantôt soldat des troupes de terre, tantôt dépendant des troupes de mer, a reçu l'étape en différents endroits sur son passage, a commis plusieurs faux pour lesquels il a été condamné à cinq années de fers par le tribunal militaire des Alpes...

« Qu'il a dit dans ses interrogatoires que personne ne pourrait lui prouver qu'il avait exercé les fonctions de prêtre, qu'il n'y avait que Dieu et lui qui le sût,

« Déclare :

« Que Blaise Rabin, prêtre, originaire de Lectoure, convaincu de s'être soustrait à la loi de la déportation, est condamné à la peine de mort, et tous ses biens seront acquis et confisqués au profit de la République. »

Nous regrettons de ne pouvoir offrir à nos lecteurs l'interrogatoire de cette noble victime de la Révolution. S'il faut en croire le récit d'un vénérable vieillard, voisin par son âge de cette époque désastreuse, M. l'abbé Rabin traversait les rues d'Auch pour se rendre au lieu de son supplice, quand un révolutionnaire interrompit brusquement la prière du martyr en lui disant :

— Jure, monstre, jure que tu meurs pour la Révolution.

Et le prêtre, d'une voix ferme, les regards vers le ciel :

— Je meurs pour ma foi, pour ma religion, pour mon Dieu, s'écria-t-il.

Il était sur l'échafaud. Je meurs... je meurs pour mon Dieu, cria-t-il encore ; et ce furent ses dernières paroles.

III

Le dimanche 21 octobre 1792, deux agents municipaux de la commune de Gimont se rendirent chez le curé de Maurens, district de l'Isle-Jourdain, pour recevoir le serment prescrit par les lois. Les infirmités de ce prêtre ne lui ayant pas permis de se transporter à la maison commune, il eut la faiblesse de jurer, en présence des agents municipaux, d'être fidèle à la nation et de maintenir la Liberté et l'Egalité ou de mourir en les défendant.

Soit que plus tard il eût rétracté ce serment ou qu'il eût seulement inspiré quelque crainte à la municipalité de Gimont, ce prêtre fut enfermé dans la maison de réclusion en 1793. Du fond de sa prison, il conjura les administrateurs du Gers d'agir auprès de quelques-uns de ses débiteurs qui refusaient obstinément de lui payer depuis deux ans une rente de 250 livres, somme qui lui était absolument indispensable à cause de ses infirmités. Si la plainte de ce *citoyen curé* fut scrupuleusement adressée par l'administration centrale aux autorités constituées de Gimont, ces dernières, au mépris des droits les plus sacrés du malheur et de la souffrance, se contentèrent de répondre qu'elles n'avaient aucune connaissance de cette rente (20 août 1793).

CHAPITRE VIII

Affaire de Viella. — St-Aunix. — Beaumarchez. — Mondebat.—M. l'abbé Caupenne condamné à mort.

I

Transportons-nous un moment dans les régions de l'Adour.

Déjà le Procureur-Syndic de Nogaro avait proposé à son collègue de Plaisance d'organiser de sérieuses perquisitions dans la commune de Viella ainsi que dans les localités environnantes.

« Vous pourrez juger, lui disait-il, que le mal est à son comble et qu'il est urgent d'y porter remède, en faisant les recherches les plus scrupuleuses dans cette commune et dans la contrée. Au reste, le salut de notre district en dépend. »

Ensuite le Procureur-Syndic recommandait à son collègue de prendre les renseignements les plus précis sur les citoyens soupçonnés d'incivisme et sur les chefs du parti contre-révolutionnaire, *qui croyaient avoir assez d'esprit pour se cacher.*

Averti de la présence de plusieurs prêtres à Viella ou dans le voisinage, le Procureur Général-Syndic provisoire du département du Gers se hâta d'en informer également son collègue des Basses-Pyrénées.

Nous croyons être agréable au lecteur en citant les principaux passages de sa lettre.

Afin qu'elle parvînt plus sûrement à sa destination, elle fut confiée à un gendarme, qui reçut ordre de la porter lui-même à la brigade voisine et ainsi de suite jusqu'au département des Basses-Pyrénées.

« Il y a longtemps, cher confrère, disait le citoyen Procureur Général du Gers, qu'une municipalité qui est sur les limites de nos départements respectifs est infectée d'un nombre assez considérable de prêtres réfractaires, soufflant sans doute le fanatisme sur votre territoire, comme ils le soufflent sur le nôtre.

« Cette municipalité est celle de Viella, district de Nogaro.

(Suit une explication topographique.)

« Le département du Gers a voulu plusieurs fois purger Viella de ses prêtres. Mais ces fanatiques ont toujours été avertis tout à propos par la municipalité de la ville même. Ils se trouvaient sur le sol de votre département, lorsqu'on se proposait de leur donner la chasse sur le nôtre.

« Le département du Gers avait eu plusieurs

fois le dessein de se concerter avec vous, parce qu'il avait l'expérience que c'était la seule mesure propre à couper toutes les racines que pousse le fanatisme dans cette contrée...»

A ce qu'il paraît, le Procureur-Syndic de Nogaro s'alarmait outre mesure de la conduite de ces prêtres réfractaires, puisqu'il avait fait entrevoir au Procureur Général du Gers qu'il suffirait d'une seule étincelle pour allumer dans le pays une guerre semblable à celle de la Vendée.

Le Procureur Général-Syndic fut d'avis qu'il fallait aussitôt envoyer à Viella un commissaire avec des forces suffisantes, pour l'entourer pendant la nuit et y faire des recherches scrupuleuses. Il s'agissait de nettoyer ce repaire des prêtres qui l'infectaient.

Et pour que les hommes envoyés par le Gers pussent agir de concert avec les soldats des Basses-Pyrénées, M. le Procureur Général indiquait à son collègue les moyens qu'il jugeait les plus convenables.

Il l'engageait à attaquer le village par le couchant et le midi, se réservant, lui, de placer sa force armée dans les points opposés.

Ce n'était pas tout. Il fallait aussi arrêter un plan de campagne.

Après avoir indiqué la nuit qui lui paraissait la plus favorable, l'heure de l'attaque et les forces dont il pourrait disposer, M. le Procureur

Général n'oubliait pas même le signal pour se reconnaître au milieu des ténèbres.

Ce signal, disait-il, pourrait être un *flambeau unique*. La première des troupes qui apercevra cette lumière répondra par un coup de feu et alors chacun devra marcher en silence vers le poste qui lui aura été désigné.

Cette communication était des plus pressantes, comme on le voit. Et cela n'avait rien d'étonnant.

Représenter à l'autorité supérieure des dangers imaginaires que pourrait offrir le clergé insermenté, son influence malfaisante sur les esprits, les troubles qu'il devait nécessairement susciter parmi les populations, c'étaient tout autant de moyens généralement en usage pour conquérir la sympathie des chefs et donner des preuves de civisme.

C'est ce qui nous explique la conduite du citoyen Procureur Général, à qui l'on peut justement reprocher dans cette affaire d'avoir mis trop de complaisance à ajouter foi au langage perfide du Procureur-Syndic de Nogaro. La déloyauté seule pouvait évidemment lui inspirer ce mensonge, car il affirmait sans preuves que le fanatisme redoublait ses efforts et faisait de nouveaux ravages au-delà de l'Adour.

Il prétendit que chaque jour on lui portait des plaintes contre les prêtres insermentés de la région qui travaillaient avec succès à l'anéantissement du culte constitutionnel. Nouveau mensonge, puisque ce culte n'y fut à peu près jamais établi.

Ce Procureur-Syndic parlait encore de leurs insinuations perfides et les représentait comme des perturbateurs fanatiques.

Affirmant ensuite qu'il était impossible de se fier à la municipalité existante, qu'il était également impossible d'en créer une bonne à Viella, il concluait en disant qu'il fallait frapper un grand coup dans la contrée, et que les préparatifs devaient être faits dans le plus grand secret.

Le Procureur Général des Basses-Pyrénées communiqua à son conseil les projets de son collègue du Gers.

Il fut décidé que l'on enverrait 150 hommes à pied avec 25 gendarmes.

« Nous aurions voulu, répondirent-ils, envoyer une force plus considérable, mais nous ne le pouvons pas, attendu que les armes nous font défaut. »

La troupe envoyée par les Basses-Pyrénées reçut ordre de se rendre à Lembeye le 6 septembre. Le lendemain 7, à une heure après minuit, elle devait se trouver sur les parties limitrophes de Viella dans la situation indiquée.

Les signaux déterminés furent acceptés.

Partis d'Auch, avec tous les pouvoirs que devait comporter une telle mission, l'Administrateur du département du Gers, son commissaire et un secrétaire arrivèrent à Plaisance dès le 6 septembre 1793. Là devait les attendre le Procureur-Syndic de Nogaro, avec lequel nos agents arrêtèrent les mesures nécessaires pour que leur entrée dans la ville soulevée produisît les plus heureux résultats.

A Plaisance se réunirent aussi une foule de citoyens dévoués aux idées révolutionnaires. Chacun donna son avis sur le plan de campagne; chacun désigna les familles soupçonnées d'incivisme; on détermina d'abord les maisons où il était nécessaire d'opérer une descente, afin de saisir les prêtres réfractaires qui faisaient la désolation de la contrée.

Le 7, à 8 heures du soir, l'Administrateur, le commissaire, le secrétaire, ainsi que le détachement qui les accompagnait, quittèrent Plaisance et prirent la route de Viella, vers 3 heures du matin.

Ici se fit aussitôt la reconnaissance des troupes envoyées par les Basses-Pyrénées. Après s'être donné des marques de fraternité civique, nos deux commissaires se concertèrent sur le plan d'attaque général. Mais avant d'engager une action décisive, le commissaire des Basses-Pyrénées rendit compte à son collègue du Gers de ses manœuvres, de ses découvertes, de ses espérances.

Ils avaient rencontré dans le château d'Aydie

l'un des scélérats qu'on avait mission de poursuivre. C'était M. l'abbé Cazeneuve, vicaire de Viella, si fameux par la *contagion* qu'il avait propagée dans ce malheureux pays. Forcé de sauter par une des fenêtres du château, pour éviter une arrestation *qu'il avait tant de fois méritée*, il avait reçu trois coups de fusils et un coup de baïonnette. On l'avait ensuite transporté dans cet ancien château, afin de lui donner les secours nécessaires, sous la garde d'un détachement de soldats.

Pour plus de sûreté, nos deux commissaires convinrent d'un signe de ralliement. On se rendit aux maisons qu'on leur avait désignées : une partie des forces pyrénéennes fut chargée de surveiller le village et de bloquer la maison du citoyen Pascau, regardé comme le chef du parti contre-révolutionnaire. Ce malheureux essaya de prendre la fuite, il reçut un coup de feu. Une balle lui traversa le corps. On s'empressa de le transporter dans une grange de l'ancien château de Viella, où l'on put lui donner les premiers soins que nécessitait la gravité de sa blessure.

Chaque détachement exécuta ensuite les ordres qu'il avait reçus. On visita simultanément St-Mont, Tarsac, St-Germé, Cerçou, St-Lanne, Cannet, toute la campagne de Viella, jusqu'aux portes de Riscle.

On eut beau faire dans chaque maison suspecte

les recherches les plus minutieuses, on ne découvrit aucun prêtre. Je me trompe : déjà M. l'abbé Caupenne, ancien vicaire d'Aurensan, avait été arrêté à St-Mont. Les envoyés félicitèrent publiquement la garde nationale de cette localité du zèle dont elle avait fait preuve dans cette circonstance.

Partout ailleurs les perquisitions furent sans résultat, et l'on dut se contenter d'adresser des reproches, de faire entendre des menaces à tous les citoyens accusés d'avoir donné asile aux prêtres réfractaires. Toutes les localités du voisinage étaient frappées de stupeur ; aussi les prêtres purent-ils profiter de cette consternation générale pour prendre la fuite. Les armes que l'on trouva dans les habitations suspectes furent enlevées et remises à la municipalité de Viella, avec ordre formel de les transporter au district de Nogaro.

Il était deux heures. Tout le monde était harassé de fatigue ; après *avoir fait donner l'étape* à toutes les troupes, nos édiles allèrent aussi prendre quelques instants de repos.

Ce repos ne fut pas de longue durée pour les chefs de la force armée, car, à trois heures, ils étaient sur pied.

Considérant que sa mission était à peu près terminée dans le pays, le commissaire des Basses-

Pyrénées fut obligé de prendre congé de son collègue.

A 6 heures du soir, on décida que la force armée se rendrait encore de nuit dans les maisons soupçonnées de donner asile aux prêtres insermentés. Il en résulta que le père de M. l'abbé Caupenne et le citoyen Toya, chez qui ce prêtre avait exercé les fonctions du saint ministère, furent également arrêtés.

De semblables perquisitions furent faites chez les sieurs Trépania, Bourguille, Dubos-Maniban; mais le succès ne répondit nullement à l'attente des révolutionnaires, parce que ces citoyens n'étaient point rentrés dans leurs maisons depuis la veille.

Avant de quitter définitivement cette contrée, nos édiles devaient naturellement lui donner une preuve des nobles sentiments qui les animaient. Aussi firent-ils appel à tous les bons citoyens de Viella et des communes voisines, pour leur démontrer dans une chaleureuse harangue que les prêtres dont on écoutait les conseils avec opiniâtreté étaient les plus grands ennemis de la nation.

Ils laissèrent un souvenir patriotique de leur passage en organisant, dans les environs de l'Adour, une société populaire sous le nom de *Société des Montagnards*, chargée de faire connaître au peuple les véritables ennemis dont il devait constamment se méfier, et de révéler aux administrateurs ceux qui paraîtraient suspects d'incivisme.

Le 5, à 6 heures du soir, ils furent de retour à Plaisance où ils passèrent la nuit.

St-AUNIX.

Avant de parler de M. l'abbé Caupenne, suivons la marche des événements.

A Plaisance, comme partout ailleurs, des soupçons planaient sur quelque prêtre, en particulier sur celui de St-Aunix.

Quoiqu'il eût prêté le serment prescrit par la loi, il était accusé de faire cause commune avec les aristocrates, et dès lors on devait se saisir de sa personne, puisque *sous le voile du patriotisme il trahissait la chose publique*. On croyait également qu'il entretenait une correspondance suivie avec les émigrés.

Le commissaire et quatre gendarmes se rendirent à sa maison, visitèrent ses papiers, et après les recherches les plus vexatoires, ne trouvèrent aucune pièce qui pût le faire accuser d'incivisme. Néanmoins ce défaut de preuves ne lui fit pas, dit-on, trouver grâce devant l'agent révolutionnaire. M. le curé de St-Aunix fut arrêté et conduit à Plaisance. Nous le retrouverons plus tard dans la maison de réclusion.

BEAUMARCHEZ.

« Persuadé qu'à la faveur des ténèbres, on peut surprendre les malfaiteurs lorsqu'ils sont enfoncés dans le sommeil du crime, avec la sécurité que les scélérats osent espérer, » le commissaire partit à 9 heures du soir pour se transporter dans le canton de Beaumarchez.

Ici encore des maisons étaient indiquées par la *Société républicaine de la Montagne* (de la Douze), comme servant de refuge à des prêtres réfractaires.

Il était 10 heures de la nuit quand on arriva dans cette commune. On se hâta de diviser en huit détachements les forces dont on disposait, pour cerner les maisons de La Caze-Dieu, de Caillau, celle d'Espiau dit Auzero, celle de Coutens appartenant à la veuve Lartigue, celle de Magné, chirurgien, de la veuve Moussot, à Mandebat, de St-Pastous, ci-devant seigneur de Boussas, et celle de Desparbès, ci-devant seigneur de La Caze-Dieu.

Ces recherches n'amenèrent aucun résultat.

MONDEBAT.

Chez la veuve Moussot, cependant, l'on trouva des *cierges d'église* en grande quantité, des *rubans de bréviaire* et des objets appartenant au prêtre de la paroisse. Alors on la pressa de questions minutieuses ; madame Moussot déclara avec fermeté que tous ces objets lui avaient été confiés au moment où M. le curé avait abandonné la paroisse pour se rendre en Espagne. Et elle ajouta que depuis un an on ne l'avait plus revu.

Mais comme de graves soupçons planaient sur cette famille, séance tenante, on enleva toutes les armes que l'on put trouver dans la maison.

Deux fusils furent donc remis à la municipalité de Beaumarchez, avec ordre formel à celle-ci de les déposer au district de Nogaro.

Puis l'on se transporta dans la maison du citoyen St-Pastous, ci-devant seigneur de Boussas. Ici l'on ne découvrit que des titres nobiliaires appartenant à la famille. Les gendarmes les enlevèrent, les remirent également entre les mains de la municipalité de Beaumarchez, afin qu'on les brulât le plus tôt possible, et l'on se dirigea vers la maison de Lauzero. Là, prévenus par les chiens du voisinage de l'arrivée des inquisiteurs, deux hommes venaient de quitter la maison et s'enfuyaient avec précipitation à la faveur des ténèbres ; mais ils furent aperçus par le commissaire et les gendarmes qui fondirent sur eux.

Le premier s'élança dans un bois au moment où les agents croyaient le saisir. Sous prétexte qu'il était impossible de s'engager pendant la nuit à travers des sentiers impraticables, ils cessèrent de poursuivre leur victime.

Le second fut arrêté. Il portait un surplis, une couverture de calico, et une frange d'argent. On juge déjà de la satisfaction de nos agents. Le captif répondit avec assurance aux diverses questions qui lui furent adressées, déclara que son frère, ancien chanoine de Bassoues, avait quitté le pays depuis une année environ, et que depuis cette époque il n'en avait point reçu de nouvelles.

— Cependant, lui firent observer les perquisiteurs, vous étiez avec quelqu'un de vos amis, au moment où vous avez quitté votre maison ?—C'est une erreur, j'étais seul. Depuis longtemps j'étais vivement affecté d'avoir chez moi des objets d'église. Et dans ce moment, lorsque j'ai entendu cerner ma maison, j'ai été tellement effrayé, que je me suis empressé de les porter au loin. J'allais les déposer au fond du jardin, quand vous m'avez arrêté. On trouva une soutane, un bonnet carré et un collet sur le seuil de la porte. Tous ces objets furent saisis pour être déposés au département.

Les officiers civils entrèrent ensuite dans la maison pour y commencer les perquisitions habituelles. Le procès-verbal constate « qu'on y découvrit une malle remplie d'habits noirs, bruns, vestes, culotes de même couleur, quelques soutanes et autres effets » qui furent scellés d'une bande de papier rose sur la serrure, avec ces mots : *Ne varientur*; « on y apposa quatre cachets de cire rouge, » et le tout fut déposé entre les mains de la municipalité, jusqu'à nouvel ordre.

Les preuves ne furent pas jugées suffisantes pour qu'on se permit d'arrêter le citoyen Despiau ; il fut néanmoins placé sous la surveillance de la *municipalité*, jusqu'à ce que le département se fût prononcé sur cette affaire.

Il était 11 heures du matin. Les opérations étant terminées, on revint à Beaumarchez. Après avoir donné des pouvoirs plus étendus à la municipalité locale, les agents de la sûreté publique la prièrent de pourvoir à l'étape de leurs détachements et l'invitèrent à convoquer tous les vrais citoyens. Le commissaire se proposait de leur faire entendre une sorte de harangue, pour les rallier, s'il était possible, aux idées nouvelles, et les éclairer en même temps sur leurs véritables intérêts.

A 2 heures de l'après-midi, une foule considérable était rassemblée dans la maison commune.

Les citoyens Lamarque et Jean Dubernet, accusés de subir les influences du clergé, de prendre en main les intérêts religieux de la localité, et dès lors *de propager des principes contre-révolutionnaires*, furent déclarés suspects. Et dans cette même séance, on résolut de les mettre en état d'arrestation et de les traduire au chef-lieu du département. M. Lamarque cadet fut suspendu de ses fonctions de Procureur de la Commune. Lamarque aîné, fut en outre dénoncé comme aristocrate exalté. Néanmoins de nouveaux renseignements pris sur le compte de ce citoyen démontrèrent qu'il était moins coupable que son frère, et pour ce motif l'on ne crut pas devoir le faire arrêter, sans en avoir référé au département.

Naturellement, les citoyens Lamarque et Jean Dubernet étaient absents au moment où se faisaient les perquisitions dans leurs habitations. Mme Lamarque elle-même, accusée de fanatisme outré, fut consignée chez elle jusqu'à nouvel ordre.

Mme Terrail, également soupçonnée de propager des principes contre-révolutionnaires, avec moins de passion cependant que sa voisine Mme Lamarque, fut consignée dans sa maison pour quinze jours.

Le commissaire prit la parole pour faire comprendre aux habitants de Beaumarchez combien leurs divisions étaient dangereuses pour la chose publique.

Nous extrayons les passages suivants de ce discours, ne serait-ce que pour donner au lecteur une faible idée des leçons de haute sagesse qu'on s'efforçait par toute espèce de moyens de graver dans l'esprit des populations.

« Vous êtes dupes d'écouter les prêtres réfractaires et les autres mauvais citoyens qui ne veulent que vous opprimer de nouveau par les chaînes d'un nouvel esclavage.

« Par leurs insinuations perfides, ils ne cherchent qu'à vous rendre les instruments passifs de leurs intérêts et de leur ambition.

« Nous avons chargé la municipalité de la surveillance la plus active. Elle est responsable des événements qui pourraient survenir par sa faiblesse et sa négligence.

« Nous vous renouvelons que c'est surtout dans ce moment malheureux plus que jamais qu'il faut faire un sacrifice à la patrie, au pied de l'arbre de la Liberté... »

On se rendit en effet sur la place publique, où l'on avait arboré ce symbole de la Liberté révolutionnaire, et là, toutes les classes de la société étant confondues, l'on se donna *les marques les moins équivoques de la fraternité*, sous les yeux des fonctionnaires publics.

Puis on se sépara en chantant l'hymne des Marseillais.

Il était tard. On alla prendre quelques heures de sommeil et le lendemain, 12 du mois, à neuf heures du matin, le commissaire et sa suite quittèrent définitivement Beaumarchez pour rentrer à Auch et y rendre compte de leur mission.

II

Condamnation à mort.

FRANÇOIS CAUPENNE.

« Considérant qu'il est prêtre, ci-devant vicaire d'Aurensan et par conséquent soumis à la loi du serment exigé pour tous les fonctionnaires publics ;

« Qu'il était sous ce rapport soumis à la loi de la déportation imposée à tous les prêtres qui ont refusé ce serment ;

« Qu'il n'est pas sorti du territoire de la République dans le délai prescrit par la loi ;

« Que d'après la loi tous les prêtres dans le cas de la déportation qui auront été arrêtés dans le délai de huitaine seront punis de mort ;

« Avons condamné le dit François Caupenne à la peine de mort. »

Les détails nous manquent touchant le jour et le lieu de son exécution.

CHAPITRE IX

**M. l'abbé Ducastaing.—La fête des Epoux.—Cologne.—
Le Directoire d'Auch.**

I

M. l'abbé Ducastaing, curé de Lanux, district de Nogaro, se rendit à Auch pendant le mois d'octobre 1792 pour obéir à la loi du 26 août. Voulant se conformer plus tard à l'arrêté du département, en date du 2 février 1793, il vint se présenter à la maison de réclusion et solliciter la faveur d'y être reçu, quoique âgé de moins de 60 ans, en raison de ses infirmités.

Dans une lettre qu'il écrivit le 4 février 1793 aux citoyens administrateurs du Directoire du Gers, il exprimait tous ses regrets, à la pensée de quitter le sol de la patrie ; il exposait le danger que courait sa vie, s'il était condamné à ce cruel sacrifice.

Les administrateurs n'étaient pas gens à entendre la voix de la pitié.

M. l'abbé Ducastaing pouvait à la rigueur prouver ses infirmités d'après la constatation d'un officier de santé nommé Job, qui avait été désigné à cet effet par la municipalité de Lanux le 14 octobre 1792.

Le 23 août de cette même année, les officiers municipaux de cette commune déclarèrent en outre que « Monsieur Ducastaing, curé de Lanux depuis seize ans, avait toujours inspiré l'amour de l'ordre et de la paix par ses paroles et ses exemples. »

Suivaient les signatures de neuf notabilités de la commune. Le 15 octobre 1792, la municipalité lui accorda un passeport où l'on attestait son état de souffrance.

Les administrateurs ne se contentèrent pas de ces déclarations. Ils ordonnèrent une enquête dans la commune de Lanux. Là, comme partout ailleurs, durent se trouver des esprits aveuglés par les idées révolutionnaires qui, au mépris de toutes les lois de la raison et de l'équité, accusèrent M. l'abbé Ducastaing de *produire de grands ravages par ses menées sur l'esprit public.*

La pétition concluait à une déportation pure et simple, attendu que ce prêtre n'avait pas atteint sa soixantième année, et que ses infirmités n'étaient point de nature à empêcher son éloignement.

Deux nouveaux officiers de santé furent désignés pour constater l'état actuel de l'abbé Ducastaing. Ce furent les citoyens St-Pierre, médecin, et Prieur, chirurgien, tous deux résidant à Auch. Ces deux médecins furent de l'avis du premier. Ils déclarèrent : 1° que la souffrance mettait ce prêtre hors d'état de quitter le territoire français ; 2° qu'il était impossible de déterminer l'époque de sa guérison. Mais l'administration avait sans doute décrété à *priori* la déportation de M. l'abbé Ducastaing.

Elle annula le certificat des citoyens St-Pierre et Prieur, et trouva un médecin assez complaisant pour déclarer que la maladie du citoyen Ducastaing ne devait point le faire considérer comme infirme. Il faisait même entendre que le changement d'air pouvait amener sa guérison.

Aussi, le 7 avril 1793, le Directoire du département du Gers condamna-t-il M. l'abbé Ducastaing, non pas à être déporté à la Guyane française, mais à être sur le champ conduit à la maison de réclusion, pour être conduit ensuite de brigade en brigade hors du territoire de la Liberté !

FÊTE DES ÉPOUX.

10 floréal, 29 avril.

Au Houga, le président de la municipalité prit la parole, au milieu d'une foule considérable de citoyens : « Réunis aujourd'hui, dit-il, pour célébrer l'auguste fête des Epoux, pourrions-nous, sans un attendrissement extrême, réfléchir aux sollicitudes paternelles de nos sages législateurs, qui, en consacrant un jour à l'union conjugale, ont cherché à imprégner nos âmes de ce principe sacré que des assemblages de toutes les vertus se compose le bonheur de la société... »

Le président adressa ensuite une apostrophe véhémente aux *célibataires décrépits, à ce sexe charmant devenu la honte de la société par l'oubli de toutes les vertus, aux époux infidèles*, etc., etc., continua en retraçant au père et à la mère leurs devoirs particuliers. Puis il décrivit dans un langage profondément ému le terrible combat qui se livre dans une famille entre le père, la mère et leur enfant, au moment où ce dernier quitte le foyer pour aller défendre sa patrie : « Si le hasard des combats, dit l'orateur, enlève à ce couple fortuné cet appui de leur vieillesse, le souvenir de ses bonnes actions charmera sa douleur. » Ici le Président fit une application de ce principe en rendant un hommage public à la vie et à la mort glorieuse du brave Hoche.

Parlant ensuite du père de ce général : « Respectable vieillard, dit-il, tu sentis plus que tout autre le bonheur d'avoir un fils vertueux ; si sa mort prématurée t'arracha des larmes, tu sus en faire le sacrifice à la Patrie qui s'empressa de reconnaître en toi le père d'un de ses libérateurs... que ton exemple soit imité, et nous aurons sans cesse de bons citoyens..., nous ne manquerons jamais de héros... »

Ce discours fut chaleureusement applaudi. Puis on chargea l'agent municipal de la commune de Mormès de porter une couronne civique au citoyen Guiraud Lalanne et à son épouse, parce qu'ils avaient envoyé à la fois trois fils sur les frontières et n'en avaient plus qu'un servant constamment sous les drapeaux, tandis que les deux autres frères étaient morts au champ d'honneur.

La cérémonie se termina par l'hymne de la *Marseillaise*.

Quand le temps le permettait, toute la foule se réunissait autour de l'arbre de la Liberté; les époux et leurs épouses avaient chacun une place d'honneur à côté de leurs enfants; et un vieillard désigné par l'administration municipale déposait sur leur front une couronne civique, en leur disant : Puissent un jour vos enfants recevoir le même honneur que vous ! On lançait toujours dans ces fêtes des époux des anathèmes contre le célibat. Dans certaines localités, par exemple, à Tillac, c'étaient des vieillards qui ouvraient la marche, tenant à la main une baguette ornée de rubans tricolores; suivaient les jeunes gens avec leurs bannières, les instituteurs et institutrices et leurs élèves. Les dix vieillards formant un demi cercle autour de l'arbre de la Liberté, réunirent leurs baguettes en un faisceau qu'ils déposèrent sur l'autel de la patrie comme un emblême de la souveraineté nationale.

Ce n'étaient plus ces hymnes de piété que l'on entendait autrefois dans les églises catholiques au moment des cérémonies religieuses ; des chansons érotiques leur avaient été substituées. Autrefois on priait le Dieu qui accorde la victoire sur les passions ; aujourd'hui on se confondait pêle-mêle dans de honteux embrassements.

A Simorre, l'on obligea un jeune enfant de l'école à prononcer un discours, dans lequel il exaltait l'honneur des époux et les douceurs de la paternité.

A Gimont, devant une foule considérable de spectateurs, deux jeunes fiancés montèrent sur l'autel de la Patrie, et là, sur l'invitation des agents municipaux, déclarèrent à haute et intelligible voix qu'ils voulaient se prendre mutuellement en mariage.

Procès-verbal fut dressé de cette déclaration. Alors un des membres de la Commission administrative de l'hospice de Gimont annonça qu'un *philosophe gimontois*, ami de la vertu et des pauvres, avait laissé par testament une somme annuelle de cent francs à la fille qui se marierait et qui aurait été reconnue pure et vertueuse. Il fallait bien pour couronner cette fête scandaleuse allouer à la nouvelle mariée la somme dont nous venons de parler. C'est ce que l'on fit séance tenante.

Puis le cortége se dirigea vers l'Esplanade, en passant par la rue du Collège, au chant de :

Veillons au salut de l'Empire,

et la fête se termina par une course d'enfants de 7 à 15 ans.

A Auch, à l'Isle-Jourdain et dans plusieurs autres localités, cette fête ne réussit point, parce que les jeunes époux eurent le bon sens de ne point se donner en spectacle.

III

Le même esprit d'animosité contre le clergé inspirait tous les révolutionnaires du département.

Le 19 floréal, an 3 de la République Une et Indivisible, c'était le Procureur-Syndic de l'Isle-Jourdain qui faisait entendre ses récriminations. Il s'adressa au Procureur Général Syndic du département, et ne craignit pas d'affirmer que les vrais patriotes ne pouvaient se défendre d'un sentiment de terreur, en voyant une foule de prêtres rendus à la liberté ; et comme ces prêtres ne cessaient d'exciter dans la société le trouble et l'anarchie, en insinuant sans doute dans le *tuyau de l'oreille* des opinions absolument opposées à l'esprit des lois, il avait, disait-il, tout lieu d'espérer qu'on prendrait les mesures nécessaires pour réprimer l'incivisme de ces mortels ennemis de la nation, qui infectaient principalement le canton de Cologne. Les plaintes partaient même de plus haut.

Le 16 messidor, an 3 de la République (5 juillet), le comité de législation écrivit au Directoire du Gers, à Auch :

« Il est difficile, citoyens, de penser que les autorités constituées remplissent toute l'étendue de leurs devoirs, lorsque la tranquillité publique est troublée dans leur arrondissement.

« La Convention est instruite que votre département est sourdement agité sous prétexte d'opinions prétendues religieuses.

« Les prêtres insermentés ou réfractaires font la guerre aux prêtres constitutionnels. Chaque parti a ses adhérents. Ces schismes entraînent le déchirement du corps social et n'annoncent que de malheureux résultats.

« Tout vous ordonne d'en détruire le principe, si vous voulez en prévenir les désastreuses conséquences.....

« La Convention ne doit et ne veut exercer aucun empire sur l'intérieur des consciences.

Mais elle est décidée à faire sévèrement punir tous les perturbateurs de l'ordre public, de quelque prétexte qu'ils entendent s'armer..... »

Le Directoire essaya de rassurer le comité de législation en lui certifiant qu'il n'avait aucune connaissance des manœuvres cléricales propres à compromettre la sécurité publique. Bientôt après il hasardait l'explication suivante :

« Nous avons eu de pareilles craintes en floréal dernier, et elles nous paraissaient fondées.

« Avilis par les terroristes, les prêtres constitutionnels avaient perdu toute confiance ; les ministres insermentés la recouvraient par cela même. Certains d'entr'eux qui venaient d'obtenir leur liberté du Comité de sûreté générale pouvaient en abuser facilement, et cela d'autant plus que le peuple à qui l'on avait prêché l'athéisme et qui passe rapidement à des croyances contraires, pouvait voir, dans leur liberté légalement obtenue, l'autorisation tacite de donner aux cérémonies religieuses un éclat et une publicité que la loi n'admet pas.

« Le Directoire avait vu le danger et l'avait conjuré en montrant aux municipalités les limites que la Convention avait assignées à cette prétendue liberté des cultes. »

Ici, le Directoire exposant la véritable situation du département au point de vue de ces troubles religieux, se montrait disposé à faire des remontrances paternelles ou à sévir avec rigueur, selon les circonstances.

Puis il ajoutait :

« Si quelques communes d'une population peu considérable ont réclamé leur église, le département leur a accordé l'usage de ces édifices, en vertu de la loi du 11 prairial. Mais les grandes communes, et notamment celle d'Auch, se gardent bien de formuler une telle demande. Comme les églises y sont vastes et de quelque beauté, on aurait à craindre, paraît-il, d'être obligé de contribuer aux réparations de ces monuments. Les citoyens pratiquent donc leurs cérémonies religieuses dans les maisons où ils se réunissent paisiblement, sans doute, puisqu'aucun patriote ne nous a révélé une agitation quelconque. Et certes, il est ici un grand nombre de vrais citoyens qui surveillent et qui sauraient déjouer la conspiration des prêtres. »

Le Directoire d'Auch osait de plus affirmer au Comité de législation que les prêtres réfractaires étaient l'objet des préférences de toutes les populations ; qu'ils recevaient même la rétractation des serments prêtés par les prêtres constitutionnels, d'après la rumeur publique; les absolvaient de leurs censures et les réintégraient ainsi dans la confiance des fidèles catholiques.

Autre aveu non moins important fait par le Directoire d'Auch :

« De tout temps, même aux heures de la terreur et de l'athéisme, lorsque la mort planait sur la tête de chaque citoyen, des prêtres émigrés ou déportés circulaient dans le Gers, vivant des bienfaits des crédules habitants de la campagne. De ces prêtres, ajouta le Directoire, on en trouverait encore sans doute dans le département. Nous reconnaissons qu'ils devraient être hors du sol de la République ; mais nous persistons à affirmer que si la diversité des opinions religieuses existe dans le Gers, elle n'a produit aucun résultat dangereux ni sensible, et nous croyons que les plaintes formulées auprès de la Convention sont dénuées de fondement. »

IV

Tout nous fait supposer que de nouvelles dénonciations furent adressées à la Convention nationale au sujet des agissements du clergé inconstitutionnel, car, peu de jours après la réponse que l'on vient de lire, le Procureur Général Syndic du Gers envoya à tous les corps administratifs et communes du département le décret suivant :

Art. Ier.

« La Convention nationale charge les comités du gouvernement de faire observer, par tous les moyens qui sont en leur pouvoir, les lois rendues précédemment contre les prêtres déportés et rentrés sur le territoire de la République.

« Ils seront bannis à perpétuité hors du territoire de la République dans le délai de quinze jours.....

Art. III.

« Trois jours après la publication du présent décret, tous les ministres des cultes qui, ayant refusé l'acte de soumission exigé par la loi du 11 prairial, ou ayant ajouté des restrictions à cet acte ou l'ayant rétracté, exerceront un culte quelconque dans les édifices publics ou dans les maisons particulières, seront sur le champ arrêtés et conduits dans la maison de détention d'un des départements les plus voisins de leur domicile.

Art. IV.

« Les propriétaires ou locataires des maisons dans lesquelles le culte serait exercé, seront condamnés à une amende de mille livres et, en cas de récidive, à une détention de six mois. »

CHAPITRE X

Les prêtres Cantan-Hournet. — Dubarry. — Fête des vieillards. — Gardère. — Vivent. — Demont. — Arqué. — Laporte. — Barris. — Sabathié. — Despiau. — Latreille.

I

(11 juillet) 23 messidor an 3.

Parmi les premières victimes des lois révolutionnaires, nous devons nommer M. l'abbé Bertrand Cantan-Hournet, demeurant à Belloc (Plaisance), né en 1719 et baptisé à Notre-Dame de Castets.

Ayant refusé de prêter le serment de la Constitution civile du clergé, il fut obligé de se rendre à Auch dans la maison des Carmélites désignée pour la réclusion des prêtres sexagénaires ou infirmes.

Il souffrit trois longues années dans cette prison. Ce fut seulement lorsque arriva dans la ville d'Auch le citoyen Laurence, Représentant du peuple, délégué par la Convention nationale pour les départements du Tarn, du Gers et de la Haute-Garonne, que ce vieillard recouvra sa liberté. Et voici dans quelles circonstances :

Ce Représentant du Peuple, suivi de quelques membres de l'autorité municipale et d'un officier de santé, se rendit à la maison de réclusion, le 23 messidor, an 3 de la République. Et là, se voyant entouré de vieillards infirmes :

« Le gouvernement, dit-il, a dû prendre des mesures sévères contre des hommes prévenus d'avoir fait naître et entretenir des dissensions religieuses dans un temps où la nation, en proie aux agitations politiques, avait à soutenir les efforts de toute l'Europe liguée contre elle.

« Mais il ne peut être dans l'esprit de la Convention nationale, qui vient de rétablir le calme à l'intérieur..., et de concilier par des principes d'humanité le cœur des citoyens que le régime de la Terreur avait éloignés, de laisser peser ces mesures sur des vieillards incapables de nuire, usés par l'âge et dont les douleurs ou les maladies aggravent l'existence et abrègent les jours...»

Les infirmités de l'abbé Cantan-Hournet le désignèrent naturellement à la pitié du citoyen Laurence. Ce prêtre quitta la maison de réclusion et revînt dans sa résidence, à Belloc, avec ordre de se présenter à la municipalité dans les trois jours qui suivirent son arrivée. La même faveur fut accordée dans cette circonstance à quelques autres prêtres détenus.

Nous trouvons dans le dossier de M. l'abbé Cantan-Hournet le nom de quelques-uns de ses compagnons de captivité, que les autres registres ne donnent qu'en partie.

Voici ces noms :

Barthe, ci-devant évêque. — 26 vendémiaire, Reclus à *Camarade*.

Duclos.
Polignac.
Neble.
Riscle.
Pessac de Miélan.
Toujas de St-Aunix.
Béliard de Lourties.
Tournon de St-Michel.
Laubadères de Larroumieu.
Gleize de Peyrusse-Grande.
Meners d'Arrouéde.
Badiole de Panassac.
Bordes de Lasserrade.

Revenons à l'abbé Cantan-Hournet. Quelques mois seulement venaient de s'écouler depuis qu'il avait obtenu sa liberté et déjà la municipalité locale avait reçu sans doute un nouvel ordre de renvoyer ce prêtre à la maison de réclusion.

Car, avant le 2 frimaire de l'an 4, il avait écrit

aux citoyens administrateurs composant le Directoire du Gers :

« La municipalité de Ladevèze où j'habite m'a sommé, en vertu de la loi du 3 brumaire courant, d'avoir à me rendre dans vingt-quatre heures à la maison de réclusion.

« Je suis courbé sous le poids des années, et d'ailleurs je suis d'une extrême faiblesse, sujet depuis longtemps à des infirmités habituelles qui ont augmenté pendant les trois ans que j'ai passés à Auch, dans la maison de réclusion, infirmités qui m'ont fait accorder la liberté par le Représentant du peuple Laurence.

« A peine de retour dans ma patrie et dans ma maison natale, j'ai fait une maladie très grave qui m'a mené au bord de la tombe. Je ne suis pas encore remis et ne puis absolument me rendre à Auch...

« Vous me permettrez donc de rester dans ma maison, sous la surveillance de la municipalité du canton de Plaisance, *nam impossibilium nulla est obligatio.* »

M. l'abbé Cantan apportait les témoignages de deux médecins du pays : Labat et Lestrade.

Deux nouveaux médecins furent désignés par l'administration centrale pour vérifier l'état de ce prêtre. Ce furent Bernard Bacquier et Jean Maur, de la commune de Plaisance. Ceux-ci, comme leurs confrères, purent facilement constater des oppressions fréquentes, une grande faiblesse dans le pouls et des accès de fièvre souvent réitérés.

L'administration centrale autorisa donc l'abbé Cantan à rester provisoirement dans sa localité.

Ne voilà-t-il pas que le 23 fructidor, an 7, l'agent municipal de la commune de Belloc se présenta de nouveau chez lui pour l'obliger à rentrer dans la maison de réclusion, en vertu de l'arrêté départemental du 13 de ce mois?

Ce prêtre comptait plus de 80 ans. Il dut néanmoins solliciter encore auprès des administrateurs du Gers la faveur de terminer ses jours à Belloc dans sa résidence. Il écrivit :

« Que les dispositions de l'article 5 de votre arrêté du 13 fructidor me conviennent ou non, je me serais conformé à l'avis de l'agent municipal, si mes nombreuses et pénibles infirmités n'y mettaient obstacle...

« Il est de fait que je suis atteint depuis quelque temps d'une fièvre presque continue qui m'oblige à garder le lit... »

Il priait ensuite les administrateurs de nommer des médecins pour examiner les faits qu'il exposait. Les citoyens Broca et Lastécouères se présentèrent chez l'abbé Cantan, et, sur leur avis favorable, l'administration centrale du Gers crut devoir enfin laisser mourir en paix dans sa maison ce vieillard âgé de 80 ans.

II

L'abbé Sébastien Dubarry naquit à Lectoure en 1763. Après avoir terminé ses premières études chez les Doctrinaires, il fut agrégé à cette congrégation ; il était professeur de rhétorique au collége de Moulins à l'époque de la Révolution. Jeune, avide de nouveautés, il se laissa facilement séduire par la Constitution civile du clergé : il ne se fit aucun scrupule de prêter le serment schismatique et d'accepter la charge de vicaire constitutionnel de l'évêque assermenté de l'Allier. Comme il était doué des plus brillantes qualités de l'esprit, il se vit bientôt entouré de la confiance de tous les révolutionnaires, se montra sensible à leurs applaudissements et consentit même à devenir le président du Directoire administratif de ce département.

Si le jeune prêtre de Lectoure accepta sans difficulté la Constitution civile du clergé, il ne devait pas se laisser arrêter par le serment de *Liberté-Egalité*, car un abîme appelle un autre abîme, selon l'expression de nos saints livres. Mais ceux-là même qui avaient exalté ses talents et ses vertus civiques quelques jours auparavant, ne tardèrent pas à se tourner contre lui, après avoir remarqué dans sa conduite et dans ses démarches un reste d'attachement à la religion catholique. Ils le dénoncèrent donc comme un mauvais patriote. Il fut arrêté.

Enfermé dans une étroite prison, chargé de fers, il comprit enfin toute la vanité de la puissance et des honneurs de ce monde. C'était là que la grâce divine attendait cette conscience égarée.

Il écrivit à l'administration centrale de ce département pour lui déclarer qu'il rétractait tous les serments. Il fut alors condamné à la déportation et conduit, quelque temps après, à Rochefort pour être embarqué sur le navire *Les Deux-Associés*.

Il supporta les peines de la déportation avec un courage héroïque, une patience, une résignation au-dessus de tout éloge. C'était un homme d'un caractère très aimable, littérateur distingué et habile professeur. Il n'avait à cette époque que 31 ans. Mais ses cruelles souffrances avaient notablement affaibli sa santé. Il mourut le 26 août 1794. Ses derniers moments furent très édifiants ; il s'estimait heureux d'avoir été jeté dans ces sombres cachots avec les confesseurs de la foi, et de pouvoir ainsi réparer par une mort chrétienne les égarements de sa première jeunesse. Il fut inhumé dans l'île Madame.

III

FÊTE DES VIEILLARDS.

10 fructidor (27 août).

L'administration municipale du canton de Mirande a consigné dans les registres de ses délibérations le compte-rendu sommaire de cette *fête de la vieillesse*, telle qu'on la célébra dans la plupart des cantons de ce district.

Les officiers municipaux étaient réunis dans la salle des séances, lorsque quatre groupes distincts de vieillards se présentèrent à la porte, suivis d'une foule immense de citoyens venus de tous les coins du canton.

Tout d'abord, quinze vieillards, pères de famille nombreuse, et la plupart anciens soldats de la patrie, portaient à l'extrémité d'une canne blanche ornée de rubans tricolores l'inscription suivante :

Devoirs de l'homme et du citoyen.

A la suite de ce premier groupe venaient quinze femmes avancées en âge, tenant également une canne blanche avec cette inscription :

Constitution de l'an 3.

Puis venait le troisième groupe composé de dix jeunes gens âgés de dix-huit ans. L'un d'eux élevait une espèce d'oriflammes aux couleurs nationales, sur laquelle on lisait ces mots écrits en gros caractères :

Droits de l'homme et du citoyen.

Enfin le quatrième groupe était composé de dix jeunes filles du même âge que les jeunes gens, portant aussi leur bannière où étaient gravés ces mots :

République française.

Le défilé commence ; la garde nationale entoure les différents groupes ; on se dirige vers la place où s'élève l'autel de la Patrie, au son d'une musique guerrière, et l'on se réunit autour de l'arbre de la Liberté.

Un des membres de l'Administration municipale se tenant au milieu de ses collègues portait aussi, en traversant les rues de la ville, un cinquième étendard tricolore où étaient gravés en gros caractères les mots suivants :

Honneur et respect à la vieillesse ;
Fraternité et Union entre les citoyens ;
Attachement à la Constitution, à la Patrie,
aux Lois.

La musique faisait entendre ses airs patriotiques..., la foule chantait la *Marseillaise*..., les cris de « Vive la République française » s'échappaient de toutes les poitrines ; c'était l'enthousiasme, le délire qui avaient gagné cette masse.

Arrivés autour de l'arbre de la Liberté, les différents groupes se rangent près de l'autel de la Patrie, les vieillards à côté des jeunes gens, les femmes à côté des jeunes filles. Le premier des vieillards s'avance avec solennité et monte sur les degrés de l'autel improvisé pour lire le premier chapitre des Devoirs de l'homme et du citoyen. Une des femmes du deuxième groupe le remplace et lit à son tour le premier article de la Constitution de l'an 3. Puis c'est un des jeunes gens qui lit son article des Droits de l'homme et du citoyen ; une jeune fille, d'une voix ferme et accentuée, lit également le dernier article de la Constitution de l'an 3. Le livre est ensuite remis entre les mains du Président, qui le dépose sur l'autel. La musique guerrière recommence ses gais refrains, la foule applaudit avec frénésie, les cris de Vive la République sont mille fois répétés ; on entonne de nouveau le chant de la *Marseillaise*, le défilé recommence et l'on se dirige, au milieu des émotions les plus diverses, vers le temple de la Raison. Là, un des officiers municipaux prononce un discours qui est couvert par les applaudissements frénétiques de cette foule enthousiasmée. On revient encore à l'autel de la Patrie, où l'on va proclamer, au milieu d'un silence religieux, les noms des six vieillards du canton qui ont envoyé sous les drapeaux le plus grand nombre d'enfants pour la défense de la Patrie. Séance tenante, on leur décerne une branche de chêne... La foule applaudit, accompagne les héros de la fête jusqu'à la place principale de la ville, et l'on se disperse.

Voici comment se célébrait dans une foule d'autres communes, à Simorre, par exemple, la fête du 10 fructidor :

L'administration municipale du canton, les membres du tribunal, de la justice de paix, l'instituteur et ses élèves de huit à douze ans, jeunes garçons et jeunes filles, un détachement de la garde nationale et de jeunes gens armés se rendirent solennellement devant les maisons des vieillards qui avaient rendu les services les plus signalés à la Patrie.

Simorre en comptait quatre. C'était le citoyen Burgan et son épouse, tous deux septuagénaires ayant trois fils *inviolablement attachés à leur drapeau*; le citoyen Marre, père d'un intrépide défenseur de la Patrie; et la citoyenne Anne Taverne, épouse Arexy.

Dès l'aurore de ce jour, on avait secrètement orné de feuillage et de guirlandes les portes de ces quatre vieillards; une branche de chêne avait été également attachée aux fenêtres de tous les sexagénaires de la commune, par les soins de quelques citoyennes dévouées aux idées révolutionnaires.

Chacun des quatre vieillards prit une place d'honneur dans le défilé.

Ils s'avancèrent gravement, appuyés sur de jeunes enfants de la commune, au bruit des tambours et au chant des hymnes guerriers.

On se dirigea vers le temple décadaire.

Les quatre vieillards, conduits au pied de l'autel de la Patrie, devant une statue de la Liberté, montèrent sur une estrade qu'on leur avait préparée,

Ce temple, qui naguère servait à la célébration des mystères sacrés, et qui jusqu'à cette époque néfaste n'avait prêté ses échos que pour les cantiques divins, entendit ce jour-là les vociférations des révolutionnaires entonnant le chant de la *Marseillaise*, faisant des invocations à la Liberté, et hurlant : Vive la République! Vive la République ! Vive la Constitution de l'an 3 !

Assis au milieu des quatre vieillards, le président de l'administration prononça une harangue courte et chaleureuse sur le respect dû à la vieillesse ; il prit les quatre couronnes de verdure que l'on avait tressées pour la circonstance et placées sur l'autel de la Patrie, pour les déposer sur leur front, au milieu des cris mille fois répétés de « *Vive la République !*

Honneur, respect à la vieillesse » ; il vanta les vertus civiques du citoyen Espagnol, retenu par ses infirmités dans son habitation. Alors un des jeunes élèves de l'école communale succéda à l'orateur et prononça un discours patriotique sur le respect dû à la vieillesse ; sa voix fut couverte par les applaudissements de la foule attendrie. A son tour, un des vieillards couronnés prit la parole et, en termes émus, donna des conseils aux jeunes gens pour qu'un jour ils fussent dignes de ces honneurs. La foule est électrisée, on n'entend plus que des cris, des vociférations, des hourras longtemps prolongés, la musique exécute un air belliqueux : c'est une confusion indicible. De jeunes épouses présentent aux vieillards, dans des corbeilles ornées de verdure, des fruits que ces derniers distribuent aux enfants. On reconduit les vieillards à leurs maisons ; on se rend également chez le citoyen Espagnol, que ses infirmités avaient empêché d'assister à la fête. Sa porte était ornée de feuillage et de guirlandes ; on va visiter tous les sexagénaires... Puis, avant de se séparer, on annonce que jusqu'au soir tous les citoyens sont invités à se livrer aux danses habituelles sur la place publique. L'agent de la commune déclare qu'il se fait un véritable plaisir d'offrir ses appartements pour continuer ces jeux pendant la nuit.—
Ailleurs, les magasins, les ateliers demeurèrent

ce jour-là fermés avec la plus rigoureuse exactitude. A Lombez, le président de l'administration lut à la foule réunie dans le temple de la Raison, les dernières nouvelles politiques que l'on venait de recevoir : Bonaparte était arrivé à Alexandrie sans essuyer le moindre revers. A cette nouvelle, tous les citoyens se levèrent spontanément et crièrent : Vive la République française ! Vive la Liberté ! Vive Bonaparte !

Pour donner au lecteur une idée des pensées que l'on développait devant la foule à l'occasion de cette fête des vieillards, qu'il nous soit permis de citer un passage du discours qui fut prononcé, à Condom, dans le temple décadaire :

« Le trône et l'autel, citoyens, formèrent dans les temps d'ignorance un pacte odieux pour s'emparer des droits des peuples. Ceux qui devaient prêcher l'Egalité et inspirer l'horreur du despotisme dirent aux Rois : Vous êtes les images de Dieu sur la terre ; c'est de lui seul que vous tenez votre puissance. Et les Rois leur répondirent : Vous êtes les envoyés de Dieu ; unissons-nous pour partager les dépouilles et les adorations des mortels. Ainsi se forma cette conspiration du sceptre et de l'encensoir pour déshonorer le ciel et usurper la terre........ »

Que l'on ne soit donc pas surpris si le peuple imbu de ces doctrines aussi odieuses que ridicules se porta quelquefois à des excès que l'histoire rougit de consigner dans ses annales.

IV

12 novembre 1794.

M. l'abbé Gardère (Jean-François) naquit à Gondrin, diocèse de Condom. Il était bénéficier de Sos d'Astarac, lorsque les lois révolutionnaires exigèrent de tous les prêtres le serment de fidélité à la Constitution civile du clergé. Il refusa de se soumettre à ces décrets contraires à la foi catholique et ne voulut même pas consentir à prendre le chemin de l'exil ; car, à ce qu'il disait, « Dieu lui avait confié un poste ; il saurait y mourir, s'il le fallait, mais le déserter au moment du combat, jamais. »

Les administrateurs du Gers le condamnèrent à être déporté à la Guyane et l'envoyèrent en conséquence dans la ville de Bordeaux, pour l'embarquement. Or, le premier convoi de déportés, ayant eu lieu seulement trois mois après la mort de Robespierre, c'est-à-dire vers la fin de l'automne 1794, le nombre des prêtres qu'on voulait expédier était à cette époque beaucoup trop considérable pour que M. l'abbé Gardère pût avoir une place dans le navire. On le réserva pour la seconde cargaison, et sur ces entrefaites on le déposa dans le petit séminaire transformé en prison d'État. Les souffrances que ce prêtre avait endurées jusqu'alors avaient insensiblement épuisé ses forces. Abattu, dévoré par la maladie, privé des secours les plus indispensables, il ne put supporter le supplice de la déportation. On le retira de son cachot pour le déposer à l'hôpital de St-André. Mais c'était trop tard. Ce martyr de la foi catholique expira le 12 novembre 1794, à l'âge de 49 ans.

V

3 frimaire an 4 (25 novembre).

François Vivent, prêtre, ci-devant prébendé à Auch, écrivit en ces termes à l'administration centrale :

« Mon indigence m'a obligé de quitter Auch. J'y suis revenu pour obéir au décret de réclusion, sitôt qu'il est parvenu à ma connaissance.

« J'espère néanmoins que vous voudrez bien prendre en considération mes infirmités contractées par trente-deux ans de services (militaires).....

« J'ai la confiance que jamais on ne pourra citer l'époque et nommer les administrations où un citoyen, après avoir versé son sang pour le salut de son pays, sera assimilé à ceux qui voulaient le perdre.

« C'est quand la patrie n'a plus eu d'ennemis à combattre, que je suis entré dans l'état ecclésiastique.

« J'espère donc que votre justice et votre humanité m'accorderont la permission de rester à Auch, au sein de ma famille... »

Les citoyens Cortade et Prieur, officiers de santé, désignés pour constater les infirmités de l'abbé Vivent, déclarèrent que ce prêtre ne pouvait, sans danger pour sa vie, entrer dans la maison de réclusion. L'administration centrale approuva cette décision, le 3 frimaire, an 4 de la République, et M. l'abbé Vivent fut autorisé à rester provisoirement dans ses foyers.

Ce prêtre était né le 8 août 1732.

Pendant 32 ans, il avait servi la patrie ; il avait survécu aux terribles campagnes du Hanovre ; blessé et fait prisonnier, il avait enduré avec un courage héroïque une captivité longue et affreuse.

Et malgré ses services passés, quand fut portée la loi du 13 fructidor, ce prêtre fut saisi et jeté dans la maison de réclusion. Le 21 nivôse (12 janvier de l'an 8), il avait écrit aux administrateurs du Gers pour protester énergiquement contre les mesures de rigueur dont il était la victime :

« La réclusion ! dit-il, avec un accent d'indignation ! La réclusion ! Mais est-ce donc la récompense réservée à celui qui a versé son sang pour la patrie ! Est-ce la récompense de 32 ans de service dans les fonctions les plus pénibles ! Je réclame du pain et la liberté ! »

L'administration centrale l'autorisa à se retirer dans sa famille sous la surveillance de l'autorité municipale.

VI

M. l'abbé Demont mourut en réclusion. Près de 800 volumes, que les enquêteurs avaient trouvés dans son habitation, avaient été confisqués et déposés dans la bibliothèque de la ville.

Le 15 nivôse an 5, Paul-François Marcelier de Lombez, parent du prêtre décédé, s'adressa à l'administration centrale pour obtenir ces ouvrages qui lui furent rendus.

M. l'abbé Depetit réclama également aux administrateurs deux lits. On les lui rendit.

VII

M. l'abbé Jean-Pierre Arqué résidait dans sa famille, à Saint-Orens d'Auch, et n'exerçait plus depuis une vingtaine d'années les fonctions sacerdotales, à cause de ses infirmités, quand les lois l'obligèrent à entrer à la maison de réclusion. Il avait alors 81 ans; son caractère était doux et paisible. Atteint d'un rhume invétéré, souffrant constamment des yeux et des oreilles, il avait en outre presque totalement perdu l'usage de ses jambes, et par suite d'une chute où il s'était fracturé le bras, il ne pouvait vivre sans le secours de plusieurs personnes. Ce fut dans ces conditions qu'il fut néanmoins obligé d'adresser aux administrateurs du Gers une pétition pour être autorisé à recevoir les soins nécessaires dans sa propre famille.

Nos administrateurs étaient encore sans entrailles à l'époque du 14 brumaire, an 4 de la République (6 novembre).

Deux officiers de santé furent désignés à Auch pour constater les infirmités de ce prêtre.

L'administration centrale, ne voulant pas s'en rapporter à leur décision, préféra nommer deux autres médecins pour examiner de nouveau l'état du malade, en compagnie d'un agent municipal de la localité. Ces deux hommes de l'art confirmèrent pleinement le jugement de leurs confrères, et leur décision fut alors soumise au Directoire du Gers.

Mais comme ce Directoire ne pouvait se prononcer d'une manière définitive et qu'il fallait encore avoir recours aux administrateurs, ces derniers déclarèrent enfin que les infirmités de l'abbé Jean-Pierre Arqué l'autorisaient désormais à recevoir provisoirement les soins de sa famille.

Il fut donc placé sous la surveillance de la municipalité, qui tous les trois jours dut rendre compte à l'administration centrale de l'état de cette victime.

On pouvait cependant concevoir assez facilement que ce prêtre octogénaire ne devait guère inspirer de craintes sérieuses à la République Une et Indivisible !

VIII

La maison de réclusion réclamait sans cesse des prêtres. M. l'abbé François Laporte, résidant à Auch, demanda grâce à cause de ses graves infirmités.

Les citoyens Roumégous et Pardiac, officiers de santé, furent chargés de constater sa maladie. Ce prêtre était alors cloué dans son lit, perclus de tous ses membres par suite d'un rhumatisme goutteux universel, et de plus il était en proie à un accès de fièvre aiguë. L'abbé Laporte souffrait de son rhumatisme depuis une vingtaine d'années. Aussi les médecins déclarèrent-ils que sa guérison, ou du moins une amélioration sensible, ne pouvait se produire qu'après un temps considérable.

Les administrateurs consentirent donc, par un arrêté du 18 brumaire an 4, à ce que ce prêtre demeurât provisoirement dans son habitation, pour y recevoir les soins nécessaires, à la condition que tous les trois jours il donnât à la municipalité des renseignements sur l'état de sa santé.

M. l'abbé Jean Latreille, résidait à Samaran, canton de Masseube. Il avait obtenu une première fois l'autorisation de quitter la maison de réclusion ; il y fut bientôt rappelé en vertu des nouveaux décrets. Mais ses infirmités lui firent trouver grâce devant ses juges.

Les citoyens Campardon et Fortassin, chirurgiens et officiers de santé à Masseube et à Monlaur, exposèrent à l'administration centrale que ce prêtre, âgé de 67 ans, était retenu dans son lit, en proie aux horribles souffrances d'un rhumatisme goutteux compliqué d'accès de fièvre. Cette déclaration des médecins fut nécessaire pour déterminer les juges à permettre à l'abbé Latreille de séjourner *provisoirement* à Samaran. 26 frimaire, an 4 (18 décembre).

Malgré ses 83 ans, M. l'abbé Dominique Despiau fut sommé de se présenter à la maison de réclusion.

Il écrivit à l'administration centrale, de sa maison de campagne à Luxeube, commune d'Auch, pour lui exposer qu'outre ses infirmités naturelles, il souffrait d'un érisipèle ; et qu'en conséquence il priait ses juges d'avoir au moins pitié de lui pour quelques jours.

Après avoir entendu le rapport des médecins Roumegous et Bourret, l'administration lui permit de résider encore dans sa maison, sauf à donner à la municipalité auscitaine des renseignements sur sa santé tous les trois jours. 18 brumaire de l'an 4 (10 novembre).

IX

12 frimaire an 4 (4 décembre).

Denis Barris naquit à Montesquiou le 7 mai 1716.

Ce prêtre habitait dans la commune d'Audiran, district de Nérac (Lot-et-Garonne), au moment où la loi lui fit un ordre de se rendre dans la maison de réclusion.

Il avait 80 ans ; il était chargé d'infirmités inséparables de son âge, il était sourd et il avait perdu la vue. Déjà le département de Lot-et-Garonne et le Représentant du peuple, le citoyen Paganel, lui avaient permis de se retirer à Nérac, à une lieue de sa résidence habituelle. On eut toute la peine du monde à le transporter dans cette ville ; le citoyen Larroche avait mis à sa disposition un petit appartement où Jacques

Barris, son neveu, se fit un devoir de lui prodiguer tous les soins nécessaires.

Il sollicita bientôt la faveur de se rendre dans sa famille à Montesquiou, ce qu'il obtint sans trop de difficultés.

Mais, malgré toutes les précautions que nécessita ce pénible voyage, c'est à peine si l'on put arriver à Dému, district de Condom. Là, son neveu lui procura une habitation convenable et ne le quitta pas un instant. Cependant la loi était rigoureuse.

M. l'abbé Barris fut obligé de demander comme une grâce qu'on le dispensât de se rendre à la maison de réclusion, à cause de ses mortelles infirmités.

Deux officiers de santé, Jean Fontaine, de la commune de Meymes, et Bertrand Mieussens, habitant de Dému, furent désignés pour constater l'état maladif de ce prêtre.

Leur décision ne pouvait être que favorable à M. l'abbé Denis Barris, qui reçut quelque temps après de l'administration centrale l'autorisation de résider provisoirement à Dému.

Tous les trois jours, la municipalité fut chargée de donner des renseignements aux administrateurs du Gers sur l'état de ce prêtre octogénaire.

M. l'abbé Félix Sabathié, ancien curé de St-Ost, avait plus de 80 ans quand la loi lui fit aussi un ordre formel de se rendre à la maison de réclusion. Il avait presque totalement perdu la vue, la mémoire et l'ouïe, ne jouissait qu'à demi de ses facultés intellectuelles, et endurait depuis longtemps de vives douleurs rhumatismales. Malgré ses infirmités et ses souffrances, on le vit un jour se présenter à la maison de réclusion. Pour la première fois, sans doute, les administrateurs furent touchés de pitié à la vue de ce malheureux vieillard. Les portes de la prison lui furent fermées, et on le congédia chez ses parents dans la commune de Respaillès, district de Mirande.

Il vivait depuis quelques mois au sein de sa famille, lorsqu'il fut subitement rappelé par l'administration centrale. Il avait alors 83 ans. Ses infirmités avaient naturellement pris un caractère plus sérieux, car depuis une année, il n'avait point quitté son appartement.

Les officiers de santé Dupouy et Carrété obtinrent des administrateurs que ce vénérable vieillard fût définitivement maintenu dans sa famille. Comme il avait toujours refusé de prêter les divers serments exigés par la Révolution, tous ses biens furent confisqués. On protesta contre une telle interprétation des lois de la République, et l'administrateur déclara que ses propriétés devaient lui être restituées dans le plus bref délai et qu'en outre, il fallait lui rendre compte des fruits, revenus et loyers prélevés sur ses biens depuis le 17 septembre 1793 jusqu'au 20 fructidor de l'an 3. Cet arrêté fut signé le 16 brumaire an 4 (8 novembre).

CHAPITRE XI

La persécution devient plus violente. — Les prêtres Castaignet — Hardouin — Sérenc — Larroque condamné à mort — Cadroy — Cazaubon — Mothe.

I

La Révolution prenait chaque jour un caractère plus alarmant.

Sous la Convention nationale le comité des pétitions, formé de quelques représentants nationaux, n'écrivait plus aux administrations départementales qu'avec la formule suivante :

LIBERTÉ — ÉGALITÉ — FRATERNITÉ
OU LA MORT.

Aussi voyons-nous dès l'an 4, à la date du 23 frimaire, une circulaire ministérielle ordonnant la plus sévère observation des lois relativement aux prêtres insermentés : « Que les lois contre les prêtres sujets à la déportation ou à la réclusion soient exécutées dans les vingt-quatre heures de la promulgation du présent décret. Que les fonctionnaires publics qui seront convaincus d'en avoir négligé l'exécution soient condamnés à deux ans de détention. »

II

(30 décembre.)

Le 8 nivôse (de l'an 4), M. l'abbé Gratien Castaignet, curé d'Isotges, canton de Plaisance, fit ses adieux à ses paroissiens pour se rendre à la maison de réclusion. Quoique très avancé en âge et accablé d'infirmités, il voulut donner jusqu'au bout l'exemple de l'obéissance aux lois de la République. Il avait refusé le serment prescrit par la Constitution civile du clergé : la loi était rigoureuse ; ses années le dispensaient de la déportation, mais il devait alors de toute nécessité se rendre à Auch dans la maison de réclusion.

Il monta péniblement sur un char et prit la direction d'Aignan ; mais voilà qu'arrivé à Gellenave, ses souffrances l'accablèrent à un tel point qu'il ne put dépasser les limites de la commune. On le descendit chez la citoyenne Demont. Deux médecins furent aussitôt appelés pour lui donner des soins. Ainsi qu'ils le déclarèrent eux-mêmes, « son visage était animé d'un rouge extraordinaire ; il était presque sans connaissance ; ses douleurs étaient excessives, son pouls était plein, dur, tendu et lent.» Les secours de la médecine parurent un moment calmer les souffrances de ce prêtre, bien qu'il lui fût toujours impossible d'entreprendre le voyage d'Auch, sans s'exposer à une mort inévitable.

Dès que ses forces lui permirent de s'adresser aux administrateurs du Gers, il s'empressa de se conformer à cette disposition légale.

Les deux officiers de santé désignés pour constater les infirmités de M. l'abbé Castaignet furent ceux qui lui prodiguèrent les premiers soins à son arrivée à Gellenave : les citoyens Bernard Lissagaray et Joseph Dessens, résidant à la commune d'Aignan. Ils constatèrent en outre des douleurs rhumatismales invétérées qui nécessitaient pour ce vieillard le secours de personnes étrangères.

Et l'administration centrale rendit un arrêt en vertu duquel l'abbé Castaignet pouvait, jusqu'à nouvel ordre, demeurer dans la maison de la citoyenne Demont, à Gellenave, sous la surveillance de la municipalité du canton d'Aignan.

La Révolution n'avait d'égards ni pour l'âge ni pour la faiblesse. Ceux-là même qui une première fois avaient trouvé grâce devant leurs persécuteurs n'étaient pas pour toujours à l'abri de leur malveillance. M. l'abbé Laurent Grandidier, malgré son âge et de nombreuses infirmités, s'était rendu dans la maison de réclusion. Il fut mis en liberté lors du passage, à Auch, du citoyen Laurence représentant du peuple, délégué par la Convention nationale pour l'inspection du Gers.

Un nouveau décret réitéra à ce prêtre l'ordre de rentrer en réclusion. Et cependant, depuis son retour dans sa famille à Gimont, il n'était jamais sorti de son appartement. De l'aveu des médecins Lacassagne et Marcet, un paroxysme d'asthme humide, un rhumatisme goutteux dont il souffrait depuis de longues années, une fièvre intermittente avaient constamment obligé ce prêtre octogénaire à demeurer dans son habitation.

L'administration centrale ne pouvait s'empêcher de se rendre à la gravité de ces raisons, on le conçoit. Elle autorisa donc M. l'abbé Grandidier, âgé de 82 ans, par un arrêté du 18 nivôse an 4, à rester provisoirement dans sa famille. Touchant exemple de bienveillance à une époque où l'on n'entendait parler que de Liberté, d'Egalité, de Fraternité !

Nouveau trait d'indulgence sous la Révolution :

M. l'abbé Florent Hardoin, âgé de 75 ans, avait quitté la maison de réclusion ; il reçut avis qu'il devait s'y transporter une seconde fois, pour obéir aux lois de la République.

Il s'adressa alors à la municipalité d'Aignan, lieu de sa résidence, et lui exposa que le moindre déplacement lui occasionnerait infailliblement la mort. Ses plaintes parvinrent jusqu'à l'administration centrale, qui chargea les officiers de santé Lissagaray et Dessens de vérifier les infirmités de ce prêtre. Les hommes de l'art déclarèrent que depuis quatre à cinq mois l'abbé Hardouin n'avait pas quitté ses appartements et que par suite de ses attaques fréquentes de colique néphrétique, il était réduit à un tel état de faiblesse que le moindre voyage serait pour lui une cause de mort.

D'après l'avis de ces médecins, les administrateurs du Gers permirent à ce prêtre de rester *provisoirement* dans sa maison, sous la surveillance de l'officier municipal.

Tout fait supposer que, deux ans après, M. l'abbé Hardouin fut pour la troisième fois sommé de se rendre en réclusion. Car nous trouvons, à la date du 14 frimaire an 6 (6 décembre), une nouvelle déclaration du médecin certifiant que les infirmités de ce prêtre l'empêchaient de se conformer aux lois de l'Etat.

III

Les instructions du ministère devinrent plus pressantes. Tout faisait prévoir encore de très mauvais jours pour le clergé non assermenté.

Le 8 ventôse, an 4 de la République, le ministère de la police générale écrivit au commissaire du Pouvoir exécutif près l'administration du Gers :

« Je suis informé, citoyen, que dans votre département les prêtres réfractaires, quoique cachés, travaillent les jeunes paysans pour les empêcher de partir.

« Leurs manœuvres sont d'autant plus pernicieuses qu'ils conspirent dans l'ombre.

« Ranimez tout votre zèle ; redoublez d'activité pour découvrir ces ennemis de la République.....

« Vous me rendrez compte des diligences que vous aurez faites.

« Salut et fraternité. »

Et quelques jours plus tard, 11 brumaire (3 novembre), le Ministre de la police écrivit encore au commissaire du Pouvoir exécutif :

« On m'assure que les prêtres réfractaires font tout ce qu'ils peuvent pour corrompre l'esprit public et égarer l'opinion du peuple par leurs perfides insinuations...

« Je vous recommande de surveiller la conduite des prêtres et de faire exécuter contre les réfractaires et les perturbateurs les lois prescrites à leur égard.

« Vous voudrez bien m'instruire des mesures que vous aurez prises... »

M. l'abbé Séronc, habitant à Caumont, en Armagnac, âgé de 70 ans, entreprit le voyage d'Auch pour entrer dans la maison de réclusion. Arrivé dans cette ville, il se vit tout à coup en proie à de si horribles souffrances, qu'il lui fut impossible de se rendre jusqu'à la maison désignée pour les prêtres sexagénaires ou infirmes. Il dut s'arrêter chez un de ses neveux, à la Pousterle, d'où il conjura les administrateurs de l'autoriser à recevoir provisoirement dans cette excellente famille les soins les plus urgents. Les médecins Cortade et Pardiac furent obligés d'appuyer avec fermeté la demande si légitime de ce malheureux prêtre ; l'administration centrale se rendit enfin à leur décision par un arrêté du 15 germinal an 4 (5 avril). On exigea cependant que tous les trois jours on donnât à la municipalité auscitaine des nouvelles de ce vieillard infirme.

IV

Condamnation à mort.

JACQUES LARROQUE, PRÊTRE.

20 germinal (9 avril) an 4.

M. l'abbé Jacques Larroque fut découvert dans la maison de Mme Montaut, commune d'Asque. Conduit à Valence devant le juge de paix pour y subir son interrogatoire, il avoua qu'il avait été autrefois condamné à la déportation et qu'arrivé à Rochefort, en raison de ses infirmités, il avait été remis en liberté par un décret du Comité de sûreté générale de la Convention.

Il refusa de prêter le serment de Liberté et d'Egalité, et il eut le courage de résider encore dans les communes voisines de son pays natal, instruisant les fidèles, assistant les malades, célébrant parfois le saint sacrifice, en un mot, administrant sans crainte les secours de la religion à qui les demandait. Nous ne pouvons douter de l'infatigable dévouement de ce prêtre. Une lettre qu'on lui surprit au moment de son arrestation est là, témoin réel, que le temps a respecté, du zèle de M. l'abbé Larroque, et répétant à notre génération : « Voilà un prêtre du Seigneur. »

C'était une lettre pressante. On lui disait de se rendre à la maison d'un citoyen nommé Baptiste; sa femme était dangereusement malade et réclamait son ministère.

M. l'abbé Larroque aurait été dans l'obligation de se présenter aux autorités locales pour avoir le droit d'exercer les fonctions sacerdotales. Il n'en avait rien fait, car il connaissait trop bien les dispositions de la municipalité. La loi lui accordait le droit de quitter le sol de la France pendant la décade qui suivit la promulgation de cette loi. Il s'y refusa également, disant que le bon pasteur donne sa vie pour son troupeau. Or, la loi était rigoureuse pour les réfractaires.

Cinq pièces seulement composent le dossier de ce vénérable prêtre, et quelles pièces, mon Dieu ! Un mandat d'arrestation du juge de paix de Valence, une lettre d'envoi de ce même juge à l'accusateur public, l'acte d'écrou à la maison d'arrêt, l'interrogatoire suivant et le procès-verbal d'exécution.

Le Président. — Quel est votre nom, votre âge, votre profession, votre demeure ?

— Je m'appelle Jacques Larroque, âgé de 44 ans, prêtre, habitant de Vic.

— Avez-vous prêté le serment de la Liberté et de l'Egalité ?

— Non.

— Etiez-vous fonctionnaire public à l'époque du 26 août 1792 ?

— Non, il y avait douze ans que j'avais cessé de l'être.

— Depuis la loi du 26 août, avez-vous exercé aucune fonction ?

— Non.

— Où avez-vous resté depuis la même époque ?

— D'abord je restai un mois à Saint-Sauveur. Je me rendis ensuite à Tarbes où je fus mis en arrestation, et j'y restai trois mois, après quoi je fus transféré dans cette ville où je restai jusqu'au moment de ma déportation.

— Quel est le motif de votre arrestation et réclusion ?

— Je fus arrêté et reclus en qualité de prêtre non sermenté.

— Où avez-vous été déporté ?

— A Bordeaux et de là à Rochefort.

— Comment se fait-il que vous vous trouviez dans ce département ?

— J'obtins du *Comité de sûreté générale* un arrêté qui me permit de revenir dans mon département. Le motif de cet arrêté était pris de mes infirmités que j'avais alléguées dans ma pétition.

— A quelle époque avez-vous obtenu cet arrêté ?

— Je l'ai reçu et il a été exécuté à mon égard le 12 avril 1795 (vieux style).

— Cet arrêté portait-il taxativement que vous étiez mis en liberté à raison de vos infirmités et que vous étiez exempt de la déportation ?

— Il n'y était pas parlé de déportation.

— Pouvez-vous exhiber cet arrêté ?

— Il a été remis au district où il a demeuré en original. Je pense que l'agent national de Vic en a reçu un extrait qu'il devait me remettre, mais qu'il ne m'a pas encore remis.

— La pétition que vous avez présentée au Comité de sûreté générale était-elle annexée à l'arrêté que vous obtîntes ?

— Non, l'arrêté me fut expédié seul à Rochefort.

— Avez-vous été arrêté chez le citoyen Montaut dans la commune d'Asque ?

— Oui.

— Y fûtes-vous pour exercer quelques fonctions ecclésiastiques ?

— Non, je connaissais la citoyenne Montaut, et je m'étais rendu chez elle pour la voir.

— Avez-vous fait des fonctions chez le citoyen Monferran, à Roques ?

— Je me rendis chez ce citoyen dans le mois d'août de l'année dernière et j'y ai dit la messe, ce qui n'était pas alors défendu.

— D'où veniez-vous lorsque vous vous rendîtes chez la citoyenne Montaut et où vous proposiez-vous d'aller en sortant de chez elle ?

— Etant parti de Vic, je passai par Rosès, et de là, je me rendis chez la citoyenne Montaut. Je devais encore revenir à Vic au sortir de chez elle.

— Avez-vous satisfait aux lois qui exigeaient des ministres des cultes une déclaration de soumission aux lois de la République ?

— J'ai fait cette soumission à Rosès, où j'ai resté jusqu'au mois de novembre dernier.

— Quelles sont les maisons où vous avez dit la messe ?

— Je l'ai dite chez le citoyen Grisony, de Rosès,

dans le mois d'octobre dernier. Alors ce n'était pas interdit. Je l'ai dite aussi chez le citoyen Monferran, de Roques.

— Cette étole, cette boîte en argent, ce couteau et ce rasoir sont-ils les effets trouvés sur vous lors de votre arrestation ?

— Oui.

— Puisque vous ne faisiez pas de fonctions ecclésiastiques depuis le mois d'octobre dernier, pourquoi portiez-vous sur vous cette étole et cette boîte en argent propre à tenir les Saintes Huiles ?

— C'était pour m'en servir dans le cas où cela eût été indispensablement nécessaire.

— D'où sont venues les Huiles contenues dans cette boîte ?

— La citoyenne Montaut me donna la boîte et ce qu'elle contient dans le mois d'août ou septembre dernier.

— Pourquoi ne vous-êtes vous pas présenté à l'administration depuis la publication de la loi du 3 brumaire dernier ?

— A cette époque j'étais malade; d'ailleurs je me croyais exempt de la déportation, en vertu de l'arrêté du Comité de sûreté générale que j'avais obtenu.

— Viviez-vous publiquement à Vic ?

— Non, j'étais malade.

— Étiez-vous arrivé en plein jour chez la citoyenne Montaut ?

— J'y arrivai avant le jour.

Après lecture du présent interrogatoire, M. l'abbé Larroque dit que ses réponses étaient l'expression de la vérité et ajouta qu'il était encore travaillé de plusieurs infirmités, notamment un crachement de sang qui lui venait par intervalles.

— Depuis quelle époque êtes-vous atteint de ces maladies ?

— Depuis dix ou douze ans.

— En étiez-vous atteint à l'époque de votre déportation ?

— Oui, je les ressentis plus vivement alors.

Lecture faite de nouveau, l'abbé Larroque persista dans ses affirmations et signa le procès-verbal de son interrogatoire.

Ainsi que le fait observer avec beaucoup de raison M. Jules Solon, juge au tribunal d'Auch, dans sa touchante notice sur cette noble victime des lois révolutionnaires, s'il eût été permis à un généreux défenseur de se lever dans cette enceinte du tribunal criminel, il n'aurait eu, pour obtenir une absolution, qu'à énumérer en quelques simples paroles les preuves de cette innocence qui éclatait à tous les yeux. Avec quelle force il eût invoqué cet arrêté du Comité de salut public qui donnait à l'abbé Larroque le droit de revenir libre dans son pays et d'y vivre en simple citoyen. Ce sauf-conduit, qui lui avait été délivré à sa sortie de Rochefort, il l'avait déposé entre les mains de l'agent national de Vic-Fezensac, et puis enfin il avait fait à la municipalité de Rozès la soumission aux lois de la République. — Il était facile, en ordonnant un sursis, de vérifier tous ces faits...

Mais les juges, dirait-on, avaient hâte d'en finir avec l'abbé Larroque.

« Le tribunal, ouï l'accusateur public, et après avoir entendu le commissaire du pouvoir exécutif, jugea que le dit Jacques Larroque avait été sujet à la déportation et faute par lui de s'être conformé à l'article 14 de la loi du 30 vendémiaire, an 2, le condamna à la peine de mort, le tout conformément aux art. 14 et 15 de cette loi.

« Ordonna que le présent jugement serait dans les vingt-quatre heures mis à exécution, à la diligence du Commissaire du Pouvoir exécutif. »

Ainsi, le 7 avril 1796, M. l'abbé Larroque était arrêté dans la commune d'Asque, près de Valence-sur-Baïse; le lendemain 8 avril, on le conduisait à Auch devant l'accusateur public; le 9 avril, le tribunal criminel l'interrogeait et le condamnait à mort. La sentence devait être exécutée dans les vingt-quatre heures. On affirme néanmoins que pendant la séance du tribunal criminel et avant l'accomplissement des dernières formalités qui suivirent la délibération, on faisait déjà en toute hâte les préparatifs de l'exécution, et l'échafaud était dressé à l'angle nord-est de la place actuelle de l'Hôtel de Ville.

Les juges avaient à peine quitté leurs siéges, lorsque l'huissier audiencier reçut ordre de signifier à l'abbé Larroque que son heure dernière avait sonné.

Le tribunal criminel tenait ses séances dans le palais de l'ancien Sénéchal (aujourd'hui l'Eglise paroissiale de St-Orens).

L'abbé Larroque quitta la salle d'audience entouré de quelques gendarmes et d'une escorte de la force publique. On le vit s'avancer dans la rue de l'Intendance, les mains jointes et les yeux fixés vers le ciel, répétant à haute voix : « Je meurs pour mon Dieu ! »

Au moment de franchir les degrés de l'échafaud, c'était cinq heures du soir, comme il redisait ces paroles, un des gendarmes lui cria avec force : *Brigand, dis que tu meurs pour la République.* — « Je meurs pour mon Dieu » dit encore notre martyr, et son âme s'envola dans le ciel.

V

La Révolution poursuivait son œuvre.

M. l'abbé Cadroy, curé de Rivière, canton de Barcelone, se rendait à la maison de réclusion, malgré ses 71 ans. Ses souffrances le contraignirent à interrompre sa marche pénible; il dut s'arrêter chez le citoyen Martin, rue Camarade, et c'est de là qu'il adressa aux administrateurs une pétition pour obtenir l'autorisation de séjourner dans cette habitation, attendu que ses douleurs ne lui permettaient pas d'habiter la maison de réclusion.

Les médecins Cortade et Pardiac, désignés pour constater les infirmités de ce prêtre, adressèrent un rapport qui détermina les administrateurs à laisser provisoirement ce vieillard chez le citoyen Martin, par un décret en date du 24 germinal (14 avril) an 4.

M. l'abbé Alexis Cazaubon, curé de Labéjan, était âgé de 82 ans lorsqu'on voulut l'obliger à rentrer aussi dans la maison de réclusion. Ses infirmités ne lui permirent pas tout d'abord de quitter ses appartements. Il s'adressa donc aux administrateurs du département du Gers, afin de solliciter la faveur de continuer chez lui les soins qu'exigeait son état maladif. Un certificat du citoyen Peyret, médecin à Mirande, attestait l'authenticité de sa pétition.

L'administration centrale se rendit à la supplique de M. l'abbé Alexis Cazaubon. On se contenta d'ajourner son entrée dans cette prison réservée à la vieillesse. Quel jour se mit-il à la disposition de ses juges ? C'est ce que nous ne pouvons préciser. Tout ce que nous savons, c'est qu'à une certaine époque, qu'il ne nous est pas possible d'assigner, ce prêtre octogénaire était captif dans la maison de réclusion.

L'an 6 de la République, il jouissait de la liberté et se trouvait à Labéjan, chez Mme Claverie, lorsque de nouveaux décrets lui intimèrent l'ordre de quitter le sol de la France dans la quinzaine qui suivit leur promulgation. M. l'abbé Cazaubon était, en effet, porté sur la liste des émigrés.

Il exposa de nouveau à l'administration centrale ses infirmités, son grand âge, l'impossibilité où il était de faire usage de ses mains et de ses pieds par suite d'une paralysie, et demanda comme une dernière grâce la consolation de ne pas mourir sur la terre étrangère.

Les administrateurs écoutèrent ses plaintes avec une certaine bienveillance, et comme la loi les obligeait à faire vérifier par deux officiers de santé l'état du pétitionnaire, ils conflèrent cette mission aux citoyens Doumiel et Dupouy, médecins à Miramont et à St-Mézard.

Sur leur rapport, l'administration centrale autorisa M. l'abbé Cazaubon à rester *provisoirement* chez lui, sous la surveillance des agents municipaux du canton de Lille-Baïse, qui durent rendre compte toutes les décades des infirmités de ce prêtre.

M. l'abbé Jean Mothe, curé de Lannepax, était tombé en paralysie depuis quelques années, de plus il endurait les souffrances d'une maladie naturellement incurable, au moment où il reçut ordre de se transporter à la maison de réclusion. Comme il ne jouissait pas totalement de ses facultés mentales, on fut obligé d'intercéder pour lui près des administrateurs. Ce furent principalement les officiers de santé François Dumas et Joseph Artigaux qui firent toutes les démarches nécessaires en faveur du malheureux vieillard. Par arrêté du 5 prairial (29 mai) an 4, M. l'abbé Jean Mothe fut autorisé à séjourner dans la commune de Lannepax.

CHAPITRE XII

Nouvelles menaces. — Monlaur. — Simorre. — Masseube. — Saramon. — Gimont. — M. le curé de Garravet. — M. l'abbé Guillon.

I

Le 24 septembre (an 4 de la Liberté et le 1ᵉʳ de l'Egalité), le Procureur-Syndic d'Auch envoya à celui de Nogaro la lettre suivante :

« Des citoyens dignes de foi, Monsieur, sont venus m'assurer que des curés réfractaires et dans le cas de la déportation, non-seulement refusent d'obéir à la loi, mais même cherchent dans le lieu de leur résidence et aux environs à propager l'incivisme, en conseillant aux citoyens de ne pas se ranger sous les drapeaux de la Patrie.

« Certaines municipalités, de concert avec ces esprits perturbateurs, observent pour se dispenser d'observer la loi qu'elle ne leur est pas encore parvenue.

« Je connais trop votre zèle et votre exactitude

dans une circonstance aussi majeure, pour douter un instant de votre empressement à la faire passer aux différentes municipalités de votre district, aussitôt que vous l'aurez reçue.

« Je suis également persuadé que vous avez pris toutes les mesures convenables pour vous assurer qu'elle a été exactement envoyée.

« Voici le moment, Monsieur, d'effectuer les dispositions rigoureuses du décret contre ceux qui n'auront pas obéi, en les faisant transporter à la Guyane.

« Que le conseil du département puisse demander le port de mer où ils doivent être conduits. »

Le 25 janvier, une circulaire sous le titre : *Extrait du procès-verbal des séances du Conseil du département du Gers*, fut adressée à tous les districts.

On lit dans cette ordonnance :

« Considérant que tous les ecclésiastiques insermentés sont tenus aux dispositions que renferme la Loi du 26 août dernier, si leur éloignement est demandé par six citoyens domiciliés dans le département, ou s'il est parvenu à la connaissance des corps administratifs que ces prêtres ont occasionné quelque trouble ;

« Considérant que des prêtres non assujettis au serment prescrit par les lois antérieures ne sont pas moins ennemis de la République et propagent en silence le poison d'une contre-Révolution ;

« Arrêtons ce qui suit :

ARTICLE PREMIER.

« ..... Les municipalités enverront aux districts la liste des prêtres insermentés du canton non sujets à la déportation et instruiront le district si ces prêtres occasionnent des troubles ou quelque suspicion forte, capable d'alarmer les citoyens et d'altérer la tranquillité publique.

ART. II.

« Tous les bons citoyens sont invités à informer le Procureur Général-Syndic des découvertes que leur zèle et leur activité auraient procuré au sujet des troubles causés par les prêtres insermentés dans les différents communes..... »

II

On commençait, en effet, à signaler sur quelques points du département certaines difficultés survenues entre les catholiques et les révolutionnaires. Ainsi, le 7 nivôse, entre dix et onze heures du matin, un prêtre assermenté de Monlaur voulut entrer dans l'Eglise pour y faire les cérémonies du culte. Plusieurs personnes étaient déjà groupées devant la porte.

On cherche la clef, on ne la trouve pas. Alors on va la réclamer chez le carillonneur. Il est absent. Sa femme renvoie impitoyablement ces visiteurs en faisant usage d'expressions peu bienveillantes : « Allez vous promener, troupeau de fainéants, » etc., etc. Sur ces entrefaites, l'heure de midi étant passée, chacun est obligé de se retirer sans avoir assisté à la messe du citoyen prêtre.

Il paraît qu'il exerçait depuis plusieurs mois ses fonctions pastorales à Monlaur, quand un jour il se vit arrêté par une foule de personnes.

Bientôt après, sa maison fut entourée de gens qui tirèrent des coups de fusil à ses fenêtres, pour l'obliger enfin à quitter le pays. Depuis lors, plus il n'exerça son ministère et il disparut.

Monlaur avait le bonheur de posséder quelques prêtres non assermentés.

MONCORNEIL (SEISSAN).

26 nivôse (17 janvier) an 5.

Le modèle des procès-verbaux vint de Seissan :

« Nous... agent municipal et adjoint de la commune de Moncorneil, dernier canton de Seissan, avons été instruit que le matin du 19 nivôse dernier, le citoyen Lacaze, prêtre insermenté, avec environ deux à trois personnes, s'est transporté dans l'église de la présente commune pour y célébrer les fonctions du culte catholique ; ignorant que ce prêtre ait fait la soumission prescrite par la loi, attendu que tout a été fait à l'insu de nous, agent et adjoint municipaux susdits :

« Le 26 du dit mois, le même prêtre s'est aussi porté dans ledit édifice avec à peu près le même nombre d'attroupement, et comme nous, agent et adjoint municipaux, avons été instruits de toutes ces ménées hier, à six heureux du soir, nous nous sommes emparés des clefs dudit édifice lesquelles n'étaient pas entre nos mains comme ledit édifice decert depuis environ trois ans de maisons communes à déffaut d'autre tout cela a été en vain et malgré la déffance par nous faite aux citoyens de ne plus s'aviser d'entrer dans ledit édifice sans autorisation constitutionnelle de nouveau, ce matin, environ huit heures, le même prêtre, avec un atroupement nombreux s'est transporté audit édifice ayant trouvé la porte fermée à clef : cet atroupement a pris l'adresse de monter sur le toit avec une échélle et par cet ordre, ils sont entres dans l'Eglise, etc., les cérémonies y ont été célébrées par ledit prêtre... ledit atroupement avait rémis en place l'ancien banc des consuls qui avait été ci-devant détruit.... Nous agent et adjoint, nous nous sommes transportés au dit édifice y avons reconnu et trouvé ledit banc, l'avons de suitte détruit et mis les débris dans un coin de l'édifice... »

Le commissaire du pouvoir exécutif recommanda les mesures les plus efficaces pour empêcher toute espèce de désordre, et l'affaire ne paraît pas avoir eu d'autre résultat.

III

Le 6 pluviôse (27 janvier) an 5 de la République, le Ministre de la police s'adressait encore au Commissaire du pouvoir exécutif dans le Gers et lui révélait que, d'après des informations certaines, les cantons de Simorre, Masseube, Saramon et Gimont étaient infectés de prêtres réfractaires. Ils rentraient tous les jours dans leurs anciennes paroisses, pour y pervertir l'esprit public, diviser les citoyens, troubler l'ordre et compromettre par leurs manœuvres la sûreté des personnes. Ils professaient des principes contraires aux lois. Chaque jour on sonnait les cloches pour former des rassemblements fanatiques, ce qui était rigoureusement interdit par les lois. L'autorité ne pouvait supporter un tel état de choses. Ordre fut donné de surveiller avec soin ces prêtres perturbateurs et, s'il était nécessaire, de recourir à la force armée, d'appeler les colonnes mobiles et la gendarmerie.

A Simorre, un prêtre réfractaire avait reçu asile dans la maison de Madame Saban, veuve de Carsalade, où s'était réunie une foule de catholiques pour entendre la messe.

On avait constaté en outre que depuis la fête de la Noël des rassemblements analogues se formaient tous les dimanches chez le sieur Ducos, homme de loi. Ici l'on ne craignait même pas de chanter vêpres. Tous ces faits ne pouvaient être passés sous silence. Soit malveillance, soit hypocrisie, ceux qui les dénoncèrent eurent l'air de regretter que la loi manquât de clarté au sujet de ces réunions. Mais voici qui devenait plus sérieux :

M. le curé de Garravet, canton de Lombez, s'était retiré chez son frère, dans une habitation située à la campagne, à quelques pas de Simorre. En apprenant le lieu de sa résidence, quinze ou seize de ses paroissiens se rendirent dans cette maison dans le but de ramener avec eux leur pasteur, à Garravet, où tout le monde réclamait son ministère.

Ils descendirent à une auberge de Simorre. Le commandant de la gendarmerie, accompagné d'un de ses hommes, s'y transporta aussitôt.

— Pourquoi êtes-vous venus à Simorre? leur demanda-t-il.

Tout le monde garda le silence.

— Avez-vous des passeports?

— Non, répondirent les habitants de Garravet.

— Je vous somme de nous suivre chez l'agent de la commune.

— Laissez-nous achever notre bouteille de vin.

Puis, avec un certain air de provocation :

— Dites à votre agent qu'il vienne nous chercher, s'il veut.

Comme le gendarme insistait :

— Déposez votre sabre, lui dit-on, et nous verrons alors.

Ils refusèrent de le suivre, quittèrent l'auberge et se dirigèrent vers la résidence de leur curé ; ils l'emmenèrent en prenant un chemin différent de celui qu'ils avaient suivi pour venir à Simorre. Tout cela se passa sans bruit et la tranquillité publique n'en fut nullement troublée.

Ne pouvant avoir raison de ces obstinés à cause de leur nombre, le commandant de gendarmerie était allé demander aussitôt main forte au chef de la colonne mobile.

Le commissaire du Directoire exécutif de Simorre se trouvait à Auch en ce moment et dès qu'il fut averti de ce mouvement, il se hâta d'accourir croyant les faits qu'on lui racontait tout autrement sérieux qu'ils ne l'étaient en réalité. A son arrivée, le commandant de la colonne mobile se présenta à lui avec un détachement de trente hommes, assurant que cette troupe serait bientôt renforcée. On plaça dix hommes de garde à la maison commune; les autres allèrent se reposer chez les particuliers, attendu que le plus grand calme régnait à Simorre.

Le lendemain, le commissaire, le commandant de la colonne et dix hommes de la compagnie mobile se rendirent chez le citoyen Bizou, frère de M. le curé de Garravet. Toutes les perquisitions furent naturellement sans résultat.

Il fut convenu que chacun se retirerait avec calme, *les habitants de Garravet n'étant pas à redouter;* de plus ils avaient ce qu'ils désiraient et dès lors pourquoi les inquiéter ?

Cependant la surveillance s'exerça d'une manière plus active : Dans les communes on traitait déjà sans pitié les malheureux prêtres soumis à la loi de la réclusion.

M. l'abbé Pierre Guillon, né à Lectoure le 1er mai 1733, eut beau solliciter auprès des administrateurs la faveur de séjourner dans sa famille, à cause de ses nombreuses infirmités. Rien ne fait supposer qu'une telle autorisation lui ait été accordée.

IV

De tous les cantons du département du Gers, celui qui se fit surtout remarquer par l'hospitalité bienveillante qu'il accorda à ses prêtres pendant la tourmente révolutionnaire fut celui de Gimont. (Voir l'excellent article publié par M. l'abbé Dubord, dans la *Revue de Gascogne*, avril 1875, où nous puisons les renseignements suivants.)

M. l'abbé Forgues, curé d'Auradé, natif de Gimont, refusa de prêter le serment, se retira dans sa famille, passa en Espagne après la loi du 26 août, puis revint en France à la chute de Robespierre, et demeura caché dans le pays, jusqu'au rétablissement du culte catholique.

M. Laforgue, chapelain de l'hôpital de Gimont, se tint également caché pendant la terreur.

M. Dupré-Longueval, de la confrérie du St-Sacrement de Gimont, refusa le serment, préféra la déportation volontaire à la réclusion et se retira en Suisse, puis revint à Gimont, quand le calme fut rétabli.

M. Belbézé, vicaire de l'Isle-Jourdain, après avoir refusé de prêter serment, demeura caché dans le pays.

M. Bacon, curé de Cazaux, ayant refusé le serment, se retira à Gimont, près de son frère qui était notaire, puis passa en Espagne d'où il revint quand la tranquillité fut tout à fait rétablie.

M. Dupré-Lapaguère, vicaire de Samatan, passa en Espagne, où il résida tout le temps de la persécution. Après le concordat, nous le trouvons curé de Lamothe-Eugalin, qu'il desservit jusqu'à sa mort, 18 novembre 1848.

M. Dubois, vicaire à Sauveterre, s'obstina à séjourner dans sa famille, à Gimont, malgré toutes les poursuites dirigées contre lui. Ce fut seulement lorsqu'il fut convaincu que toute nouvelle tentative de résistance était inutile, qu'il consentit à se réfugier en Espagne. Il rentra en France après le 9 thermidor, repartit encore, et revint plus tard. Il fut curé de Lahas où il mourut.

M. Marestaing, vicaire à Lahas, passa d'abord en Espagne; il revint après le 9 thermidor et se tint caché dans le pays. Plus tard il fut nommé curé de Maurens.

M. Lasserre, vicaire à Seysses, se retira d'abord à Gimont, fut obligé de prendre deux fois le chemin de l'exil, et en 1800 on ne savait ce qu'il était devenu.

M. Baraillé, vicaire à Sirac, refusa le serment, partit pour l'Espagne, et, au concordat, il fut nommé curé de Montiron.

M. l'abbé Laporte aîné, vicaire à Gimont; son frère vicaire à Mauvezin; M. l'abbé Danezan, vicaire à Escornebeuf; M. l'abbé Cadours, curé de Mauvielle; M. l'abbé Grateloup, curé de Castelnau-Picampau (aujourd'hui diocèse de Toulouse); son frère, vicaire à Sénarens (Toulouse); M. l'abbé Salles aîné, vicaire de Gimont;

M. l'abbé Lacoste, curé de Gimont; M. Boas, curé de Marrox, refusèrent énergiquement de prêter le serment de fidélité à la constitution civile du clergé et prirent le chemin de l'exil (Espagne); ils rentrèrent pour la plupart dans leur pays où ils se tinrent cachés en attendant des jours plus favorables.

M. l'abbé Barciet, vicaire de Garbic, ne paraît pas avoir quitté le pays durant la persécution. Il fut plus tard nommé curé de Garbic et mourut dans cette paroisse.

M. Cuxac, curé de Frégouville, ne voulut jamais consentir à quitter sa patrie; il se fit même remarquer par son intrépidité à braver les dangers et son adresse à déjouer les poursuites dirigées contre lui. Sa présence dans le pays n'était un mystère pour personne; le tribunal révolutionnaire le condamna à mort par contumace, mais il fut impossible de découvrir le lieu de sa retraite et de mettre la main sur sa personne. Au concordat, il reprit sa cure de Frégouville où il mourut.

M. Bartholomé, curé de Lahas; M. Daylies, vicaire à Laymont; M. Pendaries, vicaire à Sabonères; M. Boussès, vicaire à St-André, tous originaires de Gimont; M. Lamarque, vicaire à Crastes; M. Lasvignes, vicaire à Ste-Christie; M. Lalubie, curé de l'Isle-Surimonde; Delbez aîné, ex-religieux de l'abbaye de Gimont, ainsi que son frère, refusèrent également de prêter le serment révolutionnaire, se tinrent cachés dans le pays jusqu'au moment où ils comprirent qu'ils n'étaient plus en sûreté ; alors ils passèrent en Espagne, d'où ils revinrent à diverses époques.

M. l'abbé Carrère, curé d'Aubiet, continua à résider dans sa paroisse jusqu'au 2 février 1702, quoiqu'il eût refusé le serment prescrit par les lois. Ce jour-là, il fut violemment expulsé, après avoir essuyé de la part des révolutionnaires, auxquels s'étaient joints quelques mauvais sujets des communes de Marsan et d'Ansan, des outrages et des traitements les plus atroces. Force lui fut de quitter la France et de prendre le chemin de l'Espagne. Plus tard, étant rentré dans son pays, il reprit la cure d'Aubiet. Il y mourut en 1818.

Quelques prêtres, entr'autres MM. Bordes et Sentex, vicaires à Aubiet ; M. Meillan, vicaire à Juilles ; M. Vialé, vicaire à St-Pé-du-Bosc ; M. Angelé, vicaire à Lussan ; M. Larsenne de L'herme ; MM. Lassalle et Verdier, chapelains de Cahuzac, refusèrent de prêter le serment de fidélité, se tinrent cachés et eurent le bonheur d'échapper aux investigations des révolutionnaires, malgré toutes les recherches minutieuses dont ils furent l'objet, et grâce au dévouement des familles pieuses qui se firent un devoir de soustraire à la violence des ennemis, les ministres persécutés de la religion du Christ.

Grâce à ces familles, nos populations n'étaient pas tout à fait privées des sacrements de l'Eglise. Souvent, c'était à la faveur des ténèbres, qu'on allait chercher dans un bois solitaire ou dans une pauvre mansarde le prêtre qui venait en secret conférer le baptême à un enfant nouveau-né, recevoir les derniers aveux d'un moribond et lui faire entendre une parole de consolation et d'espérance.

Honneur à ces familles dévouées! — Un verre d'eau donné à l'indigent au nom de Jésus-Christ mérite sa récompense....

....!!!

Suivons la marche des événements.

CHAPITRE XIII

Affaire de Projan. — Lille Arbéchan. — Affaire de Masseube. — M. l'abbé Molas.

I

PROJAN

Le presbytère de cette commune avait été vendu comme bien national au percepteur des contributions de cette même localité.

Or, un jour que le nouveau propriétaire travaillait à son parterre, devant la maison, un personnage inconnu passe près de lui et lui dit avec un ton d'ironie :

« Vous faites là un joli parterre ; voilà bien des changements au presbytère depuis quelques jours. Vous ne réussirez pas si facilement que vous croyez......

Surpris de ce langage :

— Pourquoi, citoyen, répartit le percepteur, ne pourrai-je pas réussir ?

— Parce que la république et les républicains

seront bientôt défaits. Les émigrés et les prêtres non jureurs vont rentrer en pompe et tous les acquéreurs de biens nationaux, et surtout des presbytères, en seront impitoyablement chassés... Vous ne tarderez pas à voir des gens qui vous aideront à travailler votre jardin et à faire votre parterre...

Indigné de ce ton provocateur et de ces propos contre-révolutionnaires, le percepteur prie l'inconnu de passer son chemin. Celui-ci redouble ses menaces ; le percepteur n'y tient plus ; il s'élance sur la route, mais l'étranger avait disparu.

Le bruit se répandit que ce personnage mystérieux n'était autre que l'abbé Tinnerage, originaire de Bernède, prêtre insermenté. Les menaces ne tardèrent pas à recevoir leur exécution. Trois ou quatre heures après la conversation que nous venons de rapporter, vers 9 heures du soir, voilà qu'un attroupement composé de 4 à 500 hommes armés, venus de plusieurs communes du voisinage, se forme autour de l'ancien presbytère.

Projan, Ségos, Verlus et Bizous avaient fourni leur contingent; St-Agnet et Latreille, canton d'Aire, étaient également représentés dans cette émeute.

Les uns enfoncent les portes et les fenêtres ; les autres cernent la maison, pour mieux s'emparer du propriétaire. On tire des coups de fusils on lance des pierres sur la toiture que l'on brise en partie, on pénètre dans l'intérieur de la maison, on court, on cherche le percepteur de toutes parts; l'on entend même ces cris : « Tuons-le, il faut l'égorger, le mettre en pièces. »

Heureusement que le percepteur put s'esquiver, emportant avec lui les clefs de ses armoires.

La nouvelle de son évasion se répandit bientôt parmi cette masse fanatisée. C'est alors que commencèrent dans la maison des scènes très déplorables. Les uns se servirent de leurs baïonnettes pour enlever des viandes suspendues au plafond, les autres coururent au secrétaire, et après l'avoir enfoncé, s'emparèrent de l'argent, 750 livres environ ; deux barriques de vin, des mouchoirs, des serviettes, le bordereau de la perception, tout fut enlevé, dilapidé, dépensé en orgies.

Cette scène scandaleuse se terminait à peine, qu'une centaine de ces forcenés avait déjà projeté une scène autrement regrettable. Non loin de Projan, se trouve le village de Sarron, dans le canton d'Aire. Là, vivait un prêtre constitutionnel.

On s'y rendit en masse pour l'égorger.

Ces misérables portant des torches allumées, des fusils, des bâtons, des fourches, faisaient entendre ce cri : « Mort au curé ! » et tiraient des coups de feu pour mieux épouvanter les voisins. Ils se présentent ; les portes sont enfoncées, les fenêtres brisées, une foule de ces furieux pénètre dans les différents appartements, vociférant et vomissant toute sorte d'horreurs contre le prêtre assermenté.

Celui-ci était parvenu à échapper à leur violence, au moyen d'une porte dérobée.

Restait l'infortunée servante qui persistait à déclarer que son maître était absent.

On suivit toutes les chambres ; on visita les armoires, on fouilla les recoins les plus cachés, et tout en faisant main basse sur ce qui pouvait exciter leur convoitise, ces hommes exaltés ne cessaient de crier : A mort ! à mort !… La malheureuse servante fut leur unique victime. On tombe sur elle à coup de poings ; on lui décharge sur la tête un coup de crosse de fusil, et tandis qu'elle était étendue sur le sol, baignée dans son sang, on l'accable d'outrages les plus humiliants, puis on la traîne par les cheveux à travers les corridors et dans les chambres, en hurlant qu'il fallait l'égorger. Les uns l'abandonnent, d'autres s'en emparent, après l'avoir de nouveau accablée de coup de poings et foulée sous les pieds. La croyant morte, ils la jettent enfin dans la boue devant la porte de la maison.

Les habitants du bourg étaient témoins de cette scène d'horreur ; et néanmoins personne n'osait avancer, parce que ces misérables ne cessaient de crier : Si quelqu'un approche, il est mort... Disons-le cependant à la louange du sieur Pierre Lamazère, dit Pont de Peyre. Il brava le danger, et s'avança vers l'attroupement; mais à l'instant, comme une cinquantaine de ces fanatiques couraient sur lui pour l'entourer, comprenant que toute résistance était inutile, il recula.

Le jour approchait, les premiers rayons du soleil allaient éclairer cette scène d'horreur. Alors les forcenés prirent la fuite, emportant une trentaine de livres de viande qu'ils allèrent dévorer dans une maison d'un village voisin.

Il sera curieux de connaître le résultat de cette double affaire.

En ce qui concerne les vols commis dans l'ancien presbytère de Projan, voici les conclusions du tribunal, à la date du 25 germinal, an 5 de la République :

Les habitants des communes de Projan, Billères, Segos et Verlus sont solidairement condamnés à réparer tous les dégâts causés la nuit du 11 au 12 pluviôse (1-2 février).

1° Obligation de restituer une somme de 750 fr. provenant de la recette des contributions;

2° Une barrique et deux tiers de vin ;

3° Un cochon tout entier, à l'exception de deux pièces de lard, deux épaules et un jambon;

4° Quatre douzaines de poires ;

5° Cinq mouchoirs de toile blanche ;
6° Une douzaine de serviettes de lin.

Et le tout dans le délai d'une décade.

Quant au citoyen prêtre assermenté, quelques jours après cette scène dont nous avons parlé, on trouva sous les fenêtres de son habitation un billet conçu à peu près en ces termes :

« La maison sera brûlée, le citoyen curé sera égorgé, s'il fait des poursuites relatives à l'affaire de Sarron. »

Tout fait supposer que ces poursuites n'ont pas eu lieu, puisque nos archives ne peuvent produire aucune pièce à ce sujet.

Cependant le prêtre Tinnerage était accusé d'être l'instigateur des troubles de Projan. Était-il coupable en réalité ? C'est ce que l'on ne pourrait affirmer sans témérité, car nos archives, pleines de détails sur toutes les autres parties de cette affaire, gardent là-dessus le plus profond silence.

Tout ce que l'on peut dire, c'est que dans la commune de Projan, ainsi que dans le canton de Barcelonne, tout le monde professait la plus haute estime pour M. l'abbé Tinnerage.

Pour mieux instruire son procès, on proposa de se saisir de sa personne ; ce fut le commandant de la garde nationale de Garlin qui se chargea de mener l'entreprise à bonne fin.

L'autorité supérieure lui permit de faire une

descente dans le département du Gers, à la condition qu'il exhiberait chaque fois qu'il en serait requis l'acte certifiant que ce pouvoir lui avait été conféré.

Or, le 20 germinal (10 avril) an 5 de la République, à 11 heures du matin, tous les habitants du village de St-Agnet (Aire) étant réunis devant la porte de l'église où l'on allait célébrer la messe, tout à coup apparaissent une trentaine de personnes armées. Après avoir remarqué que la plupart des habitants fuyaient épouvantés, le commandant courut après eux pour leur défendre de s'éloigner, les menaçant de les fusiller s'ils ne revenaient aussitôt.

Les uns se rendirent par crainte; les autres échappèrent à ses menaces.

Il plaça son escorte, de manière à arrêter ceux qui étaient dans l'église et à jeter la terreur parmi ceux qui se tenaient au dehors.

Puis, le chef s'adressant à l'un des habitants effrayés :

— Qui a la clef de cette église, demanda-t-il?

— Elle se trouvera s'il est nécessaire.

Sur ces entrefaites, les gens de sa suite commencèrent à agiter violemment les portes. L'un d'eux essaya de les enfoncer avec la crosse de son fusil, tandis que d'autres témoignaient leur mécontentement en frappant du pied et en brandissant leurs sabres.

C'est alors que le commandant fit l'appel de sa troupe. Il la rassembla devant la porte principale de l'église, où il la rangea sur deux colonnes, sans oublier, pour sa sûreté personnelle, de placer trois gendarmes derrière lui.

Il aperçut à quelques pas un homme qui le regardait fixement.

— Etes-vous un fonctionnaire municipal, oui ou non, demanda le commandant ?

— Oui, je le suis; et après ?

— Avez-vous la clef de l'église ?

— Je ne l'ai pas; mais s'il est nécessaire nous la trouverons. Et d'abord, si vous avez des ordres, veuillez les notifier.

Pendant que le commandant et sa troupe s'éloignaient, six hommes revinrent devant la porte de l'église.

— Que voulez-vous donc ? Pourquoi êtes-vous ici ?

— Nous n'en voulons qu'à un seul homme. Celui-là est dans l'intérieur de l'église : c'est Tinnerage.

A l'exemple de leur *intrépide commandant*, ces derniers allèrent rejoindre leurs compagnons en disant : Une autre fois nous serons plus heureux.

On entendit quatre coups de fusil à travers les bois, et plus il ne fut question de cette affaire.

II

Jusqu'à ce moment, presque tous les avis émanés du ministère étaient formulés d'une manière générale, ainsi qu'on a pu s'en convaincre ; aujourd'hui ils deviennent précis et désignent telle ou telle partie de département.

Voici ce qu'écrivit le ministre de la police au commissaire du pouvoir exécutif du Gers, le 29 floréal (19 mai) an 5 de la République :

« Votre collègue près l'administration du canton de Lille Arbéchan (de Noé) m'informe que la loi du 7 vendémiaire est impunément violée dans son arrondissement, où les prêtres réfractaires reparaissent avec audace et exercent insolemment le culte.

« La loi exige que l'enceinte choisie pour l'exercice d'un culte soit indiquée et déclarée à l'adjoint municipal dans les communes au-dessous de cinq mille âmes, et dans les autres aux administrations municipales du canton... »

Et cependant le commissaire avait signalé au ministère de la police toutes les infractions qu'il avait pu constater. Il se contenta de lui demander s'il devait persister dans sa manière d'agir, alors que ses confrères du voisinage apportaient beaucoup moins d'ardeur à s'acquitter de leurs fonctions. Naturellement, la réponse fut affirmative et le ministre ne put s'empêcher d'adresser un blâme sévère aux municipalités voisines d'Arbéchan.

Mais une lettre du commissaire central d'Auch au ministre de la police laissait entrevoir de graves difficultés que les autorités auscitaines n'osaient trancher par elles-mêmes.

M. le commissaire central avoua que les prêtres réfractaires abondaient dans les cantons voisins d'Arbéchan ; qu'ils y exerçassent le culte sans se conformer aux dispositions de la loi ; c'était un fait incontestable.

Mais toute la difficulté pour l'administration départementale consistait à déterminer quels étaient les prêtres que l'on devait poursuivre. Ainsi que le fit observer M. le commissaire, tous les prêtres qui résidaient dans le Gers pouvaient être rangés en quatre catégories distinctes.

Les premiers étaient ceux qui avaient été reclus et qui, en raison de leur âge ou de leurs infirmités, avaient obtenu leur liberté des représentants de la nation. Ceux-là, on pouvait, à la rigueur, les forcer à se soumettre.

La seconde catégorie comprenait ceux qui avaient été conduits dans des ports de mer pour être déportés et à qui l'on avait également accordé la liberté.

Pour ceux-ci, comme pour les premiers, il paraissait facile de les réduire et l'on devait, d'après lui, recevoir leur soumission.

On pouvait comprendre dans la troisième classe ceux qui, s'étant trouvés dans le cas de la déportation, se cachèrent pour se soustraire aux rigueurs de la loi.

Ici la difficulté avait un côté sérieux. Un certain nombre de ces prêtres allait échapper à leurs persécuteurs, car le comité de législation avait décidé que si les prévenus démontraient qu'ils n'avaient point quitté le territoire de la République depuis le 4 mai 1792, ils devaient jouir du droit de citoyens français. Or, les administrateurs craignirent que plusieurs d'entre eux ne trouvassent sans peine des témoins assez complaisants pour attester leur résidence dans le département.

Enfin, la quatrième classe était composée de ceux qui, après avoir quitté le territoire, étaient rentrés, en foule, depuis quelque temps.

Pour ces derniers, le commissaire croyait qu'il était impossible de recevoir leur soumission. Il aurait désiré, pour lever toutes les difficultés, que le corps législatif eût rapporté toutes ces lois relatives aux prêtres et exprimé sa volonté par une loi claire et précise. Au reste, ce qui compliquait un peu la situation pour le département, c'était une lettre du ministre de la police adressée au canton de Samatan, lettre d'après laquelle il était permis désormais de sonner les cloches pour fixer les heures du travail et du repos. « Les cloches, ajoutait le commissaire du Gers, seront sonnées d'abord pour l'*Angelus* et pour appeler les citoyens au culte de leur religion, sous prétexte de déterminer les moments du repos et du travail de la journée. » On ignore la réponse que fit le ministère à ces diverses observations.

III

AFFAIRE DE MASSEUBE.

1 prairial (21 mai) an 5.

La gendarmerie de Castelnau-Magnoac s'était rendue dans la commune de Lassale, près Garaison, d'après un ordre formel que lui avait donné l'administration centrale des Hautes-Pyrénées.

On savait en effet que dans cette commune le prêtre Doux exerçait secrètement les fonctions sacerdotales. Des perquisitions y furent habilement dirigées par la gendarmerie, et le prêtre insermenté fut arrêté. Mais à la nouvelle de cette arrestation, la population entière se souleva. Les gendarmes couraient de grands dangers, ils s'en aperçurent à temps. Aussi, plutôt que de suivre la route de Trie pour conduire leur prisonnier, ils prirent la direction de Panassac, Masseube et Auch, pour arriver sains et saufs au chef-lieu des Hautes-Pyrénées.

Quand ils entrèrent à Panassac, une partie de la population déjà avertie de cet évènement était sur pied et menaça les gendarmes de tirer sur eux, s'ils ne mettaient en liberté le prêtre qu'ils conduisaient.

Toute la nuit, on entendit sonner le tocsin dans quelques communes voisines. Les rassemblements devenaient de plus en plus considérables, car tout le monde suivait le mouvement dans la direction de Masseube.

Ici, vers huit heures du soir, trois ou quatre cents personnes armées se présentèrent par la porte méridionale, réclamant à grands cris la liberté de M. l'abbé Doux. Les gendarmes répondirent par une décharge de mousqueterie qui parut tout d'abord mettre en fuite ces citoyens révoltés.

Sur ces entrefaites, on battit la générale et l'on appela dans tous les quartiers les citoyens à la défense de la ville.

A l'exception d'une vingtaine de patriotes, personne n'osa sortir. Cependant les rangs de ceux qui voulaient délivrer le prêtre captif s'étaient prodigieusement augmentés : huit cents hommes venus du voisinage attaquèrent de nouveau les portes de Masseube.

La sentinelle eut beau crier : Qui vive ! on répondit à sa voix par une décharge qui ne l'atteignit pas, sans doute, mais qui donna l'éveil à tous les patriotes armés..... C'étaient des cris, des vociférations, des hourras effroyables.

Cependant cette poignée de républicains résista et l'attroupement fut de nouveau repoussé.

A deux heures de la nuit, deux à trois mille hommes se présentèrent pour la troisième fois. Avertis par un des habitants de la ville que les défenseurs n'avaient presque plus de munitions, les assaillants marchèrent sans crainte, attaquèrent Masseube par les trois points et pénétrèrent aussitôt dans la ville. La gendarmerie fut obligée de prendre la fuite ; les patriotes se cachèrent. La foule se porta aussitôt vers l'auberge où l'on croyait que l'abbé Doux était détenu. Il n'y était plus. De nouvelles indications firent connaître la maison où ce prêtre était enchaîné. On s'y porta en masse ; les portes furent enfoncées. On courut à la chambre du prêtre insermenté qui fut à l'instant mis en liberté.

Et peu à peu la foule se dispersa.

Des personnes charitables avaient exhorté les gendarmes à prendre la fuite, parce que leur vie n'était plus en sûreté. Ils crurent devoir suivre ce conseil et ils s'enfuyaient dans la direction de Seissan, lorsqu'ils furent arrêtés eux-mêmes par un rassemblement. Comme ils avaient épuisé toutes leurs munitions et brûlé leur dernière cartouche, force leur fut de céder.

Un moment cette troupe forcenée parut leur faire grâce en leur permettant de s'éloigner, mais c'était pour faire feu sur eux.

Heureusement qu'aucun des gendarmes ne fut atteint, ils purent gagner des sentiers inexplorés et échapper ainsi à une mort inévitable. Quelques jours après, une enquête sérieuse fut faite à Seissan dans le but de découvrir les assassins. Le commissaire du pouvoir exécutif se transporta lui-même dans cette commune, où il convoqua tous les notables de la localité. Séance tenante, l'agent municipal fut chargé en outre de prendre toutes les informations nécessaires, afin que les citoyens qui avaient prêté leur concours à cette horrible manifestation de Masseube fussent punis selon la rigueur des lois.

L'agent municipal se donna beaucoup de peine en pure perte, car il fut obligé d'avouer à l'administration centrale que malgré ses efforts il n'avait pu découvrir aucun coupable dans le canton de Seissan.

Alors le commandant de gendarmerie écrivit à toutes les brigades du Gers d'avoir à rentrer aussitôt à Auch pour y recevoir des ordres. Il s'agissait, en effet, de concentrer des forces considérables à Masseube et dans les environs, pour effrayer les esprits et maintenir par la terreur la tranquillité que le moindre évènement pouvait à chaque instant compromettre. Un détachement de trente-six hommes fut donc établi à Masseube, et les habitants de Panassac furent obligés d'envoyer chaque soir huit hommes armés, au canton, pour y monter la garde.

Cependant, comme les travaux de la campagne devenaient très pressants, ils supplièrent l'administration centrale de les dégager, au moins d'une manière provisoire, de cette pénible corvée, ce qui leur fut accordé d'assez bonne grâce.

A Masseube, on avait causé beaucoup de dégâts. Quelques habitants surtout avaient eu particulièrement à souffrir : des fenêtres avaient été brisées, des meules de paille incendiées, des maisons dégradées.

Il fallait que justice se fit. On convint, après maintes délibérations, que les habitants de Panassac et ceux de Masseube paieraient la somme de deux cents treize francs ; que le receveur général les prélèverait tout d'abord sur les notables, et que ces derniers réclameraient une compensation à leurs concitoyens.

On voulait également impliquer dans cette affaire la commune d'Esclassan, qui avait sonné le tocsin toute la nuit ; mais des renseignements puisés à bonne source établirent que les cloches avaient été mises à toute volée en signe de réjouissance de ce qu'on venait de nommer le président du canton.

On obligea le carillonneur à remettre entre les mains de l'agent municipal la clef de l'église ainsi que la corde de la cloche, et tout fut ainsi terminé.

On avait cru pendant quelque temps que c'était un émigré des Hautes-Pyrénées qui commandait cette insurrection ; mais de nouvelles informations prouvèrent que le chef de l'émeute était un officier de l'ancien régime, nommé Sauvejante. Grâce au voisinage des montagnes, il échappa à toutes les recherches.

Du reste, la seule apparition des gendarmes à Masseube fut plus que suffisante pour rétablir le calme dans tout le canton.

La loi exige que dans les émeutes populaires, quand il s'agit de punir les coupables, on distingue les auteurs et les instigateurs de ceux qui se laissent entraîner par le mouvement. C'est ce qui nous explique, dans l'affaire de Masseube, la conclusion de la procédure en vertu de laquelle on devait cesser toutes les poursuites dirigées contre les habitants de cette ville et des communes du canton.

IV

M. l'abbé Molas, âgé de 80 ans et détenu malgré ses infirmités dans la maison de réclusion, fit entendre ses plaintes et protesta près du ministère contre le dénûment absolu dans lequel on le laissait, lui et quatre-vingt de ses confrères infirmes. Nous ne savons quel fut le résultat de sa pétition ; mais nous avons tout lieu de croire qu'il fut mis en liberté, car le ministre chargea le commissaire du gouvernement de faire une visite scrupuleuse dans cet établissement, afin de s'assurer si l'on avait pour les détenus les égards dus à la souffrance. Il lui recommanda même de lui indiquer les noms des prêtres qui, par leurs infirmités et une conduite tranquille, méritaient d'être rendus à leurs familles pour y recevoir des *soins que réclamait l'humanité.*

Le 30 prairial (19 juin) an 5, le ministre de la police dénonça au commissaire du Directoire exécutif près l'administration centrale du Gers les projets qu'avaient conçus les prêtres Meilhan et Dousset, de quitter l'Espagne pour rentrer en France.

Le premier faisait part de ses intentions à Jeanne-Marie Meilhan, rue du Pouy, à Auch; et son confrère, au citoyen Dutour, négociant à

Mirande. Leur correspondance avait été interceptée.

En même temps, le ministre avertissait les municipalités respectives de ces deux prêtres d'avoir à prendre les mesures les plus efficaces pour leur arrestation, si les lois l'exigeaient. Quant au citoyen Dutour, la municipalité Mirandaise fut invitée à ne pas le perdre de vue et à surveiller scrupuleusement toutes ses démarches.

Mais, n'anticipons pas sur les événements.

CHAPITRE XIV

M. Ader et son frère.—Les prêtres Gaspart et Delort. — Fête du 10 août. — Mendousse et Lamezan. — Montaut. — Labéjan. — M. l'abbé Sentis.

I

M. ADER A SARAMON

Un attroupement composé d'environ deux cents femmes se forma à diverses reprises à Saramon, sous l'administration du citoyen Ader, agent municipal, et de son adjoint, le citoyen Lozes.

Ils furent obligés de comparaitre devant l'administrateur du Gers.

Séance du 11 thermidor (30 juillet).

Le président :
— Votre nom ?
Je m'appelle Ader.
— Votre âge ?
— Cinquante-quatre ans.
— Vos fonctions ?

— Agent municipal de la commune de Saramon.

— Qu'y a-t-il eu à Saramon le 11 du mois dernier ?

— Un attroupement de femmes.

— Quels ont été le but et la suite de cet attroupement ?

— Le 11 messidor, après avoir longtemps promené devant le lieu des séances de l'administration, avec deux de nos collègues, en attendant qu'il en vînt d'autres, je rentrais chez moi avec un militaire.

Rien ne me faisait supposer que la tranquillité publique dût être troublée.

Bientôt le militaire entendit le bruit de plusieurs personnes qui entraient dans ma maison. Je n'y faisais pas attention, croyant que c'étaient des voisins qui, selon leur usage, venaient puiser de l'eau.

Je fus bientôt détrompé.

C'était un attroupement d'environ quatre cents femmes.

Je m'avançai et leur ordonnai de me faire connaître le motif de leur rassemblement ; je leur intimai l'ordre de se séparer et de me laisser sortir.

Elles me dirent qu'elles ne voulaient pas me faire du mal : elles exigeaient seulement que mon frère vînt leur chanter les vêpres.

Et elles me déclarèrent qu'elles me défendaient de sortir ; qu'au reste, elles s'étaient emparées de la porte et que je n'étais plus maître chez moi.

J'insistai inutilement.

Cependant, des femmes se rendirent dans l'appartement de mon frère qui, comme moi, fit une résistance opiniâtre, mais inutile.....

Sur ces entrefaites, je parvins à m'évader.

Ici le citoyen Ader fit le détail de ses démarches auprès de la force armée, afin de disperser l'attroupement. Puis il ajouta :

Citoyens, je vous ferai observer qu'avant de venir enlever mon frère chez moi, l'attroupement avait déjà deux autres prêtres : l'abbé Dumont, ci-devant notre curé, et son frère curé de Simorre.

Je ne vis pas ces prêtres ; mais on me dit qu'ils étaient avec l'émeute.

— Comment dans une commune si peu étendue quatre cents femmes peuvent-elles entrer, enlever un prêtre, marcher dans votre maison et n'y faire qu'un bruit pareil à celui des voisins venant puiser de l'eau ? Comment ne l'avez-vous connu qu'au moment où les attroupées étaient dans l'intérieur de votre maison et sous vos yeux ?

— J'affirme cependant que je n'ai connu cet attroupement qu'au moment où je l'ai vu chez moi. J'ai dit, au reste, quatre cents femmes ; mais je n'entends pas préciser le nombre : l'attroupement était considérable.

— Quelles étaient les femmes qui étaient dans l'attroupement ?

— Je ne m'en souviens pas d'une manière assez positive pour les nommer.

— Votre frère prêtre (de Troncens) était-il passé en Espagne ?

Avait-il fait sa soumission aux lois de la République ?

Pourquoi l'avez-vous reçu chez vous ?

— Il est rentré d'Espagne en France. Il n'a pas fait soumission aux lois de la République. Je l'ai reçu chez moi, parce que la loi ne me le défend pas, et que j'ai vu ici dans vos bureaux une lettre très favorable aux prêtres qui sont dans le cas de mon frère.

On fait observer au citoyen Ader qu'aucun décret relatif aux prêtres n'a été abrogé, et l'on continue l'interrogatoire :

— Votre frère dit-il la messe ? Publiquement ou chez vous ?

Dans ce dernier cas, recevez-vous des étrangers dans votre famille ?

— Mon frère ne dit pas la messe publiquement, mais chez moi, où il ne vient jamais du dehors plus de dix personnes.

— Un autre attroupement n'eut-il pas lieu le mois dernier aussi ?

— Il est très vrai que le quatorze, ni moi, ni aucun de mes collègues ne le prévoyant, des femmes attroupées se présentèrent à une séance de l'administration. On leur demanda les motifs de leur visite. Elles répondirent qu'elles venaient faire leur soumission aux lois de la République et réclamer la liberté de leur culte. Notre président leur dit froidement que la loi leur laissait cette liberté, si elles se conformaient aux volontés de ces lois. Elles sortirent tranquillement.

— Le bruit a-t-il couru qu'elles devaient se rassembler encore pour chasser le prêtre constitutionnel et mettre un réfractaire à sa place ?

— Ce bruit n'étant pas venu à ma connaissance, je doute qu'il se soit répandu.

— Le 8 thermidor courant, plusieurs individus sortant d'un repas, ne se sont-ils pas promenés fort tard dans les rues, agitant une clochette et criant :

A la lanterne magique ! — A l'anti-terroriste !

Un pareil repas n'avait-il pas eu lieu quelques jours auparavant, et, à sa suite, n'a-t-on pas lancé des pierres sur des citoyens et notamment sur des fonctionnaires publics ?

— Je n'ai jamais entendu parler d'aucune de ces deux scènes.

— Quelle était la maison où l'attroupement

mena votre frère et les deux prêtres Dumont pour chanter les vêpres ?

— On m'a dit que c'était la maison de la citoyenne Pérille St-Mézard. Je crois qu'elle était absente.

On interroge l'adjoint municipal Lozes...

Ses réponses sont à peu près sur tous les points conformes à celles du citoyen Ader.

Le 14 fructidor (1er septembre) an 5, l'administration centrale porta son jugement sur cette curieuse affaire de Saramon.

Après avoir constaté que l'attroupement ne s'était pas formé à la ville, mais bien dans une commune voisine, et que les deux cents femmes s'étaient d'abord transportées chez le ci-devant curé de Simorre, afin de l'entraîner à Saramon, les administrateurs se contentèrent d'infliger un blâme sévère au citoyen Lozes, adjoint de la municipalité.

Pour ce qui concernait l'agent municipal Ader, on provoqua sa destitution auprès du ministre de l'intérieur. On promit de faire des perquisitions jusqu'à ce que l'on eût trouvé son frère ; mais nous ne connaissons pas le résultat de ces recherches.

Un autre fait assez sérieux aux yeux de l'administration centrale venait de se produire dans les environs de Masseube. Les communes de Bazues et Lourties avaient arraché leurs arbres de la liberté. L'administration générale s'émut de cette infraction aux lois de l'État et ordonna aux municipalités coupables de rétablir au plus tôt cet emblême des bons républicains.

Quelques jours auparavant, M. l'abbé Gaspart était mort en réclusion, et M. l'abbé Delort avait obtenu de rentrer dans sa famille, à cause de ses infirmités. Un des parents de l'abbé Gaspart crut devoir réclamer aux administrateurs tous les objets qui avaient appartenu à cette victime des lois révolutionnaires, ainsi que les objets qui étaient la propriété de M. l'abbé Delort.

Il parait que tout fut rendu le 27 messidor (16 juillet) an 5.

II

FÊTE DU 10 AOUT (23 THERMIDOR)

Cette fête fut instituée en l'honneur des *braves* qui renversèrent le trône de Louis XVI. On la célébra avec la pompe accoutumée. Les autorités constituées, les fonctionnaires, après en avoir fait la solennité dans leurs communes respectives, devaient se transporter au canton où la garde nationale, la musique guerrière, les citoyens des deux sexes, réunis devant les portes de la maison commune ou sur une place publique, étaient tenus de se porter en foule vers l'autel de la Patrie.

Des danses immorales, des discours de circonstance, des applaudissements, des chants patriotiques, des embrassements, telle était la majesté des fêtes révolutionnaires.

A Auch, l'inscription suivante flottait en gros caractères sur un drapeau tricolore attaché à l'arbre de la Liberté :

« *Honneur aux braves qui renversèrent le trône.* »

« *Les Français ne reconnaissent plus d'autre maître que les lois.* »

Séance tenante, conformément à la volonté du Directoire exécutif, l'instituteur jura publiquement sur l'autel de la Patrie « de n'inspirer à ses élèves que des sentiments républicains, du respect pour les vertus, les talents, le courage, et de la reconnaissance pour les fondateurs de la République. »

A Condom, l'instituteur fit précéder son serment d'une harangue dans laquelle il se plaignit ouvertement de la conduite des parents.

« Comment ferions-nous germer les principes républicains dans le cœur de la plupart de nos élèves, lorsque leurs parents, ennemis déclarés du nouvel ordre de choses, avant de les envoyer à nos écoles, ont soin de les prémunir contre les instructions qui vont leur être données ; lorsqu'au sortir de nos écoles, ils s'empressent de leur inculquer des sentiments diamétralement opposés.....; lorsque certains parents recommandent à leurs enfants de sortir aussitôt qu'ils ont reçu leur leçon de lecture et d'écriture.....? »

La ville de Fleurance se fit particulièrement remarquer par l'enthousiasme qu'elle apporta à la célébration de cette fête. On ne voyait de toutes parts que guirlandes, branches de laurier, couronnes, arcs de triomphe avec les inscriptions les plus variées, bannières, oriflammes, emblèmes de la Liberté et de l'Egalité, pavillons couverts d'inscriptions : *Aux vainqueurs d'Arcole. — Aux vainqueurs de Fleurus. — Aux vainqueurs de Quiberon — Aux vainqueurs de Fontarabie. — Aux vainqueurs de la Bastille. — Aux hommes du 10 Août. - A nos braves armées.*

Quelquefois les communes n'avaient pas d'instituteur, et alors c'étaient les pères de famille qui montaient sur les premiers degrés de l'autel, et prononçaient devant la foule émerveillée le serment d'élever leurs enfants dans les idées de la Révolution (La Sauvetat). — On vit cependant, à Eauze, un instituteur, Dominique Genest, refuser énergiquement de prêter le serment dont nous venons de parler, ce qui souleva d'abord l'indignation des patriotes. Ils se contentèrent néanmoins de faire mention de ce refus dans le procès-verbal de la fête.

L'an 6, une foule plus considérable que les

années précédentes se réunit au Houga pour fêter le 10 août. Voici quelques passages du discours qui fut prononcé par le Commissaire du Directoire :

« Les enfants de la Liberté, poussés par le désir et l'espoir de venger leurs camarades, bravent tous les obstacles; au milieu d'un déluge de sang, à travers les cadavres, chaque coup qu'ils portent est un coup de mort, et le combat ne cesse que lorsque le reste des soldats de l'infâme Capet s'est soustrait par la fuite à une mort inévitable, et que Capet lui-même et sa détestable Messaline ont été au sein du Sénat réclamer la protection de ceux dont quelques minutes auparavant ils méditaient le supplice.

« O gloire du 10 août, s'écria-t-il encore, jour heureux, qui vis le triomphe certain de la Liberté contre la Tyrannie ! La Révolution allait périr au berceau; tu l'as sauvée... »

Et puis il développait aux Administrateurs du Gers le motif pour lequel les fêtes précédentes s'étaient célébrées au Houga avec tant de négligence :

« Quand cette apathie cessera-t-elle ? Je vous le répète encore, lorsque nous serons débarrassés de la présence de ces empoisonneurs de l'opinion publique : les prêtres et toujours les prêtres ! »

Nous n'hésitons pas à affirmer que, de tous les discours qui furent prononcés à l'occasion de cette fête du 10 août, le plus impie fut celui du président de l'administration municipale de Condom. Que l'on en juge d'après les premiers passages :

« Nous te saluons, immortelle journée qui as éclairé la chute d'un trône antique du haut duquel un tyran engraissé de la substance du peuple lui dictait des lois arbitraires.

« La France gémissait depuis quatorze siècles sous la double tyrannie des rois et des prêtres. La progression des temps avait étendu leur empire révoltant sur nos propriétés, notre existence, nos pensées même les plus intimes.

« Le peuple courbé sous le joug, accablé par les préjugés, se croyait honoré des fers qu'il traînait, et adorait en tremblant la main du Dieu dont le menaçait un prêtre intéressé à le présenter comme un dieu terrible.

« Les plus énormes abus consacrés par l'usage, respectés même par la crédulité, avaient passé pour des lois qu'on ne pouvait enfreindre sans crime..... »

Telles étaient les idées que l'on développait devant la multitude dans une foule de communes. Nous tenons de source certaine, qu'un jour, dans le canton de Lectoure, après un brillant discours d'athéisme prononcé par un président du club, l'orateur s'étant adressé à la foule stupéfaite qui l'écoutait dans un morne silence : « Eh bien !

s'écria-t-il, personne ici, j'en suis convaincu, ne croit plus à Dieu ; s'il y a quelqu'un, qu'il se lève... » Et aussitôt, comme par enchantement, les assistants se lèvent et se découvrant avec respect : « Nous y croyons tous, » répondirent-ils. Le président ordonne en ce moment qu'on aille chercher un citoyen dont il remarque l'absence pour connaître son avis.

Celui-ci se présente et à cette question : « Crois-tu à Dieu, citoyen ? — Oui, répondit-il ; je suis un misérable, je l'avoue : mais je crois à l'existence de Dieu !... » Ce qu'il y eut de plus singulier dans cette affaire, à ce que l'on nous assure, c'est que le citoyen président du club fut tellement maltraité par des femmes armées de bâtons, à la suite de son discours d'athéisme, qu'il dut se rétracter publiquement. Les femmes frappaient à coups redoublés, les hommes riaient, l'orateur demandait grâce, appelait au secours, en s'écriant : « Ah ! mon Dieu ! ah ! mon Dieu ! on me tue... » Et les femmes de répondre : « *Grand fénian, qu'apèros lou boun Diou, tu, e que bengues de dize que ne gnaouè pas nat !* » L'hilarité était à son comble.

Il arrivait même que les officiers municipaux convoquaient le peuple pour la célébration des fêtes nationales au son des cloches. Parfois aussi le peuple refusait de se présenter, comme cela se produisit dans la commune d'Ansan, le 18 fructidor. Là, quelques citoyens seulement, s'étant rendus à l'appel de la municipalité, protestèrent, et avec raison, contre de telles cérémonies, et jurèrent *qu'on ne les y reprendrait plus*, parce que les populations du voisinage se livraient tranquillement aux travaux de l'agriculture.

Voici comment on célébra cette fête dans la ville d'Auch :

A dix heures du matin, les autorités civiles et militaires étaient rassemblées dans la maison commune ; la garde nationale, la 40° compagnie des vétérans, les gendarmes, et toute la foule des citoyens de tout âge et de tout sexe attendaient devant la porte et sur la place de la Liberté.

Tout à coup le canon se fait entendre, les cloches sont mises à toute volée, une décharge d'artillerie retentit : c'est l'ouverture de la fête.

Six groupes composés de pères, de mères de famille, de jeunes gens, de jeunes filles âgés de 18 ans, et de jeunes enfants au-dessous de cet âge ouvrent la marche du défilé, en agitant dans leurs mains des branches de chêne. Puis viennent les fonctionnaires publics, les autorités civiles et militaires et le reste de la population.

On se dirige vers l'autel de la Patrie, à la Porte-Neuve, au son de la musique, au bruit des tambours et en chantant l'*Hymne des Marseillais*. L'autel était surchargé de sabres, de haches, de massues, orné de guirlandes de chêne, de faisceaux d'armes et de six drapeaux aux couleurs nationales.

Alors commença un discours qui fut vivement applaudi.

Puis les six groupes mentionnés plus haut se dirigèrent vers l'extrémité de la Porte-Neuve, où s'élevait un trône avec l'emblême de la Royauté.

La foule suivit le mouvement.

On renversa celui-ci, on brisa celui-là ; et comme on avait exposé aux regards de la foule un masque, des poignards, un bandeau avec des torches, tous ces emblêmes ridicules furent à l'instant foulés aux pieds, brisés, livrés aux flammes.

Pendant ce temps, deux citoyens arrivaient de la maison commune, en portant sur un brancard la statue de la Liberté ornée de guirlandes et de fleurs. Ils la déposèrent sur les débris du trône. Tous les citoyens qui composaient les différents groupes jetèrent autour de cette infâme déesse les branches de chêne qu'ils tenaient dans leurs mains ; la musique fit entendre ses refrains, les cloches lancèrent dans les airs leurs carillons de fête, le canon gronda, et la foule revint, dans le même ordre, aux cris mille fois répétés de : *Vive la Liberté!—Haine aux tyrans!—Vive la République!* On salua, en passant, l'autel de la Patrie et l'on se rendit à la maison commune. Le reste de la journée dut se passer au milieu des réjouissances dignes de ces temps de licence et d'athéisme.

Quant à la fête de la Fondation de la République, on la célébrait tous les ans, le 1er vendémiaire. Inutile d'insister sur les détails de cette fête qui se résument dans ce que nous avons déjà dit pour les fêtes précédentes. Il n'y avait guère de particulier que les discours qui devaient naturellement avoir pour objet les bienfaits imaginaires de la République. Désormais, l'homme ne devait plus suivre dans les divers actes de sa vie que les *inclinations* d'un cœur enflammé par *le patriotisme, l'opinion publique.*

Les orateurs n'avaient pas besoin d'exhorter les patriotes à rechercher d'abord leurs propres avantages et leurs satisfactions personnelles ; de telles leçons étaient superflues. Que fallait-il espérer, en effet, de citoyens à qui l'on s'efforçait de prouver que Dieu n'était autre chose qu'une chimère ? Qu'il nous soit permis de raconter ici ce qui se produisit à Mirande :

Un démagogue pérorait contre l'existence de Dieu. Tout à coup il s'adresse à ses auditeurs : Qu'on me prouve, dit-il, qu'il y a un Dieu et je rétracte publiquement tout ce que j'ai pu dire. Alors un paysan se lève et dit : « *Moussu, sé douman lou sourell s'endroumiouo, qui séré prou fort entaou rébeilla ?* » A ces mots, toute l'assistance éclate de rire ; on persifle l'orateur en lui criant : C'est vrai, c'est vrai, il y a un Dieu, à bas le sermonneur, à la porte cet imbécile, etc.

Telle était la gravité des fêtes révolutionnaires!

III

MENDOUSSE ET LAMEZAN.

2 fructidor (20 août) an 5.

Le deuxième jour du mois de fructidor an 5, deux citoyens de Polastron-Gimois, Jean Larée et Bernard Lafontan, parcoururent toute la commune, afin de convoquer leurs compatriotes à une assemblée qui devait se tenir dans le château du ci-devant Polastron émigré. Tout nous porte à croire que l'agent municipal de cette commune, qui, certainement, eut connaissance de cette réunion, n'osa point s'y présenter lui-même. La foule se rendit à l'église d'*En-Haut* pour assister à la messe que devait célébrer M. l'abbé Lamezan, ancien curé de cette paroisse.

Plusieurs fois déjà, l'officier municipal de Polastron s'était efforcé de s'emparer de la clef de cette église, sans pouvoir l'obtenir.

Il faut dire que la commune de Polastron-Gimois possédait deux églises désignées sous les noms d'Eglise d'En-Haut et d'Eglise d'En-Bas.

La clef de cette dernière était entre les mains de l'agent municipal.

Un jour, c'était le 26 thermidor de l'année précédente, un attroupement considérable de femmes armées de bâtons se transporta chez lui pour réclamer à grands cris la clef de l'église Basse.

L'officier municipal était absent : sa femme, sommée de se rendre aux désirs de la foule tumultueuse, trouva le moyen de s'échapper et se précipita, glacée d'épouvante, vers la maison de quelque voisin.

L'attroupement se dispersa bientôt après.

Les citoyens Lafontan et Larée étaient sous le poids d'une accusation autrement sérieuse. On leur reprochait d'avoir prêché ouvertement le mépris des lois, d'avoir eux-mêmes donné l'exemple de la révolte et provoqué, à l'instigation du prêtre Lamezan, des désordres dans la commune de Polastron-Gimois, ainsi que dans les localités voisines.

Quatre personnages étaient l'objet des plaintes de l'administrateur communal : c'était en première ligne M. l'abbé Lamezan ; puis le citoyen Mendousse qui lui avait accordé l'hospitalité, et enfin les fauteurs du désordre dont nous avons parlé.

Que le premier de ces accusés ait été incarcéré, rien de plus naturel, quoique nous n'ayons encore aucun document relatif à son affaire.

Pour ce qui concerne les citoyens Lafontan et Larée, nous savons seulement que l'administration centrale invita la municipalité de Samatan à prendre des renseignements à la fois plus détaillés et plus précis sur les faits racontés plus haut. Puis elle rendit une ordonnance en vertu de laquelle le citoyen Mendousse était obligé de comparaître, à Auch, devant elle, le 25 fructidor, à onze heures du matin.

A l'heure déterminée, le Président s'adresse au prévenu :

Le Président : — Votre âge ? votre nom ? votre qualité ?

Le Prévenu : — Je m'appelle Guillaume Mendousse; j'ai 41 ans. Je suis agent municipal dans la commune de Villeneuve.

— Avez-vous donné asile dans votre maison au prêtre Lamezan, ci-devant curé de Polastron-Gimois ?

— Oui.

— A quelle époque est-il venu pour la première fois, et combien de temps a-t-il resté dans votre maison ?

— Il y a à peu près un mois qu'il vint chez moi pour la première fois. Il allait et venait; il faisait des visites; il a resté trois ou quatre jours chez moi, à diverses reprises ; il y a couché quelquefois.

— Pourquoi, vous, agent municipal, avez-vous reçu chez vous un prêtre réfractaire et émigré, et, à ce double titre, proscrit par la loi ?

— J'ignorais qu'il fût sur la liste des émigrés ; je croyais qu'il n'était que prêtre réfractaire.

— N'avez-vous pas exercé à diverses époques de la Révolution des fonctions publiques dans votre commune ? quelles sont les époques ?

— La première est l'an 2 où je fus nommé maire. Cependant j'avais été déjà procureur de la commune ; et je suis agent municipal depuis le mois de germinal an 4.

— Avez-vous su qu'à la fin de 1792, ou bien au commencement de 1793, les meubles de Lamezan furent vendus d'autorité du ci-devant district, dans la commune de Polastron, et cela après apposition d'affiches dans cette commune et sans doute dans la vôtre ?

— J'ai su que cette vente avait eu lieu. Mais comme l'on faisait vendre également les meubles des prêtres déportés, je crus sans doute que l'abbé Lamezan était compris dans cette dernière catégorie. Au reste, je n'ai pas vu l'affiche qui annonçait la vente des meubles de ce prêtre.

Le Président fit encore quelques questions insidieuses auxquelles le citoyen Mendousse répondit énergiquement ; il termina par ces mots :

Après tout, des prêtres tels que l'abbé Lamezan résident tranquilles dans les communes voisines. J'ai cru qu'ils le pouvaient et que je ne devais pas faire ce que ne faisaient pas des agents municipaux plus instruits que moi.

Que devint M. Mendousse après cet interrogatoire ?

C'est ce que nous ignorons.

IV

MONTAUT (*Puycasquier*).

Le 10 fructidor (28 août) an 5, vers les trois heures de l'après-midi, environ deux cents personnes demeurées fidèles à leur religion se réunirent dans une métairie appelée *Mateplane*, pour y assister aux cérémonies du culte catholique.

Survint un agent municipal à la tête d'un détachement de la garde nationale. Il venait sans doute pour connaître les motifs de cette réunion ; mais à la vue de ce personnage, tout le monde prit la fuite à l'exception d'un étranger qui, monté sur un cheval blanc, attendit calme, impassible, l'arrivée de notre agent et de son escorte.

L'étranger fut arrêté. On l'interrogea et à la suite de cet interrogatoire il fut remis en liberté.

On crut que le cheval appartenait à M. l'abbé David qui venait d'exercer les fonctions sacerdotales dans la métairie; l'agent municipal trouva dans une armoire divers objets servant aux cérémonies religieuses. Tout fut confisqué et mis en dépôt chez un citoyen patriote. Le personnage inconnu, ayant avoué que le cheval ne lui appartenait pas, cheval, harnais et manteau tout fut confié aux soins de l'aubergiste, en attendant que le véritable possesseur se présentât pour les réclamer.

LABÉJAN.

Depuis le commencement de l'an 5, il était facile de constater dans le canton de Lille-Arbéchan que les prêtres sujets à la déportation reparaissaient toujours plus nombreux. Dans une foule de localités, ils exerçaient presque librement leur culte.

Cependant, il était des communes où les prêtres réfractaires à la loi devaient encore célébrer les saints mystères pendant la nuit.

Il en était ainsi pendant le mois de nivôse, à Labéjan.

Avant la messe, le prêtre insermenté monta en chaire, *se déchaîna fortement* contre les prêtres assermentés qui exerçaient leurs fonctions sacerdotales. On accusa ce digne prêtre de *les avoir condamnés aux flammes de l'enfer, eux et leurs partisans ;* d'avoir considéré comme un crime pour les fidèles la fréquentation des autres citoyens qui assistaient aux cérémonies des prêtres assermentés.

On voulait provoquer des mesures sévères contre ce prêtre et l'on n'obtint pour tout résultat que des menaces à son adresse, une longue explication de la loi contre les réfractaires et un encouragement pour les surveiller avec toute la diligence possible.

IV

Certaines victimes aimèrent mieux se livrer d'elles-mêmes entre les mains de la justice que de trahir leur foi et d'agir contrairement à leur conscience.

M. l'abbé Sentis, résidant à Solomiac, canton de Mauvezin, avait eu la faiblesse de prêter le serment de la Constitution. Mais bientôt, pressé à son tour par les remords, il en fit solennellement la rétractation et ne craignit pas d'en informer les administrateurs.

« Je n'ai point troublé la tranquillité publique, dit-il, dans le lieu où j'ai exercé. Dois-je être assimilé aux prêtres déportés, et suis-je obligé de quitter le sol de la République ? »

Le Président du département lui répondit le 6 vendémiaire, de l'an 6, que ceux qui rétractaient leur serment étaient assimilés aux prêtres réfractaires et dès lors soumis à la loi de la déportation. En conséquence, il l'exhorta à s'exécuter de son propre mouvement, afin d'épargner aux administrateurs le *désagrément* d'ordonner son arrestation.

Nous ignorons si M. l'abbé Sentis entra en réclusion ou s'il prit le chemin de l'exil.

CHAPITRE XV

Affaire de Seisses. — M. l'abbé Villemur. — Lamaguère. — Les prêtres Loumez — Souriguère — Bourret condamné à mort.

I

M. L'ABBÉ BÉGUÉ A SEISSES-SAVÉS.

Le président de l'administration municipale de Samatan écrivit au président du département du Gers le 5 vendémiaire (28 septembre) an 6 :

« Si l'on ne prend des moyens prompts et sévères, il y a tout lieu de craindre que cette contrée ne soit portée par l'instigation des prêtres réfractaires à une insurrection sous le masque de la religion. La commune de Seisses (de ce canton) semble être la première à se démontrer, ainsi que vous le verrez p. " le procès-verbal que je vous envoie... »

Or, il était dit dans ce procès-verbal que l'agent municipal de Seisses avait constaté autour de l'église un grand attroupement le quatrième jour complémentaire de l'an 6.

Quelques jours auparavant, il s'était déjà adressé au citoyen Boé, carillonneur, pour qu'il eût à lui remettre les clefs de l'église, en vertu de la loi du 19 fructidor...

La réponse de Boé fut courte, mais assez expressive pour que l'agent municipal ne réitérât pas alors ses ordres. Le carillonneur ajouta :

« Après tout, c'est la commune qui me l'a défendu. »

A la tête de l'attroupement signalé le quatrième jour complémentaire, l'agent municipal désigna les citoyens Pierre Martin, Hyacinthe Langasson, François Lasserre, François Combes, Etienne Bourret, etc., etc...

Il résulta de toutes ces démarches que l'église ne fut point fermée et que les cloches appelèrent comme autrefois les fidèles à la célébration des saints mystères.

Notre agent municipal de Seisses eut beau défendre à M. le curé Bégué l'exercice de ses fonctions et le dénoncer à l'administration centrale, rien n'y fit.

La municipalité de Samatan n'obtint de ce digne prêtre que la réponse dont nous nous faisons un plaisir d'extraire les passages suivants :

Seisses, le 25 septembre 1797.

« J'apprends en ce moment, citoyens administrateurs, que des malveillants m'ont déjà qualifié de conspirateur, pour avoir exercé dans l'édifice public de cette commune les fonctions de mon ministère, malgré la loi du 19 fructidor dernier.

« Je dois à la vérité de vous dire que notre agent municipal m'a notifié un de ces jours de vive voix et par vos ordres la susdite loi.

« Mais il est enjoint par le gouvernement aux administrations centrales de faire réimprimer la loi dont il s'agit, en nombre suffisant d'exemplaires pour qu'elle puisse être affichée dans toutes les communes.

« Cette formalité n'a pas été remplie.

« Ni le citoyen C..., notre agent, ni la commune, ni moi, ne pouvons encore être déclarés coupables.

« Du reste, quelles que soient les mesures que vous croirez devoir prendre, soit contre moi, soit contre les habitants de Seisses, forts de notre innocence..., nous subirons sans regret les peines qu'il plaira à certains hommes ne nous infliger.

« Sans vouloir vous donner des leçons, je pense tout haut que si les administrations subalternes désirent la paix dans leur pays, au lieu de menacer des dernières peines ceux d'entre nous qui n'avons pu encore avoir aucune connaissance d'une loi qui nous remet dans les fers, elles auraient peut-être mieux servi la patrie en annonçant au gouvernement que la loi du 19 fructidor est inexécutable, parce que le peuple français veut la religion de ses pères et qu'en vain on tentera de l'en détacher.

« Quant à moi, je vous déclare que, tant qu'il me restera une seule goutte de sang dans les veines, je continuerai à remplir mes saintes fonctions, convaincu qu'il n'est point de puissance sur le globe qui puisse commander à ma conscience..... Si je suis pris et enchaîné, je prêcherai encore plus efficacement dans les fers que je ne prêche dans la chaire..... »

Auch répondit, comme on devait s'y attendre, en rappelant et la sévérité des lois contre les prêtres non assermentés, et l'obligation de les dénoncer au directoire, s'ils ne remplissaient pas les formalités requises :

« Si vous craignez que les administrés n'opposent résistance à l'exécution de la loi, vous aurez recours à la colonne mobile, à la garde nationale, à la gendarmerie de votre canton, et même des cantons de notre département voisins de celui de Samatan. »

L'affaire ne paraît pas avoir eu d'autre conséquence.

II

8 vendémiaire (1 octobre) an 6.

M. l'abbé Joseph Villemur, natif et habitant de Boulaur, était religieux de l'abbaye de Saramon avant l'époque révolutionnaire.

Prévenu d'émigration, il avait envoyé à Paris les pièces justificatives pour réclamer sa radiation, sans toutefois pouvoir l'obtenir. Il avait déjà passé trois ans et demi en réclusion, soit à Toulouse, soit à Auch, et depuis quelques jours il résidait à Gensac, près Lombez, au moment où les lois lui firent un nouvel ordre de rentrer dans la maison des prêtres infirmes ou sexagénaires. Malgré sa faiblesse et ses douleurs, il prit le chemin d'Auch où il n'arriva que trois jours après. Il obtint encore sa liberté ; mais un peu plus tard il se vit pour la quatrième fois rappelé par les administrateurs. Alors il crut enfin devoir protester contre une telle mesure, en exposant les graves infirmités qu'il avait principalement contractées aux diverses époques de sa captivité. Les juges administrateurs l'autorisèrent le 8 vendémiaire à rester provisoirement dans ses foyers. Il avait à cette époque 71 ans.

III

LAMAGUÈRE.

Voici un des faits les plus étranges que nous ayons rencontré dans nos annales de la Révolution dans le Gers.

Le 12 vendémiaire (5 octobre) an 6, trois individus, armés chacun d'un fusil, partirent de

Seissan et se rendirent chez le sieur Cabiran, cultivateur de Lamaguère. Ils avaient ordre, assuraient-ils, de faire dans cette maison la recherche d'un prêtre réfractaire; mais ce n'était là qu'un prétexte, car le but réel de cette visite domiciliaire était d'intimider le citoyen Cabiran, vieillard octogénaire, et de lui soutirer une somme d'argent. Les trois filous consentirent à garder le silence, moyennant 240 francs. Après quelques discussions sur ces conditions si exorbitantes pour le vieillard, on s'arrêta à la somme de 178 francs.

Mais comme le pauvre agriculteur était obligé de recourir à son voisin pour compléter cette somme, l'un des bandits crut devoir l'accompagner tout le temps, crainte que le vieillard n'échappât à leur rapacité.

Ce qui était encore plus grave dans cette affaire, c'est que les perquisiteurs de Seissan étaient l'adjoint municipal, le greffier du juge de paix et le commandant de la garde nationale.

Il faut dire que la somme fut restituée au citoyen Cabiran. Le Ministre de l'intérieur fut informé de l'étrange conduite de ces agents de Seissan; mais on ne sait quelle décision fut prise à leur égard.

IV

En suivant la marche des événements révolutionnaires, nous trouvons que peu de jours après le 23 vendémiaire, an 6, M. l'abbé Jean Loumez, ci-devant chanoine de Bassoues, après avoir passé quatre ans dans la maison de réclusion, à deux époques différentes, s'était retiré dans sa famille, à St-Maur, canton de Mirande.

Son nom était inscrit sur la liste des émigrés ; il devait donc quitter le sol de la République. Mais les officiers de santé Carrété et Sénac plaidèrent sa cause devant les juges et les déterminèrent à le laisser *provisoirement* dans sa famille. Ce prêtre était âgé de 67 ans. Nous le retrouvons encore dans la maison de réclusion ; car, le 21 nivôse de l'an 8, il obtint définitivement sa liberté, après l'avoir sollicitée auprès des administrateurs.

Ainsi que M. l'abbé Loumez, l'abbé Jean Souriguère, ex-chanoine de Vic-Fezensac, résidant à Mirande, avait obtenu le 22 vendémiaire la faveur de séjourner au sein de sa famille, à cause de ses cruelles souffrances. Avant cette époque, il avait passé quelque temps en réclusion. Plusieurs fois il demanda vainement à être rayé de la liste des émigrés. Ses biens furent confisqués. Il protesta de nouveau contre une telle injustice, et l'administration centrale éludant cette difficulté se contenta d'autoriser ce vieillard à demeurer *provisoirement* à Mirande (22 vendémiaire an 6).

Cependant, lorsque l'arrêté du 27 floréal (17 mai) an 7, obligea encore tous les prêtres sexagénaires ou infirmes à se présenter en réclusion, M. l'abbé Souriguère rappela aux administrateurs leur première décision, qui fut confirmée sur le rapport des officiers de santé Dominique Dutrey, et Augustin Carrété, le 2 messidor (21 juin) an 7.

Que se passa-t-il depuis cette époque, jusqu'à l'année suivante, relativement à M. l'abbé Souriguère ? C'est ce que nous ignorons. Qu'il nous soit permis toutefois de faire observer, avec un sentiment de juste indignation, que ce respectable vieillard accablé d'infirmités fut obligé de supplier encore les administrateurs de lui faire grâce pour les derniers jours de sa vie ! Le 19 nivôse an 8, on lui permit de quitter la maison de réclusion pour se retirer dans sa famille !

V

LE PRÊTRE BOURRET, CONDAMNÉ A MORT.

Le 15 brumaire (7 novembre) an 6, le commissaire du Directoire exécutif près Mirande chargea le maréchal des logis de cette commune de se rendre à Bassoues, dans la maison dite à la Harguéte.

Les ordres du commissaire furent exécutés dès le lendemain matin.

Le maréchal des logis, ses trois gendarmes et un détachement de la garde nationale, en entrant à Bassoues, rencontrèrent un homme qui fuyait en toute précipitation.

On l'arrêta. Puis le maréchal des logis :

— Votre nom ?

— Bernard Bourret, cadet, chanoine de Bassoues.

Ce prêtre avoua franchement qu'il était rentré dans son pays, où il avait séjourné contrairement à la loi du 15 fructidor.

Il ne fallait pas d'autres aveux pour qu'on se saisît de sa personne. Puis on se dirigea sur la Harguéte, pour y faire les perquisitions prescrites. On y trouva :

1° Un calice et une somme de 1,330 fr. 28 c.;

2° Un sac renfermant des soutanes et autres effets ;

3° Un sac contenant une pierre carrée et autres effets ;

4° Une petite corbeille renfermant des cartons et autres papiers ;

5° Une boite moyenne en ovale, renfermant divers papiers ;

6° Une boite plus petite avec divers papiers ;

7° Un petit paquet de papiers ;

8° Deux fusils de chasse en bon état.

Tous ces objets furent scellés sous les yeux de Jean Lussan et de son épouse Anne Cabannes, propriétaires de la maison.

Puis on y colla une banderolle avec ces mots : *Ne varietur*.

Et le maréchal des logis s'adressant aux deux époux Lussan :

— Avez-vous dans la maison d'autres personnages suspects ?

— Non.

— Avez-vous d'autres objets appartenant au citoyen Bourret ?

— Non.

Les fusils furent aussitôt confisqués, de crainte que le citoyen Lussan qui accordait aux ennemis de la République une protection si évidente ne fît usage de ces armes contre les vrais patriotes.

Ce malheureux prêtre fut conduit dans la maison d'arrêt à Mirande, d'où il fut retiré bientôt après pour subir son interrogatoire devant l'administration centrale. Nous sommes heureux de pouvoir le reproduire sous les yeux du lecteur.

Le président : Comment vous appelez-vous ?

Le prévenu : Bernard Bourret.

— Quel est votre âge ?

— Environ 60 ans.

— Quelle est votre qualité ?

— Ci-devant chanoine de Bassoues.

— Avez-vous prêté le serment de Liberté et d'Egalité ?

— Non.

— Etes-vous jamais sorti du territoire de la République ?

— Non, mais j'ai été déporté à Rochefort en 1793.

J'ai été remis en liberté, en vertu d'un arrêté du Comité de sûreté générale en date du 28 ventôse an 3.

— Etes-vous sur la liste des émigrés ?

— Non.

Le Président lui fait observer qu'il y était inscrit, et il ajouta :

— En avez-vous été rayé définitivement ?

— Ne sachant pas que j'y étais inscrit, je n'ai pu faire aucune démarche pour en être rayé.

— Pourquoi n'avez-vous pas obéi à la loi du 19 fructidor qui vous ordonnait de sortir de la République ?

— Tout le monde me disait que je n'étais pas sujet à cette loi et que je serais regardé comme émigré, si je quittais le sol de la France.

— Avez-vous exercé les fonctions du culte catholique ?

— Je ne les ai pas exercées publiquement ; mais en particulier, lorsque j'en ai été prié. Je n'ai jamais dit la messe.

— En quoi avez-vous donc exercé le ministère du culte ?

— En faisant quelques baptêmes et en donnant quelques bénédictions nuptiales.

— Avez-vous fait la déclaration prescrite par la loi du 7 vendémiaire ?

— Comme je ne faisais pas de fonctions publiques, personne ne me l'a jamais demandée.

— Je sais par des fragments de lettres qu'on a trouvés parmi vos papiers, que vous parlez de la loi du 3 brumaire. Vous étiez donc instruit qu'il y avait des lois qui vous regardaient ; il est donc présumable que vous connaissiez celle du 7 vendémiaire. Or, cette loi voulait que vous offrissiez votre soumission et non qu'on vous la demandât.

— Cet ami qui m'écrivit cette lettre me dit lui-même que ni la loi du 7 vendémiaire, ni celle du 19 fructidor ne me regardaient.

— Quel est cet ami qui vous écrivait ?

— Il n'est pas nécessaire que je dise son nom.

— Parmi les papiers trouvés chez vous, il existe un registre de naissances et de mariages. Pourquoi le teniez-vous ? Vous assuriez-vous que les parents et les époux faisaient retenir acte de leurs mariages, des naissances de leurs enfants par l'officier civil ?

— Je tenais ces registres croyant que ce n'était ni utile ni dangereux, mais je recommandais aux parents d'obéir à la loi, en faisant enregistrer les actes dont il s'agit par l'officier civil.

— Tous les effets inventoriés plus haut vous appartiennent-ils ? et dans le cas contraire, quels sont ceux qui ne vous appartiennent pas ?

— Ne m'appartiennent pas, savoir :

Le calice,

La patène,

La pierre,

La chasuble,

Le missel et généralement rien de ce qui sert ordinairement au culte ;

Les cinquante-cinq louis en espèces ;

Les fusils.

La clef m'avait été confiée ; mais elle ne m'appartient pas, non plus que la malle dans laquelle ont été trouvés les effets. Ces effets appartiennent à la maison où j'habitais.

— Comment se peut-il que les deux sacs d'argent ayant été trouvés dans la malle dont vous aviez la clef...., il y ait de cet argent qui ne vous appartient pas ?

— Il est vrai qu'une partie de l'argent, la tabatière et autres effets m'appartenaient. Mais je persiste à dire que ces objets ne m'appartenaient pas... Si je tenais la clef, c'est à cause de la confiance que me donnait le maître de la maison.

Séance tenante, on fit lecture du présent interrogatoire. M. l'abbé Bourret le trouve sur tous les points conforme à ses réponses et reconnaissant que c'est l'expression de la vérité, il signe :

BOURRET cadet.

Sur ces entrefaites, le citoyen Lussan réclamait la somme de douze cents francs que le maréchal des logis de Mirande avait retirée de sa maison, sous prétexte de confisquer les objets appartenant à M. l'abbé Bourret.

L'administration fit sans doute de grandes difficultés, mais donna droit à cette réclamation des époux Lussan, et les 1,200 francs leur furent restitués.

L'affaire de M. l'abbé Bourret ne devait pas trainer en longueur.

Deux jours après l'interrogatoire, l'Administration centrale du département du Gers déclara que :

« Le nommé Bernard Bourret, ci-devant chanoine de Bassoues, serait traduit à Toulouse devant le général y commandant la 2me subdivision militaire, pour y être jugé conformément à la loi.

« Le 21 brumaire an 6. (Suivent 4 signatures). »

Le président de l'administration municipale de Simorre fut chargé de conduire ce malheureux prêtre devant la commission militaire séant à Toulouse.

D'après un ordre émané du commissaire central d'Auch, tous les commandants de la force armée devaient prêter le secours de leurs troupes à l'officier municipal de Simorre, soit pendant qu'il conduirait son captif à Toulouse, soit à son retour, si le patriotisme lui inspirait la pensée de faire des perquisitions dans les maisons suspectes.

En conséquence, voici l'itinéraire que devait suivre la troupe escortant l'abbé Bourret.

Ces hommes devaient partir de Simorre le 25, dans la nuit, et se porter au ci-devant château de Caumont, dans la commune de Cazeaux, pour y faire des recherches.

L'officier municipal de Simorre, arrivé dans la soirée du même jour, à Gimont, devait y rencontrer un détachement de la colonne mobile d'Auch, chargée d'escorter l'abbé Bourret.

Ordre avait été donné à ce commandant de Simorre de confier, à Gimont, la surveillance du prêtre Bourret à 30 ou 40 hommes, et de prendre le reste du détachement pour se transporter de nouveau dans le château de Caumont, afin de faire des recherches nécessaires avec la force armée.

Il était autorisé, si besoin en était, à renforcer sa troupe des colonnes mobiles de Samatan, de Cazeaux et de Labastide, et s'il trouvait quelque prêtre réfractaire, il avait ordre de le conduire à Toulouse avec l'abbé Bourret. On laissait à cet officier municipal de Simorre la liberté de passer une journée à Gimont et à l'Isle, si les perquisitions ordonnées sur son passage exigeaient ce temps.

M. l'abbé Bourret fut transporté de Toulouse à Perpignan, pour y être jugé en dernier ressort.

Ce fut le 9 frimaire (1 décembre) an 6, qu'il parut devant la commission militaire et subit un interrogatoire à peu près semblable au premier.

Quand la procédure fut achevée, on lui demanda s'il avait de nouvelles observations à ajouter à l'enquête précédente. M. l'abbé Bourret déclara qu'il n'avait plus rien à dire. Il fut de nouveau conduit en prison. Puis la commission s'étant retirée pour opiner à huis-clos, la sentence définitive fut celle-ci :

« La commission condamne le nommé Bernard Bourret à *la peine de mort.* »

Il fut exécuté le même jour.

Noble victime, nous vous saluons avec respect ! Honneur encore aux familles qui comptent un martyr parmi leurs ancêtres !

CHAPITRE XVI

Les prêtres Taillandier — Lalanne — Lagnoux-Béliard — Leydon — Mallac — Lacroix — Mestre. — L'île de Ré. — M. l'abbé Pérès.

I

De temps en temps nous avons le bonheur de rencontrer des municipalités bienveillantes pour leurs prêtres. Ainsi, le 12 frimaire an 6, M. l'abbé Taillandier, de la commune de Sempesserre, canton de Lectoure, sollicita la faveur de résider dans ses foyers en raison de son âge : il avait 69 ans.

L'administration municipale se montra tout heureuse d'appuyer sa demande. Par un arrêté du 7 messidor an 7, les administrateurs permirent, en effet, à ce digne prêtre de rester provisoirement dans sa localité.

Si la municipalité de La Devéze avait paru sévère pour M. l'abbé Cantan-Hournet, nous croyons pouvoir affirmer que les années suivantes elle montra plus de bienveillance à l'égard de deux vénérables ecclésiastiques.

M. l'abbé Laurent Lalanne, né le 7 mai 1733, à St-Pierre, commune de La Devèze, demanda, le 13 frimaire, qu'il lui fût permis de rester dans sa famille, attendu qu'il avait plus de 60 ans.

L'administration centrale consulta la municipalité et se rendit à ses désirs, par un arrêté du 28 frimaire.

M. l'abbé Jean Lagnoux-Béliard, né à Castets et baptisé à St-Pierre (commune de La Devèze) le 11 octobre 1729, après avoir satisfait à la loi du 19 fructidor, se retira dans la commune de La Devèze.

A son tour, le 16 frimaire de l'an 6, il demanda l'autorisation de demeurer dans ses foyers, sous la surveillance de l'agent municipal de Plaisance. L'administration centrale agréa cette proposition par le même arrêté qui dispensait M. l'abbé Lalanne d'entrer en réclusion. Et ces deux respectables vieillards furent conservés à l'affection de leurs paroissiens.

Onze jours plus tard, 27 frimaire, M. l'abbé Pierre Leydon, âgé de 67 ans, obtint également de l'administration centrale la faveur de rester à Auch, sous la surveillance de la municipalité.

M. l'abbé Dominique Mallac, ancien curé de Bivès, pour se conformer au décret du 26 août 1792, plutôt que de prêter le serment de fidélité à la Constitution civile du clergé, se rendit en Espagne, dans les premiers jours de septembre. Il crut plus tard que les lois l'autorisaient à rentrer en France avant le 19 fructidor, an 5 de la République.

Au moment où il avait quitté la France, il ne lui avait pas été possible d'opter entre la déportation et la réclusion, et comme après le 19 fructidor il atteignait sa soixantième année, il crut devoir aussi s'adresser à l'administration centrale pour lui demander l'autorisation de rester dans sa famille, à Gimbrède, sous la surveillance de l'agent municipal.

Cette faveur lui fut accordée le 19 nivôse an 6.

A l'exemple de M. l'abbé Mallac, M. l'abbé Raymond Lacroix refusa de prêter le serment de fidélité à la Constitution et prit le chemin de l'exil. Il se retira en Espagne. Et quand les lois de la République furent en apparence devenues moins sévères, ce prêtre, âgé de plus de soixante ans, revint dans ses foyers, à Fleurance. Il s'empressa de demander à l'administration centrale l'autorisation de se placer sous la surveillance de l'agent municipal et de séjourner dans sa famille. Mais, avant de se rendre à ses désirs, les administrateurs du département prirent l'avis de la municipalité de Fleurance; et celle-ci, cédant à un esprit de malveillance ridicule, accusa Raymond Lacroix, ci-devant curé de Miramont, de fomenter la discorde parmi ses concitoyens par ses discours anti-révolutionnaires. Elle proposa même un prétexte d'une subtilité peu loyale pour se débarrasser de ce prêtre et le contraindre à entrer en réclusion :

« Rien n'assure que le prêtre Raymond Lacroix a préféré la déportation à la réclusion ; personne ne prouve qu'il lui a été délivré un passeport régulier. Dans ces conditions, ce prêtre ne devrait-il pas entrer dans la maison de réclusion ? » Telle fut la difficulté soulevée par les édiles de Fleurance. Mais l'administration centrale fut plus raisonnable, en autorisant M. l'abbé Lacroix à rester dans ses foyers.

II

M. L'ABBÉ MESTRE

Pluviôse, an 6.

Le Président de l'administration municipale de Simorre apprit que l'on faisait les cérémonies du culte catholique dans la métairie du citoyen Ducos, et cela pendant la nuit ; avec une trentaine d'hommes il fit cerner la maison et, à sept heures du matin, on pénétrait dans cette habitation.

Près de quarante personnes y étaient réunies.

S'adressant alors à Joseph Mestre, ancien curé de Sabaillan, le Président de l'administration de Simorre lui demanda le motif de ce rassemblement. L'abbé Mestre répondit avec assurance : « Il s'agit d'une cérémonie du culte catholique, apostolique et romain. » Et sans attendre de nouveaux renseignements, le citoyen Président, ignorant jusqu'au nom des objets qui servent au culte de notre religion, exigea brutalement *les outils de prêtre.* — On les a cachés aussitôt après la cérémonie, répondit M. l'abbé Mestre. Alors le citoyen Daries, métayer dans cette propriété, fut sommé de conduire les agents dans tous les recoins de l'habitation. Ils trouvèrent, dans cette visite domiciliaire, un calice d'étain, une chasuble, une étole, un cordon, un amict, un manipule, quelques purificatoires, une croix, un missel, une nappe avec l'initiale M, quelques livres, deux bouts de cierges, deux couteaux, 105 francs 18 sous, une montre en argent, etc...

Tous ces objets furent confisqués pour être déposés dans une des salles de la maison d'arrêt.

M. l'abbé Mestre fut ce même jour écroué dans la prison de Simorre.

Cependant la rumeur populaire faisait présager une insurrection nocturne dans le but de délivrer le captif. Le bruit circulait en ville que les catholiques fanatisés devaient se réunir en foule sous les murs de la prison, armés de fourches, de fusils, de haches, etc., etc.

Dans la crainte que ce prêtre ne leur fût enlevé, et d'ailleurs, cédant peut-être à leur instinct de conservation, les agents jugèrent à propos d'enfermer l'abbé Mestre dans l'ancienne abbaye. Trente hommes furent placés autour de cet édifice pour en surveiller les abords, tandis que douze hommes, sous le commandement de l'agent municipal, devaient organiser une patrouille permanente dans l'intérieur de la ville.

Tout ce programme fut, en effet, réalisé. La rumeur publique n'était pas dépourvue de fondement.

A deux heures de la nuit, une masse d'hommes armés se porta sous les fenêtres de l'abbaye. Ils réclamèrent à grands cris M. l'abbé Mestre.

La sentinelle avancée fut obligée de se retirer jusqu'à son corps de garde et là, par mesure de sûreté personnelle, elle se tint cachée derrière la porte principale. Mais les haches ébranlèrent bientôt ce dernier rempart. On n'entendait que des cris, des hurlements : Alerte !.... A bas les armes !.... nous voulons le prêtre !.... Aux armes ! Des coups de fusil furent échangés de part et d'autre; il y eut des blessés; cependant les assaillants furent dispersés et prirent la fuite dans la direction nord-ouest de la ville.

Le tambour battait à Simorre pour appeler

les citoyens à la défense de la ville. Tout le monde connaissait vraisemblablement le motif de ce tumulte, et personne ne se leva pour prêter main forte, à l'exception de trois ou quatre patriotes, parmi lesquels on distingua un curé constitutionnel, à qui l'on arracha les deux oreilles.

Dès le lendemain, on dut se hâter d'expédier l'abbé Mestre sur Auch, afin qu'il parût le plus tôt possible devant les juges de l'administration centrale.

Le Président. — Votre nom ? votre âge ? etc.

— Je m'appelle Joseph Mestre, j'ai 51 ans. Je suis prêtre. Avant la révolution, j'étais curé à Sabaillan, canton de Simorre, et je n'ai pas actuellement de domicile fixe.

— Avez-vous prêté le serment que vous deviez prêter comme curé ?

— Non.

— Avez-vous obéi à la loi du 26 août 1792, qui vous ordonnait à quitter le territoire de la République ?

— Oui, j'allai en Espagne par la vallée d'Aure, où je me suis muni d'un passeport, qui me fut délivré par la commune de Cadéac.

— Comment ne prîtes-vous pas votre passeport dans la commune de Sabaillan ?

— Un arrêté du département nous ordonnait de nous tenir à la distance de quatre lieues de la commune où nous exercions nos fonctions. Alors, je me rendis à l'Isle-Jourdain, où le district me délivra un passeport pour prendre les eaux.

— Pourquoi avez-vous désobéi à la loi, en rentrant d'Espagne en France ?

— Parce que j'ai vu sur les feuilles publiques une loi qui me le permettait.

— Il n'a existé qu'une loi, celle du 7 fructidor, abrogée par celle du 19 du même mois. Elle n'est parvenue à l'administration qu'un courrier avant l'autre. Comment donc, vous, qui étiez en Espagne, avez-vous eu le temps d'arriver avant la rétractation de cette loi ?

— Je ne sais quel jour j'arrivai ; mais je suis certain de ce que j'avance.

— Rentré en France, à quelle époque avez-vous connu la loi du 19 fructidor ?

— Je l'appris en rentrant, et je l'appris par la voix publique.

— Comment alors ne sortîtes-vous pas ?

— J'avoue que je désobéis à la loi ; mais je ne pus résister au plaisir de revoir ma patrie.

— Vous êtes-vous immiscé dans les cérémonies du culte depuis votre retour en France ?

— Oui.

— Où avez-vous fait ces cérémonies ?

— N'ayant pas de domicile fixe, c'était tantôt dans un endroit, tantôt dans un autre.

M. l'abbé Mestre ajouta qu'il n'avait jamais porté ses auditeurs à désobéir aux lois de l'Etat.

— Vous avez dit cependant qu'on ne pouvait sans crime s'adresser aux prêtres assermentés ?

— Je puis l'avoir dit, parce que mon opinion est que ces prêtres ne suivent pas la religion catholique; mais je n'ai jamais dit qu'il fallait les troubler dans leurs cérémonies.

— Vous avez reconnu le livre ayant pour titre *Missionnaire catholique*, pour être vôtre; il est cependant en contradiction avec ces principes et ne prêche pas l'amour de l'ordre. De qui tenez-vous ce livre ?

— Ce livre est conforme aux principes du catholicisme; je ne suis pas bien éclairé, mais il me parait qu'il ne prêche pas la sédition.

— Il annonce que le corps législatif cherche à détruire la religion catholique; certainement, il ne peut mieux provoquer la sédition. Dites-moi enfin de qui vous tenez ce livre ?

— J'ai déjà dit que je tenais ce livre du nommé Lacaze Santét, mon supérieur dans la hiérarchie ecclésiastique.

— Avez-vous connu, conseillé le mouvement fait par un attroupement armé, pour vous enlever de la maison commune où vous étiez provisoirement détenu ?

— Je ne l'ai connu qu'après qu'il a eu lieu.

— Cependant, lorsque le mouvement commençait à se manifester, vous quittâtes votre lit et vous reprites vos habits ; et après qu'il eût fini vous vous en dépouillâtes de nouveau. Quelle était donc votre intention ?

— Je n'entendis qu'un coup de fusil qui me réveilla en sursaut ; je repris et gardai mes habits, mais sans quitter mon lit. Je n'ai aucunement participé à ce mouvement.

Le citoyen agent municipal de Simorre fit observer alors que depuis l'arrestation de ce prêtre, on avait dépensé *trois francs quatre-vingt-cinq centimes* pour sa nourriture, et que cette somme devait être prélevée sur l'argent qui appartenait à la victime.

En conséquence la fortune de M. l'abbé Mestre fut réduite à 102 fr. 08 centimes.

Puis ce prêtre fut reconduit dans sa prison.

Voici la sentence que rendit bientôt après l'administration centrale :

« Considérant que le prêtre Mestre Joseph est dans le cas de la déportation, et rentré en France où il a séjourné après la loi du 19 fructidor... Le conseil d'administration arrête :

1° Que le prêtre Joseph Mestre sera traduit devant le tribunal criminel du département du Gers ;

2° Procès-verbal sera envoyé à l'accusateur public du rassemblement qui eut lieu dans Simorre pour enlever ce prêtre pendant la nuit ;

3° Procès-verbal sera envoyé à ce même accusateur public au sujet des maisons où ce prêtre a exercé les fonctions du culte, d'après son aveu, à savoir : à Sabaillan, dans sa maison paternelle, canton de Simorre ; à Gaujac, canton de Lombez, dans la maison Micalon ; à Simorre, dans la métairie dite *Las Aubes*, appartenant au citoyen Ducos, et sur l'invitation du citoyen Daries ; à Tournan, chez Ricau, dit *Père* ; chez Bourgade, vers le 20 nivôse ; chez Germain Bourgade, vers la mi-octobre. Dans la commune de Sabaillan, chez Sainges ; chez le citoyen Boussès, dit Lagrange ; chez St-Supery, beau-frère de Sainges, vers la fin d'octobre. »

On envoya copie du présent interrogatoire au ministère de la police générale.

Par un décret du 21 nivôse de l'an 7, l'abbé Joseph Mestre, curé de Sabaillan fut condamné à être déporté à l'île de Ré, où il dut être conduit par la voie des brigades.

Disons un mot des souffrances qu'endurèrent nos malheureuses victimes sur cette terre inhospitalière.

III

ILE DE RÉ.

Un jour que la Révolution française envoyait une multitude de prêtres réfractaires dans les contrées sauvages de la Guyane, les Anglais surprirent une de ces corvettes, s'en emparèrent, et donnèrent ensuite la liberté aux nobles proscrits de la France.

Le Directoire exécutif fut plus irrité de leur délivrance que de la perte de la corvette, et pour ne plus s'exposer au danger de voir ses victimes tomber au pouvoir de l'Angleterre, il décida qu'elles seraient désormais transportées dans une île du voisinage : à celle de Ré ou d'Oleron.

Comme on l'a déjà vu, plusieurs de nos prêtres assermentés furent condamnés à être déportés dans l'île de Ré.

Les premiers que l'on débarqua furent logés dans les casernes. Chaque chambre devait renfermer quatorze de ces captifs entassés les uns sur les autres. Et lorsque tous les appartements furent ainsi comblés, tous les autres prêtres furent relégués dans des galetas dont les fenêtres sans châssis et les toitures à demi brisées les livraient sans pitié à toutes les injures d'un air que les vapeurs de la mer rendaient encore plus malfaisant.

Exposés à toutes les rigueurs de la saison pendant l'hiver, l'été, ne respirant qu'une atmosphère pestilentielle, ils vivaient dans ces misérables réduits n'ayant pour se reposer la nuit qu'un peu de paille, quand leurs ressources personnelles leur avaient permis d'en acheter. Souvent même ils n'eurent pas les moyens de la renouveler. Quant à la nourriture qu'on leur distribuait chaque jour, elle consistait en une livre et demie d'un pain noir et grossier, un peu de viande assez mal apprêtée, parfois une légère quantité de morue, ou quelques haricots très durs et sans saveur ; trois verres environ chaque jour d'un vin âpre et soulevant des nausées. Quel triste sort, pour de malheureux prêtres déjà exténués par les voyages ou les souffrances dans les prisons de la République, pour des prêtres parfois octogénaires, chargés d'infirmités et qui souvent ne pouvaient faire un pas sans le secours d'un ami ou d'une personne étrangère ! La Révolution ne sut guère accorder d'autres faveurs aux ministres de la religion catholique demeurés fidèles à la foi de leurs pères. La seule forteresse de Ré compta environ onze cents prêtres. Parmi eux se trouvaient quelques séculiers déportés pour des causes politiques, et chose qui devait rendre leur captivité plus pénible encore, une foule de forçats condamnés pour des crimes abominables vivaient confondus avec ces innocentes victimes de la persécution.

Ainsi que nous avons eu occasion de le dire, la fureur des révolutionnaires ne s'exerçait pas seulement sur les prêtres insermentés ; elle avait poursuivi un certain nombre de ceux qui avaient prêté le serment de fidélité à la Constitution civile du clergé, en 1791. Parmi ces onze cents prêtres dont nous venons de parler, quatre-vingts à peu près devaient être compris dans cette dernière catégorie, et même quatre d'entre eux avaient été tellement dociles aux lois de la révolution, qu'ils avaient consenti à se marier publiquement. De ces quatre-vingts qui avaient prêté le serment schismatique, soixante environ firent, en présence de tous leurs confrères, la plus édifiante rétractation et rentrèrent ainsi dans le sein de l'église catholique ; deux prêtres mariés demandèrent pardon de leur faute scandaleuse et se condamnèrent en expiation à toutes les rigueurs de la pénitence la plus austère.

Pendant la durée de leur captivité, les prêtres faisaient leurs pieux exercices avec une régularité exemplaire et une ferveur angélique.

La France révolutionnaire les avait condamnés à toutes les privations et ils bénissaient leurs persécuteurs ; ils étaient en proie à des souffrances atroces, et ils faisaient des vœux pour le bonheur de leur patrie ; ils étaient maudits par leurs bourreaux, et ils priaient pour eux !...

Le commandant du fort ne se contentait pas de les insulter à tout propos, mais il les traitait encore avec la plus extrême brutalité. Excités par les discours et les exemples de leur chef, les soldats et les employés subalternes se faisaient un plaisir infernal de les persécuter à leur tour.

Que de fois ne se donna-t-on pas la féroce satisfaction de les jeter, sous de ridicules prétextes, au fond des cachots où la lumière du jour ne pénétrait jamais, châtiment rigoureux réservé jusqu'alors aux soldats révoltés de la citadelle !

IV

L'ABBÉ JEAN-BAPTISTE PÉRÈS.

(19 pluviôse an 6).

Le lieutenant de gendarmerie de Mirande, dénonça à la brigade de Plaisance le prêtre J.-B. Pérès, réfractaire et résidant dans son ancienne paroisse des Litges.

Voici le compte-rendu de son arrestation, tel que le brigadier de Plaisance l'écrivit à l'administration centrale :

« Je me suis transporté dans la commune des Litges, accompagné de la brigade à mes ordres, dans la nuit du 18 de ce mois. Etant arrivé vers les quatre heures du matin, je fis cerner la maison du citoyen Arnaud Caussade, suspect de recéler le prêtre, en attendant de pouvoir entrer pour y faire des perquisitions.

« Cette disposition prise, j'ai détaché un gendarme pour prévenir l'agent municipal de la commune des Litges et l'ai requis en même temps de se transporter sur le lieu avec un détachement suffisant de la garde nationale.

« De suite, l'agent municipal accompagné de 12 hommes se transporta sur les lieux indiqués : la maison du citoyen Caussade fut cernée. Alors j'ai frappé à la porte ; une servante de la maison s'est présentée et l'agent municipal a demandé à entrer au nom de la loi.

« J'ai fouillé dans toutes les chambres et dans les endroits les plus cachés de la maison... vaines recherches...

« J'ai pris le parti de me retirer et de rentrer avec ma brigade dans le lieu de ma résidence.

« Il était certain cependant que la maison Caussade était la résidence habituelle du prêtre insermenté.

« J'y suis revenu la nuit suivante, vers 4 heures du matin, avec ma brigade, la garde nationale composée de 12 hommes, l'agent municipal en tête.

« Le ministre du culte fut sans doute averti de notre arrivée, ainsi que j'ai tout lieu de le croire, car la garde nationale aperçut un homme qui cherchait à s'évader à travers les vignobles. On a couru sur lui ; on s'est emparé de sa personne, tandis qu'au nom de la loi, j'ai pénétré à mon tour dans la maison de Caussade, afin d'arrêter ce citoyen coupable d'avoir donné asile à un prêtre insoumis

« En faisant les dites perquisitions, je me suis aperçu d'une espèce d'autel qui avait été dressé dans une chambre de la maison. J'ai demandé qu'on ouvrît les armoires où j'ai trouvé une chasuble, une aube, une boîte renfermant des huiles ou onguents, un bonnet carré, un verre servant de calice, une patène d'étain, des burettes, un rituel, des collets noirs..., un tableau des citoyens qui fournissaient à la nourriture et entretien dudit prêtre, une canne avec deux poignards. »

Pour plus de sûreté, le brigadier de gendarmerie crut devoir amener l'abbé Pérès dans la prison de Plaisance. Quant au citoyen Arnaud Caussade, il fut impossible de le trouver.

Le 25 pluviôse (15 février), ce prêtre parut devant les juges de l'administration centrale.

Le Président. — Votre nom, votre âge? etc., etc.

— Je m'appelle Jean-Baptiste Pérès, j'ai à peu près 66 ans, j'étais curé des Litges, je faisais et je fais ma résidence dans cette commune.

— Avez-vous prêté le serment que vous deviez prêter comme curé ?

— Non... J'ai exercé mon ministère dans la commune des Litges. Je m'y rendis de celle du Brouil, lieu de ma naissance, où j'étais allé après deux ans de séjour dans la maison de réclusion.

— Avez-vous su que vous étiez inscrit sur la liste des émigrés ?

— Je ne l'ai su qu'après mon arrestation. Si je l'eusse appris plus tôt, j'aurais demandé ma radiation, car je n'ai jamais émigré.

— Dans quelle maison de la commune des Litges vous rendiez-vous habituellement ? Dans quelle faisiez-vous les cérémonies du culte ?

— Je résidais dans la maison d'Arnaud Caussado, appelé au Clichou ; j'y faisais des cérémonies avant la loi du 19 fructidor ; mais, depuis sa publication, je n'en ai fait absolument aucune.

M. l'abbé Pérès signa le procès-verbal de son interrogatoire et attendit avec calme la décision des juges qui déclarèrent à l'unanimité « que le prêtre J.-B. Pérès devait être traduit et envoyé sûrement, avec les effets mentionnés dans les procès-verbaux, par devant la commission militaire séante à Perpignan, pour y être jugé conformément à la loi. »

Ici s'arrêtent nos renseignements sur le sort de ce prêtre.

L'administration centrale montra parfois une

certaine indulgence à l'égard de quelques prêtres soumis à la réclusion. Ainsi, M. l'abbé Joseph Paillaube, ex-chanoine du chapitre de Lectoure, résidant dans cette localité, présenta aux administrateurs une pétition pour être autorisé en raison de son âge (75 ans) à demeurer dans son habitation de Lectoure. Cette faveur lui fut immédiatement accordée (25 pluviôse an 6).

CHAPITRE XVII

Quelques autres prêtres suspects. — Les prêtres Laporte et Délas. — Fête de la souveraineté du peuple. — Sers. — Aigobère.

I

Le ministère se montrait toujours inaccessible à la pitié.

Le 6 ventôse, le ministre de la police s'adressa confidentiellement à l'administration centrale du département du Gers et au commissaire du pouvoir exécutif près de cette administration, et leur signala quelques prêtres dénoncés au gouvernement comme coupables d'une foule de délits.

Plusieurs étaient rentrés en France depuis le 18 fructidor; mais il s'agissait de savoir si leur retour avait eu lieu en réalité avant ou après la publication de la loi du 19. Le sort de ces prêtres non assermentés dépendait des renseignements pris à ce sujet.

Voici les noms suspects signalés par le ministère de la police :

Condom. — « Cugnac, ci-devant évêque de Lectoure, royaliste éhonté. Il a protesté contre les décrets de trois assemblées. C'est lui qui entretient, en sa qualité de seul évêque, une correspondance avec le Pape. Il a fait des lettres pastorales pour exciter le peuple à la révolte.

« Condamné d'abord à la déportation, il fut ensuite mis en liberté, l'an 3, et gouverna le ci-devant district de Lectoure avec une verge de fer ; il en devint le Procureur-Syndic... Il a tenté de faire exterminer tous les patriotes du département qui, sans leur énergie, auraient été victimes de la réaction.

Lectoure. — « Boubée, ex-chanoine, se qualifiant Légat spirituel du Pape ; homme encore plus dangereux que Cugnac.

Lectoure. — « Bonquet, ci-devant curé de Lectoure, condamné à la déportation et rentré depuis le 18 fructidor ; homme fanatique et très dangereux par l'influence qu'il exerce sur les gens de la campagne, prêchant ouvertement que le gouvernement est formé d'une troupe de brigands.

Lectoure. — « Guilhon, ex-curé, rentré depuis le 18 fructidor ; homme infiniment plus dangereux que le premier, prêchant ouvertement la révolte contre la République.

Lectoure. — « Bascou, vicaire, rentré depuis le 18 fructidor ; homme atrocement mauvais depuis son arrivée d'Espagne ; il a corrompu la morale publique et mis le peuple en révolte contre le gouvernement.

Lectoure. — « Castarède, rentré depuis le 18 fructidor. Cet ex-théologal du ci-devant chapitre de Lectoure prêche ouvertement la contre-révolution et fanatise le peuple ; il est sans contredit un des plus dangereux.

Lectoure. — « Darquier, prêtre condamné à la déportation. C'est un incendiaire, un scélérat qui depuis 89 prêche ouvertement la contre-révolution. Il est oncle d'un Paul Guilhon qui était à la tête d'un rassemblement de factieux, et qui le 13 ou 14 fructidor cria, sur la place publique : *Vive le roi ! A bas le Directoire !*

« Ce jeune homme frappé par un mandat d'arrêt directorial, est maintenant contumace devant le tribunal du département du Gers comme chef d'un rassemblement qui voulait former, dans le ci-devant district de Lectoure, une Vendée.

St-Puy. — « Ducassé, oncle et neveu, prêtres de la commune du Castéra, d'où l'oncle n'est arrivé que depuis la loi du 7 fructidor ; ils sont tous deux les plus dangereux fanatiques qui existent dans cette contrée.

La Sauvetat. — « Joseph-Marie Ducassé, ci-devant prêtre de la commune de La Sauvetat, homme qui n'a jamais obéi à aucune loi ; il a toujours resté caché et s'est fait conduire de maison en maison par des détachements d'hommes fanatiques. Il est accusé d'avoir fait incendier au commissaire du directoire exécutif du canton un bûcher considérable. Il était des gens salariés par la faction de Louis XVIII.

Fleurance. — « Laborde, ci-devant curé de Fleurance, homme dangereux qui a fait incendier une ferme du commissaire du canton de Fleurance. »

Nous ne savons pas quelle fut la conduite des administrateurs du Gers par rapport à ces prêtres, après la dénonciation du ministre de la police.

II

LES PRÊTRES LAPORTE ET DÉLAS

16 ventose (6 mars) an 6.

Dix jours après, le chef du 17ᵉ escadron de gendarmerie révéla au commissaire du pouvoir exécutif, à Auch, que d'après des renseignements puisés à bonne source, on pouvait compter dans les cantons de Lombez et Samatan une vingtaine de familles donnant asile aux prêtres non assermentés.

Restait la difficulté d'avoir des forces assez

considérables pour cerner toutes les maisons suspectes.

Il crut donc devoir s'adresser à l'administration centrale d'Auch pour obtenir des secours, qui ne furent pas refusés.

Le commissaire du pouvoir exécutif félicita chaudement notre chef d'escadron et lui permit de lever toutes les forces disponibles. Aussi, le 25 ventôse, 45 hommes armés, choisis dans la colonne mobile de Lombez et Simorre, deux gendarmes et un chef d'escadron, se transportèrent-ils à St-Soulan.

Après avoir marché une partie de la nuit, ils arrivèrent à la maison du citoyen Fauga, forgeron, et se mirent en mesure de faire les perquisitions habituelles.

L'agent municipal, avec 6 hommes, pénétra dans cette habitation. On découvrit un bréviaire dans le soufflet du forgeron et une veste bleue dans un autre coin de la maison. Les recherches les plus minutieuses durèrent jusqu'à neuf heures du matin.

Les perquisiteurs commençaient à désespérer du succès de leur entreprise, lorsque l'un d'eux s'avisa de soulever une barrique dans un appartement qui déjà à plusieurs reprises avait été l'objet de leurs investigations.

Il enfonça son sabre dans la terre :

« *Ils sont ici !* s'écria-t-il en le retirant. »

Jusqu'alors, le citoyen Fauga avait invariablement déclaré aux investigateurs qu'ils auraient beau chercher et ne parviendraient jamais à découvrir personne dans sa maison.

A la vue de ce qui venait de se passer, deux grosses larmes brillèrent dans ses yeux; il étouffa un cri de désespoir et s'enfuit à travers les champs. Il était à une distance considérable, quand l'un des agents qui environnaient la maison parvint à l'arrêter.

On pénétra dans cette retraite ténébreuse, d'où l'on arracha deux prêtres : Laporte et Delas.

Les pousser avec violence hors de la maison et les enchaîner devant la porte fut l'affaire de quelques minutes. On se mit en marche vers Lombez. A peine avait-on quitté le village de St-Soulan, qu'on vit un attroupement assez considérable se former sur une hauteur voisine. L'horizon devenait menaçant, car on distinguait sur la colline des fusils, des haches, des faux, et il était facile de deviner les intentions de cette foule rassemblée.

Alors, une partie de l'escorte, guidée par l'agent municipal, va droit à l'émeute pour sommer les rebelles, au nom de la loi, de se disperser à l'instant.

Cet ordre parut au contraire irriter l'attroupement.

Le chef de l'avant-garde : « Citoyens, cria-t-il,

obéissance aux lois ! retirez-vous aussitôt, ou nous ferons feu sur vous. »

La foule, excitée par cette menace et regrettant ces deux vénérables prêtres :

« M... à la loi ; m... pour toi, répondit-elle ; nous voulons les prêtres que vous emmenez. »

Le chef de l'avant-garde s'écria de nouveau : « Obéissance à la loi ! » mais voyant que les habitants de la commune, au lieu de se disperser, les couchaient en joue, fit feu sur l'un des rebelles. Celui-ci courut s'enfermer dans une maison voisine, où l'on ne put le découvrir... Cependant les rangs de la force armée grossissaient à vue d'œil, ce qui détermina cette masse de fidèles catholiques à se disperser à travers les champs et les bois.

On en poursuivit quelques-uns, mais ce fut en vain.

Il fut assez facile cependant de remarquer que le plus grand nombre d'entre eux prenait la même direction, et l'on sut, à n'en pas douter, qu'ils étaient allés chercher asile dans la maison du citoyen Berdié... Soit par crainte de s'affaiblir en divisant leurs forces, soit par tout autre motif inavoué, les perquisiteurs crurent qu'il était prudent de cesser les poursuites et de se rendre à Lombez.

Le lendemain, la gendarmerie de Gimont, qui

avait reçu des ordres pendant la nuit, se mettait en marche vers Lombez.

A une heure et demie du soir, elle devait se trouver dans un endroit déterminé, afin de ramener avec elle les deux prêtres Laporte et Délas. La gendarmerie de Gimont arrivait à peine au lieu désigné, quand elle rencontra deux individus suspects armés de fusils; l'un d'eux avait la figure barbouillée de noir.

Ils sortaient du bois de Bézéril. Ils traversèrent la grande route et se jetèrent dans un pré.

— Arrêtez ! au nom de la loi, cria l'un des gendarmes.

Ils continuèrent leur marche à travers la prairie.

La brigade chargea nos deux individus et parvint à les arrêter.

— Bas les armes... obéissance à la loi, crièrent les gendarmes. A ces mots, l'un des deux remit son fusil ; son compagnon fit quelque résistance. Néanmoins, force leur fut de se soumettre. Pendant que la brigade revenait sur la route, voilà que tout-à-coup du bois de Bézéril sortit un autre personnage à la figure menaçante, armé d'un fusil. On l'arrêta également. Après avoir reçu les prêtres captifs des mains de leurs collègues, les gendarmes ne tardèrent pas à remarquer un nouvel attroupement qui se formait au levant : ils craignirent d'être cernés, et se retirèrent en toute hâte vers Gimont.

Bientôt après, le chef d'escadron, pour prouver à l'administration qu'il avait fait preuve d'héroïsme, exagéra les dangers qu'il avait courus avec sa troupe, et demanda près du pouvoir exécutif du Gers, au nom de la sûreté publique, qu'on prît les mesures les plus rigoureuses à l'égard de St-Soulan.

Assistons maintenant à l'interrogatoire des prêtres Laporte et Délas.

C'est d'abord l'abbé Laporte qui paraît devant ses juges.

Le Président. — Votre nom? prénom? âge? le lieu de votre naissance? de votre domicile?

— Je m'appelle Bernard Laporte, prêtre ci-devant vicaire à Mauvezin. J'ai 34 ans; je suis né dans la commune de Gimont et je demeurais dans celle de St-Soulan, tantôt dans une maison, tantôt dans une autre.

— Quelles étaient les maisons où vous avez successivement habité?

— J'allais tantôt dans l'une, tantôt dans l'autre; je n'ai plus rien à ajouter.

— Avez-vous prêté le serment prescrit par la loi aux fonctionnaires publics?

— Non.

— Avez-vous obéi à la loi qui, dans ce cas,

vous ordonnait de quitter le territoire de la République, à la loi du 26 août 1792?

— Oui.

— Où étiez-vous lors de la promulgation de cette loi et où allâtes-vous après en vertu de cette promulgation?

— J'étais à Longpouy lors de cette promulgation, et après je me rendis à Lérida en Espagne.

— Prîtes-vous un passeport? et où le prîtes-vous?

— Je le pris à Longpouy, commune où je me trouvais... Je l'ai laissé dans la maison de Bailin, à St-Soulan. Ce fut chez lui que je descendis en arrivant d'Espagne, au mois de mai dernier.

— A cette époque, vous ne pouviez pas rentrer. Vous ne l'avez pu que dans le court intervalle de la loi du 7 fructidor, jusques à la publication de celle du 19 du même mois. Pourquoi donc rentrâtes-vous?

— Voyant les autres prêtres rentrer, je crus que la loi me le permettait.

— Quoi qu'il en fût, vous avez dû connaître la loi du 19 fructidor, l'une des plus marquantes et des plus connues? Elle vous ordonnait de sortir de France dans la quinzaine. Pourquoi ne lui avez-vous pas obéi?

— Ne m'occupant guère des nouvelles, je n'ai pas connu cette loi.

— Je trouve sur la liste des émigrés du département du Gers, un *Antoine Laporte*, diacre, natif de *Gimont*. Ces désignations vous conviennent-elles? Vous appelez-vous Antoine? Etiez-vous diacre le 25 floréal an 2, époque de l'arrêté de ce supplément ?

— Je n'ai que le mot Bernard pour prénom, et il y a environ neuf ans que je suis prêtre.

— Quel jour et où avez-vous été arrêté ?

— J'ai été arrêté le 25, avant-hier, chez Fauga, forgeron dans la commune de St-Soulan.

— Avez-vous eu connaissance des mouvements qui ont éclaté depuis et à raison de votre arrestation ?

— Non.

— Connaissiez-vous aucun des attroupés qui ont tenté de vous délivrer ?

— J'en étais trop éloigné pour pouvoir les connaitre.

— Exerciez-vous le culte, et dans quelle commune l'exerciez-vous ?

— J'exerçais le ministère dans différentes maisons de St-Soulan.

— Teniez-vous registre des mariages que vous faisiez et vous assuriez-vous que les mariés iraient devant l'officier civil ?

— Je tenais registre des mariages et je ne m'avisais pas que les mariés allassent ou non devant l'officier civil.

On déposa alors sur le bureau les effets appartenant aux deux prêtres.

C'étaient pour M. l'abbé Laporte :

Un étui, deux rasoirs ;

Un couteau et des ciseaux ;

Un écritoire ;

Une toile blanche de la largeur d'un mouchoir ;

Cinq livres de piété reliés, un cahier manuscrit ;

Un ciboire d'étain, etc., etc.

Il résulta des renseignements pris sur la famille Laporte, qu'il y avait deux prêtres, dont l'un n'avait pas quitté l'Espagne.

Aussitôt après, on introduit l'abbé Délas.

Le Président. — Votre nom ? prénom ? âge ? etc., etc.

— Je m'appelle Augustin Délas, ci-devant vicaire à Samatan ; j'ai 44 ans. Je suis natif de cette commune et j'y résidais. Il y a cependant quatre ou cinq mois que j'étais à St-Soulan.

— Dans quelle maison habitiez-vous à Samatan et à St-Soulan ?

— A Samatan, dans ma famille ; à St-Soulan, tantôt dans une famille, tantôt dans une autre.

— Avez-vous prêté le serment prescrit par la loi ?

— Non.

— Où étiez-vous lorsque, à raison de ce refus,

il vous fut enjoint de quitter la France? En sortites-vous, en effet?

— J'étais dans la commune de Sirac, près Cologne, par ordre du département qui nous enjoignait de nous retirer à quatre lieues de nos communes respectives.

De là je fus à Samatan où, pour obéir à la loi du 26 août 1792, je pris un passeport et m'en allai en Espagne. Ce passeport, je ne l'ai pas, mais je le produirai, s'il le faut.

— A quelle époque êtes-vous rentré en France?

— Vers la fin du mois de mai dernier.

— La loi ne vous le permettait pas. Pourquoi rentriez-vous?

— Cela est vrai; on nous trompa. Je rentrai.

— Mais au moins vous avez dû connaître la loi du 19 fructidor dernier qui vous ordonnait de sortir dans la quinzaine?

— Cela est encore vrai, mais je ne sortis pas, soit à raison de mes infirmités, soit à raison de l'insuffisance de mes moyens pécuniaires.

— Avez-vous fait constater vos infirmités? ont-elles été reconnues et par qui?

— Je n'ai fait d'autre démarche que celle de demander un certificat d'infirmité à un officier de santé qui me le refusa.

— Exerciez-vous le ministère du culte? dans

quelles communes? dans quelles maisons l'exerciez-vous?

— La célébration de la messe est la seule partie du ministère que j'ai exercée. Je disais la messe à Samatan dans ma famille; et à St-Soulan, tantôt dans une maison, tantôt dans une autre.

— Où avez-vous été arrêté?

— M. Laporte et moi, avons été arrêtés chez Fauga, forgeron dans la commune de St-Soulan.

— Avez-vous eu connaissance des rassemblements formés pour vous délivrer et des individus faisant partie de ces rassemblements?

— Non.

— Reconnaissez-vous les effets qui sont sur ce bureau?

— Il en est dont j'avais la propriété, il en est d'autres dont je n'avais que l'usage.

Ces objets étaient :

Une aube avec amict et cordon;

Une chasuble violette avec des galons jaunes;

Une étole;

Un voile de calice et manipule de même couleur;

Des purificatoires, un corporal, une palle;

Un verre d'étain servant de calice, avec sa patène, d'un autre métal;

Un crucifix d'étain;

Un missel et une pierre sacrée;

Un couteau, un rasoir, un canif.

L'abbé Délas demanda qu'on lui permît encore l'usage de quelques objets, tels que :

Deux paires de bas de laine ;

Un mouchoir, une veste drap bleu ;

Une besace.

Les gendarmes saisirent les effets qui ne devaient pas être laissés à la disposition de ces prêtres et les remirent entre les mains du concierge de l'administration centrale.

L'abbé Délas fit une dernière déclaration avant de quitter la salle des séances.

Il avoua qu'en sortant de la maison Fauga, il avait recommandé à son hôtesse et à l'agent municipal de s'abstenir de toute manifestation et de toute tentative ayant pour but de leur rendre la liberté.

— Vous saviez donc qu'un rassemblement devait avoir lieu ?

— Je voyais l'attroupement qui se formait sur les côteaux voisins.

Lecture du procès-verbal de la séance fut faite à M. l'abbé Délas qui signa le document et fut ramené dans la maison d'arrêt.

Les membres du jury rassemblés portèrent la sentence suivante :

1° Les prêtres Délas et Laporte seront traduits devant le tribunal criminel du Gers. En conséquence, il sera envoyé copie de ces interrogatoires à l'accusateur public ;

2° On fera des recherches pour punir conformément aux lois les particuliers chez lesquels ces prêtres ont exercé le ministère du culte, ceux qui les ont recélés, ceux qui ont conseillé, favorisé, formé les attroupements armés pour les arracher des mains de la justice.

Sept mois après son incarcération, l'abbé Laporte écrivit au Préfet du Gers pour lui réclamer les objets qu'on lui avait autrefois confisqués.

« Ne connaissant pas de loi qui autorise une telle spoliation, j'attends de votre justice que vous ferez remettre au concierge de la maison d'arrêt les effets qui doivent demeurer en dépôt entre ses mains, et que les autres me seront remis ; et ferez justice. »

Signé : LAPORTE.

Cette lettre demeura sans réponse.

Mais la dernière pièce qui accompagne ce dossier est celle du président de l'administration municipale de Samatan.

Pour la curiosité du fait, nous en extrayons le passage suivant :

« J'espère que cet envoi (de prêtres) ne sera que le prélude des envois que je vous ferai, et que, par un zèle et une vigilance continue, nous purgerons nos cantons de ces *ministres du diable* qui auraient fini par allumer les torches de la guerre civile dans ce pays. »

III

FÊTE DE LA SOUVERAINETÉ DU PEUPLE.

30 ventôse (20 mars).

Les populations paisibles des bords de l'Adour comprenaient tout le ridicule de ces manifestations nationales que l'on décorait du nom de fêtes religieuses. Aussi ne s'empressaient-elles pas d'y prendre part.

Les autorités constituées de Riscle et des environs avaient beau dénoncer à l'administration centrale l'incivisme de ces populations ; elles avaient beau leur faire des remontrances, des menaces rigoureuses, rien n'y faisait. Les fêtes se célébraient sans le concours du peuple.

Lors de la fête de *la Souveraineté populaire*, l'agent municipal, désespérant du patriotisme de ses concitoyens, se plaignit encore amèrement à quelques-uns de ses amis, autour de l'arbre de la Liberté, de l'incivisme des absents. Puis il ajouta comme l'on devait s'y attendre : « Ce qui les écarte de cette solennité destinée à rappeler au peuple sa gloire et sa puissance, ce sont les efforts continus des prêtres réfractaires, qui de leurs retraites inconnues soufflent le feu de la discorde et alimentent la haine contre la République... »

Pour célébrer dignement cette fête de la Souveraineté du Peuple, tous les citoyens et citoyennes étaient conviés quelques jours auparavant.

On ne peut se défendre d'un sentiment pénible, quand on voit les enfants eux-mêmes obligés d'assister à ces réunions scandaleuses, pour y entendre des discours impies et être souvent les témoins de scènes immorales.

Ne dirait-on pas qu'à cette époque une sorte de bandeau couvrait les yeux des pères et des mères de famille? Mais quoi! l'on vit même, dans le canton du Houga, l'instituteur communal monter à la tribune, devant l'autel de la Patrie, et là, exposer publiquement à ses élèves une doctrine impie, révolutionnaire, athée.... Puis il en appela six d'entre eux et leur fit déclamer une harangue en harmonie avec ses sentiments personnels.

Naturellement, les enfants furent chaleureusement applaudis. Alors, un père ne rougit pas de prendre dans ses bras sa petite fille, âgée de quatre ans, et de la placer sur les degrés de l'autel en lui disant : « Citoyenne, dis-nous les devoirs de l'homme. » Et l'enfant récita avec toute la précision que comportait son âge, au milieu d'un profond silence, la leçon que le malheureux père s'efforçait depuis longtemps de graver dans son esprit...

Voici en quoi consistait cette fameuse fête religieuse que l'on appelait la *Souveraineté du Peuple*, d'après ce que nous lisons dans les registres des délibérations municipales de Montesquiou.

Etaient réunis dans la salle de la maison commune, les administrateurs, le juge de paix et ses assesseurs, dix-neuf vieillards, quatre jeunes gens, douze mères de familles, cinq jeunes citoyennes, les instituteurs avec leurs élèves et quatre musiciens.

Un autel de la Patrie devait être dressé sous l'arbre de la Liberté, à l'extrémité de l'embranchement du faubourg ; mais dans l'impossibilité de se conformer à cette organisation de la fête, à cause des pluies continuelles, on se détermina à le placer dans la nef du temple.

On partit de la maison commune dans l'ordre suivant :

Les cinq jeunes citoyennes élégamment vêtues tenaient à la main les signes symboliques des fonctions qu'elles étaient censées exercer. Quatre d'entre elles représentaient les prêtresses des *Divinités de la République :* la Liberté, l'Egalité, la Justice et la Victoire; la cinquième marchait derrière ses compagnes et remplissait les fonctions de *vestale*. Puis venaient quatre jeunes gens portant chacun à la main une bannière ornée de rubans tricolores avec les inscriptions déterminées par le Directoire; les dix-neuf vieillards tenaient chacun une baguette blanche et suivaient les jeunes gens; venaient ensuite, l'administration municipale, les fonctionnaires publics, les instituteurs et leurs élèves, les mères de famille, marchant tous deux à deux, au bruit de la petite fanfare qui exécutait tant bien que mal des hymnes patriotiques.

On chantait alternativement le refrain des Victoires; *Gloire au Peuple français — Fuyant ses villes consternées — De Brutus éveillons la cendre — Avare et perfide Angleterre — Rois conjurés, lâches esclaves.*

On arriva donc à l'autel de la Patrie, entouré de gazon où brûlait le feu sacré. Sur le dernier degré, en face du peuple, furent placés les deux Génies de l'Agriculture et des Arts, négligemment appuyés l'un sur l'autre, près des emblèmes des différentes professions. Aux quatre coins de l'autel, où brûlait de l'encens, flotaient les bannières avec leurs inscriptions en caractères d'or : *Hommage au Peuple souverain — A la Grande Nation — Au serment du Jeu de Paume — Au 14 Juillet — Au 10 Août — Au 21 Janvier — Reconnaissance au 9 thermidor — Gloire au 18 fructidor.*

Les quatre prêtresses se placèrent sur des piédestaux de gazon, chacune d'elles tenant à la main l'emblême caractéristique de la divinité qu'elle représentait ; la cinquième, en costume de Vestale, se tenait immobile dans une sorte de pavillon, les yeux constamment fixés sur le brasier du feu sacré.

Les jeunes gens, les vieillards, les mères de famille, les instituteurs et leurs élèves avaient leur place déterminée par le Directoire exécutif.

Tout à coup, au bruit des instruments de musique, les vieillards s'avancent vers l'autel, réunissent leurs baguettes blanches en un faisceau lié avec un ruban tricolore, comme emblème de la Souveraineté du Peuple, tandis qu'un enfant de onze à douze ans harangue la foule et fait le récit des victoires remportées par les armées françaises. La voix du jeune orateur est mille fois couverte par des applaudissements frénétiques. Les chants nationaux recommencent, les cloches sonnent ; toute la foule est émerveillée ; ce sont des cris de joie, des transports d'allégresse, l'enthousiasme monte à son plus haut degré, c'est du délire ; à tel point que l'agent municipal éprouva les plus grandes difficultés pour faire entendre à ses concitoyens qu'un grand bal devait avoir lieu dans une des salles du ci-devant château déjà préparée dans ce but.

Les jeunes gens prirent dans leurs mains le faisceau qu'on avait déposé sur l'autel ; les prêtresses quittèrent leur piédestal pour se placer à côté des jeunes gens et revenir ainsi deux à deux à la maison commune. La multitude suivait. Le cortége se rendit ensuite à la salle de danse, où les amusements se prolongèrent jusqu'à dix heures de la nuit.

IV

L'ABBÉ SERS.

8 germinal (29 mars) an 6.

On avait accusé M. l'abbé Sers, domicilié à Labastide, chef-lieu de canton du Tarn, d'exciter sans cesse les citoyens à la désobéissance aux lois et à la révolte contre les autorités constituées, par des insinuations perfides et des prédications incendiaires.

Les ordres les plus pressants avaient été donnés aux différentes municipalités pour arrêter ce dangereux ennemi de la République.

Toutes les démarches avaient abouti à faire découvrir que le prêtre Sers vivait caché dans la ville d'Auch.

Aussitôt le commissaire du Directoire exécutif, dans le Tarn, écrivit à son collègue du Gers, pour l'inviter à saisir ce prêtre insermenté et le faire conduire à Rochefort. Il donna en même temps le signalement pour le reconnaître : haute stature, regard ferme et hardi ; cheveux, sourcils noirs, voix forte, parole vive, etc., etc...

Nous ne pouvons affirmer si ce prêtre fut réellement arrêté à Auch pour être conduit à Rochefort, ou s'il parvint à tromper la vigilance des inquisiteurs.

AYGOBÈRE (LOMBEZ).

Le 19 germinal (8 avril) an 6, la gendarmerie de Mauvezin se transporta à Sarran pour y rechercher M. l'abbé Aygobère.

Elle ne tarda pas à le découvrir. Conduit à Auch, il fut renfermé à la maison d'arrêt, d'où il fut retiré le 24 du même mois, pour subir son interrogatoire.

Le Président. — Quels sont vos nom et prénoms ? votre qualité ? votre âge ? quel est le lieu de votre naissance et celui de votre domicile ?

Le prévenu. — Je m'appelle Louis-Antoine Aygobère.

J'étais chanoine à Lombez au moment de la suppression des chapitres. Alors je devins vicaire dans la même commune et je continuai de l'être jusqu'au mois d'août 1792.

Je dus passer seulement trois mois à Toulouse, en vertu d'un arrêté du département qui m'ordonnait de me tenir à quatre lieues de Lombez.

J'ai trente-trois ans, à peu près.

Je suis né dans la commune de Maubec, canton de Beaumont de Lomagne, dans la Haute-Garonne.

Je demeurais actuellement dans la commune de Solomiac, canton de Mauvezin, département du Gers.

— Avez-vous prêté aucun serment ? Celui qui est prescrit par la loi du 26 août 1792, par exemple ? ou celui de la Constitution civile du clergé, en votre qualité de vicaire ?

Avez-vous jamais été payé en cette qualité ?

— Je n'ai prêté aucun de ces serments. Je n'ai jamais été payé comme vicaire. J'en ai fait les fonctions vers les Pâques de l'année 1791, par mission du ci-devant évêque de Lombez qui n'avait pas alors aux yeux de la loi cette qualité d'Evêque.

Ces fonctions, je les ai exercées non dans l'église paroissiale, mais dans celle des Capucins. Celle-ci n'a jamais été l'église de la paroisse. Les autorités constituées l'avaient accordée pour l'exercice du culte des non-conformistes.

— En quel temps sortites-vous de France ? En sortites-vous volontairement ou en vertu d'une loi ? Dans quel pays étranger allâtes-vous ? Et depuis quel temps en êtes-vous revenu ?

— Je sortis de France en vertu de la loi du 26 août 1792, et vers le sept ou huit septembre de la même année.

Je pris un passe-port à Toulouse pour Lombez, et à Lombez pour l'Espagne d'où je suis rentré en France, le 28 juillet 1797.

J'ai demeuré publiquement à Sclomiac depuis lors jusqu'au 27 septembre dernier. Et, depuis cette époque, je n'ai pas eu de domicile fixe. J'errais de commune en commune et m'y tenais caché.

— Dans quelle commune erriez-vous, et dans quelles maisons avez-vous été reçu ?

— Je ne veux pas violer les droits de l'hospitalité, en exposant ceux qui me l'ont accordée aux rigueurs de la loi.

— Vous avez connu la loi du 19 fructidor. Pourquoi n'y avez-vous pas obéi en sortant du territoire de la République ?

— J'étais malade lors de la publication de cette loi, et je le demeurai pendant trois semaines. La quinzaine qu'elle m'accordait pour quitter le sol de la France étant expirée, je ne pus profiter d'un passe-port que j'avais pris, afin d'obéir à la loi. J'obéissais à regret sans doute, par attachement pour mon pays, et en souvenir de tout ce que j'avais souffert en Espagne.

— Où, et quel jour avez-vous été pris ? Dans quelle maison avez-vous été pris ? Ou de quelle maison veniez-vous, lorsque vous avez été pris ?

— Je me promenais sur un chemin à vingt-cinq pas d'une maison appelée Sédail, dans la commune de Sarran, canton de Mauvezin, lorsque j'ai été arrêté.

C'était dimanche dernier, à quatre heures du matin, et le 8 avril courant (19 germinal).

— Quel est le nom du propriétaire de la maison Sédail ?

— Il se nomme Cornac.

— Etes-vous inscrit sur aucune liste d'émigrés ?

— Je ne le crois pas et je l'ignore.

— Cependant on lit sur la liste particulière de ce département (partie relative au district de l'Isle-Jourdain) ces mots : Aiguebère, chanoine de l'Isle-Jourdain, résidant ordinairement à Lombez ; et, sur la liste générale : Aiguebère, district de l'Isle-Jourdain, domicilié à Lombez.

Ces désignations et surtout celle que présente la liste générale paraissent vous convenir.

— Mon nom est Aygobère et non *Aiguebère*. Ce dernier est celui d'une famille de l'Isle-Jourdain.

Au reste, je n'affirme pas qu'il y ait dans la commune de l'Isle-Jourdain une famille Aiguebère ; mais seulement des gens portant un nom qui ressemble au mien.

— La loi du 26 août 1792 vous fut-elle notifiée ?

— Sans attendre qu'on me la signifiât, je partis dès que je la connus.

— Cette loi n'était applicable qu'aux fonctionnaires publics ; vous ne l'étiez pas. — Vous êtes donc sorti volontairement du sol de la République ?

— J'étais fonctionnaire public d'après mon opinion et celle des habitants de Lombez ; et par cette considération je me crus obligé de sortir.

Le point le plus délicat de cet interrogatoire consistait à déterminer si l'abbé Aygobère était compris dans la classe des émigrés ou bien dans celle des déportés.

S'il eût quitté volontairement le pays, les lois de la France étaient formelles ; il n'y avait plus pour lui que les prisons ou la mort.

Si au contraire, comme tout porte à le croire, il fut obligé de s'expatrier, parce que les lois lui en faisaient un devoir, il avait le droit de passer à l'étranger.

M. l'abbé Aygobère signa le procès-verbal de son interrogatoire et fut reconduit à la maison d'arrêt.

Les membres du jury s'étant réunis déclarèrent que « le commissaire du Directoire exécutif demeurait chargé de faire traduire sûrement, par devant la commission militaire séante à Perpignan, le prêtre Aygobère ; et d'expédier à cette commission copie de l'interrogatoire.

On mit à la disposition du lieutenant de gendarmerie du Gers tous les gendarmes et sous-officiers disponibles des deux brigades d'Auch, ainsi qu'un détachement de la garde nationale.

Il pouvait même, au besoin, requérir les brigades qui se trouvaient sur sa route.

M. l'abbé Aygobère fut donc conduit de la maison d'arrêt à Toulouse.

Là, deux officiers de santé ayant constaté que le captif était de force à supporter le voyage jusqu'à Perpignan, il fut dirigé sur cette dernière ville. Le 12 messidor, à 7 heures du matin, une commission militaire spéciale de la 10e division se réunit pour décider du sort de M. l'abbé Aygobère.

Il dut comparaître devant ses nouveaux juges à qui il fit les mêmes déclarations qu'à Auch.

On fit un rapport sur les raisons exposées dans la procédure ; puis les accusations n'étant pas jugées suffisantes pour faire condamner ce prêtre à la peine de mort, la commission militaire de Perpignan conclut que le citoyen Louis-Antoine Aygobère, ci-devant chanoine de Lombez, devait attendre la sentence du ministre de la police générale.

Nous ne savons ce que devint l'ex-chanoine de Lombez ; rien ne nous fait connaître la décision du ministère relativement à ce vénérable prêtre.

CHAPITRE XVIII

Le vicaire de Barbotan. — Les prêtres Lacaze-Sardac — Soubdès — Daurensan — Carrère. — Deux prêtres assermentés.

I

Parfois les prêtres assermentés eux-mêmes éveillèrent les soupçons de l'autorité municipale.

Le 30 germinal an 6, l'adjoint municipal de Plaisance révéla au maréchal des logis de la gendarmerie de cette ville la présence d'un prêtre dans le territoire de la commune. En conséquence, l'adjoint, la gendarmerie et six gardes nationaux se rendirent chez le citoyen Richelle-Barée (section de Lengros) et, après avoir cerné sa maison, le maréchal des logis, un gendarme et deux gardes nationaux pénétrèrent dans l'habitation, à l'heure déterminée par les lois au nom de la *Liberté*, de l'*Egalité* et de la *Fraternité* ! Nos agents s'adressèrent à la femme Barée qui, dans sa simplicité, croyait avoir donné l'hospitalité à un prêtre insermenté.

— N'y a-t-il pas chez vous un prêtre accusé d'insoumission aux lois de l'Etat ?

— Non, répondit-elle.

Mais ils passèrent outre : ils examinèrent les recoins de la maison, descendirent à la cave et aperçurent bientôt un homme qui se cachait derrière les tonneaux.

— Comment vous appelez-vous? lui demanda-t-on.

Cet homme parut devant eux, calme, le regard assuré et répondit avec un ton de fierté qui surprit nos agents :

— Je suis originaire du canton de Marciac et vicaire à Barbotan.

Il ne put montrer son passe-port. D'un autre côté, les précautions avec lesquelles il s'était d'abord dérobé à la vue des inquisiteurs le faisant considérer comme un homme suspect, il fut aussitôt arrêté. Il passa la nuit dans la prison de Plaisance, et puis de brigade en brigade il fut conduit jusqu'au chef-lieu du département.

On ne trouva sur lui qu'un couteau, un canif, un rasoir et une clef, objets qui lui furent confisqués par mesure de sûreté générale.

A peine fut-il enfermé dans la maison d'arrêt qu'il se hâta d'écrire à l'administration municipale du canton de Labastide, pour réclamer les pièces qui devaient établir son civisme devant les juges.

Voici tout d'abord la réponse du commissaire du canton de Labastide à son collègue du Directoire exécutif, près l'administration du Gers :

« Je vous préviens que le ci-devant vicaire à Barbotan, dans mon canton, l'a déserté pour ne pas se soumettre à l'arrêté départemental du 21 brumaire dernier. »

Tous les ans, on célébrait, ainsi que nous le dirons plus tard, une fête en l'honneur de la *Juste Punition du dernier roi des Français*. Là, chacun jurait une haine implacable à la Royauté et une soumission entière aux lois de la République.

A ce qu'il paraît, l'an 4, ce vicaire fut invité à prendre part à cette fête nationale, et il se fit un triste devoir d'y assister. Les deux années suivantes, on lui renouvela l'invitation, mais il s'abstint.

De plus, on lui avait écrit le 14 brumaire an 5, pour lui demander s'il voulait être compté au nombre des pensionnaires ecclésiastiques du canton, afin de percevoir les arrérages du dernier semestre de l'an 4. Il ne répondit pas, se contentant d'affirmer quelques jours après *qu'il ne voulait rien avoir à faire avec la République*.

On ajouta, pour compléter les renseignements sur ce prêtre, que d'après la rumeur publique, il avait rétracté son serment et s'était évadé de sa commune, au moment où toutes les dispositions étaient déjà prises pour le faire arrêter. Au reste, dit ensuite le commissaire de Labastide, « il avait promis soumission aux lois et ne voulut se soumettre à aucune. »

On comprend qu'après de tels renseignements il était assez difficile de prendre une résolution. On dut recourir à une nouvelle enquête.

Toutefois, on lui fit subir ce premier interrogatoire :

Le Président. — Avez-vous prêté le serment de la constitution civile du clergé ? ou celui de la Liberté et de l'Egalité ?

— Oui : j'ai prêté l'un et l'autre dans la commune de Cazaubon, où j'étais vicaire.

Aussitôt il déposa sur le bureau les différentes pièces qui devaient servir de preuve à son assertion. On les jugea suffisantes et il les retira à l'instant.

— Avez-vous rétracté aucun de ces serments ?
— Non.
— Avez-vous exercé le ministère du culte ?
— Oui, jusqu'au 15 ou 16 fructidor, dernière époque à laquelle j'allai dans ma famille pour faire des remèdes.

Ici, l'accusé prouve par des pièces authentiques, qu'il dépose successivement sur le bureau, qu'il a obéi à toutes les lois de la République et qu'il a fait sa soumission dans le canton même où il a exercé son ministère.....

Puis il se hâte de retirer les pièces.

— Avez-vous prêté le serment de *haine à la royauté ?*

— Oui, en l'an 4. Il l'atteste par un document signé de la municipalité de Cazaubon.

— Pourquoi avez-vous refusé l'invitation qui vous fut faite les années suivantes de renouveler ce serment ?

— J'ignore que cette invitation m'ait été faite.

Il soutint également qu'on ne lui avait jamais écrit pour lui demander s'il voulait être compté parmi les pensionnaires ecclésiastiques. Comme on lui objectait que la rumeur publique l'accusait d'avoir rétracté ses serments et d'avoir pris la fuite afin de ne pas être arrêté conformément aux lois, il répondit avec énergie qu'il n'avait rien rétracté, et que deux fois chaque année les marécages et les mauvaises eaux de Barbotan lui occasionnaient une sérieuse maladie.

Là se termina le premier interrogatoire, à la suite duquel l'administration centrale décida qu'une nouvelle enquête était absolument indispensable. 54 citoyens de Cazaubon, Barbotan et Labastide furent appelés en témoignage.

Les uns déclarèrent n'avoir jamais entendu le prêtre rétracter ses serments de fidélité aux lois de la République. Les autres ajoutèrent qu'un jour de grande fête, après l'Evangile, s'adressant à ses auditeurs, il leur parla longuement du scandale et leur dit en terminant son discours : « Je demande pardon à Dieu des scandales que je puis avoir donnés à mes paroissiens jusqu'à ce jour; je demande pardon à tous les fidèles des mauvais exemples dont je me suis rendu coupable..... »

Ces témoins crurent qu'il faisait allusion aux serments qu'il avait prêtés et virent dans ce langage une rétractation publique et solennelle.

D'autres témoins déposèrent qu'en dernier lieu une foule de *fanatiques* se faisaient un devoir d'assister régulièrement à la messe de ce prêtre, tandis qu'autrefois, ils n'entraient jamais dans l'église, alors que tout le monde connaissait son serment.

L'adjoint municipal de la commune de Labastide fut appelé à donner son avis au sujet de cette rétractation et dit avec un certain air de solennité qu'un jour où il assistait aux cérémonies du culte, il avait entendu le prêtre ajouter en latin aux prières de la messe : *rege nostros* ou *Pro rege nostros !!!* Et l'agent municipal écrivit dans sa déposition qu'après avoir entendu ces paroles il n'avait pu se défendre de cette pensée : *Tu qu'ès un f... g...* Puis, comme il se trouvait une autre fois dans une auberge de Barbotan, alors que tout le monde causait de la rétractation du vicaire, il avait entendu une citoyenne s'écrier dans le feu de la conversation : « *Ah ! le f... g... il l'a bien rétracté son serment !* »

Toute la municipalité se concerta avant de soumettre ces réflexions à l'administration centrale et déclara unanimement, après une enquête sérieuse, que le vicaire n'avait point fait de rétractation dans l'Eglise de Cazaubon ; mais que la rétractation dont on l'accusait ne laissait pas le moindre doute pour ce qui concernait l'Eglise de Barbotan. En conséquence, ce prêtre fut maintenu dans la maison d'arrêt jusqu'à nouvel ordre.

Le 14 fructidor an 6, il fut de nouveau appelé devant les juges. Avant de le condamner, ces derniers voulurent lui donner une nouvelle preuve de leur impartialité. Ils lui présentèrent donc la liste de tous les citoyens qui avaient déposé contre lui et lui demandèrent s'il acceptait leur témoignage.

L'accusé y jeta un regard. Puis il supplia les juges d'ajourner son interrogatoire jusqu'au lendemain, pour qu'il pût exposer au jury les motifs qui le déterminaient à récuser une partie de ces témoins.

Les juges accédèrent à ses désirs, lui laissant ainsi tout le temps nécessaire pour préparer sa défense.

Dès le lendemain, à l'heure déterminée, il parut de nouveau devant l'administration centrale et formula contre une foule de témoins des accusations très sérieuses, ajouta que sa générosité, ses bienfaits à leur égard, la noblesse de ses sentiments et ses vertus civiques étaient un éternel reproche pour ces consciences dégradées.

Il se déchaîna principalement contre ceux qui prétendaient avoir entendu la rétractation de ces serments.

Et l'interrogatoire se poursuivit :

— Etes-vous jamais allé dans la maison de réclusion des prêtres, déguisé, et pour quels motifs y êtes-vous allé ?

— J'y suis entré une fois avec mes habits ordinaires, pour remettre de l'argent par commission, au prêtre Bouzon, ci-devant curé de St-Justin.

— Comment, vous, prêtre constitutionnel, vous êtes-vous chargé de porter de l'argent à un prêtre réfractaire, tandis qu'il existe une antipathie très prononcée entre tous les prêtres de ces deux espèces ? Qui vous avait remis cet argent ?

— Cet argent était une restitution au prêtre Bouzon, et l'on m'avait chargé de le lui remettre. Au reste, je ne passai pas dix minutes dans la maison de réclusion.

— Pourquoi n'avez-vous pas pris votre pension ?

— On ne me l'a jamais offerte.

— On ne l'offre à aucun prêtre, et tout prêtre constitutionnel la sollicite, mû par l'intérêt personnel assez puissant pour porter à une démarche aussi simple et aussi naturelle ?

— J'avais ouï dire qu'on ne payait pas les pensions, et pour ce motif je n'ai jamais demandé la mienne.

— Connaissez-vous le prêtre réfractaire Ducasse ? avez-vous eu quelques relations avec lui ?

— Je ne l'ai pas vu depuis qu'il coopérait à une mission de Pavie, où j'étais vicaire. C'était avant la Révolution.

— Il est avec vous dans la maison d'arrêt des prêtres réfractaires. Comment vivez-vous avec eux ? Mangez-vous avec eux ? Jouez-vous avec eux ? Priez-vous, conversez-vous avec eux ?

— Nous sommes dans la même chambre, entassés ; nous mangeons ensemble ; je joue avec eux, lorsqu'il manque une personne pour la partie ; nous parlons ensemble, mais nous prions séparément et nous différons d'opinions ; je me promène seul.

— Quelles preuves auriez-vous du fait que vous faites vos prières séparément et qu'ils les font ensemble ? Car, en promenant seul, vous pourriez affecter au dehors une division qui n'existe pas dans l'intérieur ?

— Le témoignage du concierge.

— Les citoyens qui vous font passer les mets à la maison d'arrêt sont-ils attachés ou non à la Révolution ? En envoient-ils aux prêtres en général, ou à quelqu'un d'eux, à vous, par exemple, en particulier ? Quel est le nom de ces citoyens ?

— Ces citoyens envoient des mets à tous les prêtres qui sont dans la maison en général ; quelquefois à quelqu'un d'eux, mais jamais à moi particulièrement. Nous mangeons ensemble ; je profite de cette bienfaisance et je ne connais pas les noms de ces personnes charitables.

Le président de l'administration centrale du Gers ordonna une nouvelle enquête dans le canton de Labastide, relativement à ce prêtre. Il s'agissait de préciser si oui ou non on l'avait entendu rétracter publiquement ses serments de fidélité à la Constitution.

Dès le 21 ventôse an 7, une cinquantaine de témoins déposèrent qu'ils n'avaient jamais entendu une rétractation formelle ; ils se contentèrent d'ajouter que c'était une rumeur publique dont l'authenticité paraissait au moins douteuse.

Aussi, le 29 du même mois, l'administration centrale réunie en séance arrêta :

« Que ce prêtre détenu dans la maison d'arrêt devait être sur le champ mis en liberté. »

II

L'ABBÉ LACAZE-SARDAC.

13 floréal (2 mai) an 6.

Un citoyen du canton de Saramon avait dénoncé au commissaire du Directoire exécutif de ce canton la présence d'un prêtre insoumis dans la commune de Sémézies.

Le commissaire et le commandant de la colonne mobile partirent dès le 12, vers la fin du jour, après avoir donné ordre à un détachement de se trouver à Sémézies le lendemain matin. Ils se rendirent à la maison soupçonnée.

Le commissaire frappe à la porte : le citoyen Dominique Bégué descend aussitôt et déclare que si l'on cherche des prêtres, il y en a un chez lui.

On arrête en effet Lacaze-Sardac, à qui l'on fait subir un premier interrogatoire.

Dominique Bégué avait donné asile à un prêtre non assermenté; aussi était-il coupable vis-à-vis des lois de l'Etat. En conséquence l'un et l'autre furent conduits à Auch pour être jugés.

Ce fut M. l'abbé Lacaze-Sardac qui comparut le premier devant les administrateurs.

— Le président : Votre nom ? votre âge ? votre qualité, etc., etc.

— Je m'appelle Bertrand Lacaze-Sardac. J'ai environ 66 ans.

A l'époque de la Révolution, j'étais curé de St-Elix, où je fus remplacé par un curé constitutionnel.

Je suis natif de Baillasbatz, canton de Simorre.

Je demeurais à St-Elix avant la nomination du curé constitutionnel ; maintenant je n'ai pas de domicile fixe.

— Avez-vous prêté le serment qui vous était prescrit comme fonctionnaire public, ou comme pensionnaire ecclésiastique ?

— Je n'ai pas prêté le premier de ces serments.

Je quittai St-Elix et j'allai dans ma famille à Baillasbats. Un arrêté du département nous ordonna de nous retirer à quatre lieues, et en vertu de cet arrêté, je me réfugiai chez un de mes parents habitant dans le district de Rieux.

J'ai resté dans ma famille, à Baillasbatz, un peu moins de six mois, et à peu près autant de temps dans le district de Rieux. De là, j'allai aux eaux de Bagnères-de-Luchon, à raison d'infirmités que j'avais alors et que j'ai encore, et c'est de Bagnères-de-Luchon que je passai en Espagne pour obéir à la loi du 26 août 1792.

Pendant mon absence, la loi qui prescrivait le serment de la Liberté et de l'Egalité ayant été portée, je n'ai pu être en mesure de le prêter.

— Prîtes-vous un passeport pour sortir de France ?

— Oui, j'en pris un à Bagnères-de-Luchon. Je ne l'ai pas actuellement, mais je pourrais me le procurer.

— A quelle époque, et pourquoi êtes-vous rentré en France ?

— Une loi me permit de rentrer. Le plaisir de revoir mes parents m'engagea à en profiter.

(D'après ce qu'ajouta M. l'abbé Lacaze-Sardac, l'époque de sa rentrée aurait été du 21 au 23 fructidor de l'année précédente, et celle de son arrivée dans la famille, du 23 au 25 du même mois.)

— Il n'y a eu qu'un intervalle de six ou sept jours entre la publication de la loi qui vous permettait de rentrer et celle qui rapporta cette loi. Expliquez comment dans un intervalle aussi court vous avez pu apprendre l'existence de la loi qui vous était favorable, en profiter pour sortir d'Espagne, rentrer dans votre famille, avant la publication de la seconde loi.

— J'étais dans la vallée d'Aran, extrême frontière, et, je le répète, je ne mis que deux jours pour arriver dans ma famille.

— Pourquoi n'obéîtes-vous pas à la seconde loi du 19 fructidor, qui vous enjoignait de quitter la France dans la quinzaine de sa publication ?

— Je voulais quitter de nouveau la France,

mais je ne pus obtenir un passeport, quoique je l'eusse sollicité deux fois.

La première fois, lorsque je me trouvai malade et envoyai mon signalement à l'administration municipale ;

La seconde, je n'étais pas mieux ; je priai mon frère de présenter encore mon signalement à l'administration.

— Depuis le 19 fructidor, dans quelles maisons avez-vous resté ?

Dans quelle maison avez-vous été arrêté ?

— J'ai demeuré là où l'on a voulu me recevoir. J'ai été arrêté chez la citoyenne veuve Laurence Narbonne, de Sémézies.

— La maison de cette veuve est-elle aussi celle de Dominique Bégué, arrêté avec vous ?

— Dominique Bégué est marié avec cette veuve et reste avec elle ; mais je ne le connaissais pas. J'étais dans cette maison depuis deux jours, quand j'ai été arrêté.

— Avez-vous exercé le ministère du culte depuis votre retour en France ? Et où l'avez-vous exercé ?

— Je ne l'ai jamais exercé depuis mon retour, pour ne pas contrevenir aux lois.

— Quel âge aviez-vous lors de la publication de la loi du 26 août 1792, à Bagnères-de-Luchon ?

— J'avais moins de soixante ans.

— Si vous aviez alors moins de 60 ans, vous

ne pouvez avoir à présent, comme vous venez de le dire, soixante-six ans. Il s'en faudrait de cinq à six mois.

— Aussi ai-je dit que j'avais environ 66 ans, parce que je ne connais pas très précisément mon âge.

— Avez-vous votre extrait de naissance, et pouvez-vous vous le procurer ?

— Je ne l'ai pas ; il doit être sans doute dans les archives de l'administration municipale.

— Il est surprenant que vous ne connaissiez pas plus précisément votre âge. Tâchez de vous le rappeler. Dites si cependant vous êtes sûr de ne pas avoir eu 60 ans au moment de la publication dont il s'agit.

— Je suis sûr que je ne les avais pas alors.

M. l'abbé Lacaze-Sardac fit observer en terminant que Dominique Bégué était le gendre et non le mari de la veuve Narbonne.

Pendant cet interrogatoire, le citoyen Bégué fut retenu dans le vestibule de la salle.

On l'introduit à son tour.

Le président. — Votre nom ? votre âge ? votre profession ? quel est le lieu de votre domicile ?

— Je m'appelle Dominique Bégué. J'ai environ 41 ans : je suis potier de terre et laboureur. Je demeure dans la maison de la citoyenne Narbonne, ma belle-mère, dans la commune de Sémézies.

— Depuis quand connaissez-vous le prêtre Lacaze-Sardac ?

— Je ne l'ai connu que lorsqu'il a été reçu dans ma famille, je n'y consentais pas, mais ma belle-mère a été maitresse chez elle. Je ne pus l'empêcher.

Le prêtre a été arrêté dans sa maison le troisième jour de son entrée chez nous.

— Saviez-vous que Sardac fut prêtre ?

— Non.

— Pourquoi vous opposiez-vous à ce que votre belle-mère le reçût ?

— Parce qu'il est dangereux de recevoir ceux qu'on ne connaît pas.

— Y a-t-il longtemps que vous êtes à Sémézies ?

— Il y a quatre ans.

— Sardac a-t-il exercé le ministère du culte dans votre famille ou ailleurs ?

— Je l'ignore absolument.

Ici se produisit un incident qui peut avoir son intérêt :

Tandis que l'administration centrale délibérait avant de prendre une décision, tandis qu'il s'agissait de savoir si le prêtre Sardac avait 60 ans à l'époque de la loi du 26 août 1792, tout à coup le citoyen Simon Lacaze, habitant d'Auch, qui avait assisté aux deux interrogatoires, remit sur le bureau un extrait de naissance du prêtre Sardac.

Cet extrait fut lu, examiné avec soin.

Or, l'année de la naissance était écrite en chiffres, et le dernier des chiffres 1791 avait été converti en un 2.

L'administration interpella le citoyen Simon Lacaze pour l'obliger à révéler l'auteur de cette altération. Il répondit qu'il l'ignorait, et tout ce qu'il pouvait dire, c'est que cet extrait de naissance lui avait été remis par le neveu du prêtre Lacaze.

L'affaire se compliquait encore.

Afin d'éclaircir cette difficulté, on dut prendre des renseignements auprès de l'administration municipale de Simorre et de St-Elix.

Dans cette dernière localité, il fut possible de constater seulement qu'un certain Henri Lacaze était né et avait été baptisé le 18 juin 1744; mais on ne put avoir de nouveaux détails sur cette famille.

D'un autre côté, l'état civil de la commune de Baillasbatz comptait plusieurs individus du nom de Lacaze, depuis 1727 jusqu'en 1732, et personne n'était inscrit sous le nom de Sardac.

En conséquence, il fut arrêté :

1° Que M. l'abbé Lacaze-Sardac, détenu à la maison d'arrêt, serait mis en réclusion, dès que cette maison de réclusion serait réouverte ;

2° Que le citoyen Dominique Bégué, recéleur

d'un prêtre insoumis, serait condamné à la même peine;

3º Qu'une copie du procès-verbal relatif à l'extrait de naissance serait adressée à l'accusateur public près le tribunal criminel du département, pour qu'il assurât l'exécution des lois contre ceux qui altèrent et falsifient des actes publics.

On transmit également au ministère de la police générale un extrait de l'interrogatoire des deux prévenus, tout en lui faisant connaître le jugement rendu par l'Administration centrale.

Nous savons que plus tard, M. l'abbé Henri Lacaze-Sardac, natif de St-Elix, fut condamné, en vertu d'un décret daté du 21 nivôse an 7, à la déportation à l'île de Ré.

III

SOUBDÈS, PRÊTRE.

16 floréal (5 mai) an 6.

La gendarmerie de Condom avait fait à Mouchan, ainsi que dans les localités voisines, des recherches pour découvrir quelques réquisitionnaires; elle était parvenue à arrêter un jeune homme, qui fut aussitôt enchaîné et conduit au district.

Chemin faisant, le jeune conscrit s'adressant aux gendarmes : Si vous me détachez, leur dit-il, je vous enseignerai non loin d'ici la résidence de quelques prêtres insermentés.

Cette proposition fut acceptée à l'instant et le jeune dénonciateur indiqua la maison du citoyen Broconat, agent municipal au Mirail, commune de Vaupillon. L'un des gendarmes se chargea de conduire le réquisitionnaire à la maison d'arrêt de Condom, tandis que ses collègues, revenant sur leurs pas, coururent à la métairie du citoyen Audié : « Au nom de la loi, lui dirent-ils, prenez vos armes et suivez-nous jusqu'aux maisons voisines où nous devons faire des recherches... »

Le soleil était sur le point de disparaître à l'horizon :

— Je ne veux pas y aller et je n'irai pas, répondit notre homme...

Les gendarmes poursuivirent leur route et rencontrèrent bientôt des citoyens plus complaisants qui voulurent les accompagner.

Arrivés à la porte de la maison déterminée, ils frappent :

— Qui va là ? dit une fille de Broconat.

— Citoyenne, reprit un gendarme, je porte un paquet que votre père m'a remis à Auch.

Aussitôt la porte s'ouvrit, et le gendarme sans perdre un instant :

— Au nom de la loi, dit-il, je suis envoyé pour

examiner si vous n'avez point ici quelque personne suspecte.

— Vous vous méprenez, sans doute, répondit la fille.

— Non, non...

Et il entra dans la cuisine ; ses compagnons le suivirent. Personne. Le gendarme passa dans le salon. Il aperçut le citoyen Broca, gendre du citoyen Broconat, et, sur l'ordre qu'il lui intima de lui ouvrir les portes des différents appartements, Broca s'y refusa.

— Si vous ne voulez pas ouvrir, j'ouvrirai moi-même.

Et là-dessus voilà que le gendarme commença à dégaîner son sabre et à parcourir tous les recoins de l'habitation.

Il rencontra bientôt une religieuse.

— Citoyenne, dit-il, veuillez avoir la bonté de m'ouvrir la porte que vous venez de fermer.

Elle s'y refusa également.

Alors sur le ton de la menace : Ouvrez, dit-il, ouvrez, ou donnez la clef, car j'entends quelqu'un au-dessus de moi...

La religieuse refusa de nouveau ; le gendarme lui arracha la clef des mains, ouvrit et se trouva dans une chapelle *où étaient tous les attirails d'un curé,* comme il l'écrivit lui-même dans le procès-verbal de sa visite domiciliaire.

Alors se présentèrent la fille de la maison et

sa mère saisies de frayeur, et criant qu'il n'y avait personne. Mais, sans rien écouter, le gendarme s'introduisit dans le grenier, frappa de droite et de gauche, insultant, proférant des jurons et hurlant comme un forcené : Parlez..., parlez..., ou je vous traverse de mon sabre...

Une voix se fit entendre : c'était un cri plaintif.

— Qui êtes-vous, fit alors le perquisiteur.

— Je suis l'abbé Soubdès, curé de Mouchan...

— Au nom de la loi, suivez-moi.

D'après le rapport que fit le gendarme au sujet de cette arrestation, M. l'abbé Soubdès lui aurait offert sa bourse, sa montre pour l'engager à garder le silence, et il lui aurait répondu que l'argent ne fait point agir les républicains. Cela se passait en 1797.

On descendit, et bientôt on fut témoin d'une scène des plus émouvantes, s'il faut en croire le récit du gendarme.

La mère, la fille, tous les gens de la maison demandèrent grâce pour le captif; on offrit pour le délivrer tout l'or et l'argent de la maison ; on supplia au nom de la pitié, on fondit en larmes.....

Tout fut inutile. M. l'abbé Soubdès fut conduit à la maison d'arrêt de Condom.

Trois semaines après, le 10 floréal, il parut devant l'administration centrale.

Le Président. — Votre nom ? votre âge ? votre qualité ?

— Je m'appelle Jean-François Soubdès ; j'ai 43 ans et je suis prêtre ; je suis natif de St-Puy ; je n'ai point actuellement de demeure fixe, mais à l'époque de la Révolution j'étais curé de Mouchan.

— Avez-vous prêté le serment de la constitution civile du clergé ou celui de l'Egalité et la Liberté ?

— Non.

— Etes-vous sorti de France? pourquoi? et quand en êtes-vous sorti ?

— Je suis allé en Espagne en vertu de la loi du 26 août. Je partis de Bagnères, où j'étais alors, et j'y pris un passe-port.

M. l'abbé Soubdès ajouta qu'il était rentré en France le 14 messidor an 5, et qu'il était arrivé à St-Puy vers les derniers jours du mois, persuadé que les autorités constituées toléreraient sa présence comme celle des autres prêtres.

— Où avez-vous demeuré depuis votre rentrée ?

— Je n'ai pas eu de demeure fixe, vu le danger des circonstances.

— Avez-vous exercé le ministère du culte ?

— Je l'ai exercé ostensiblement jusqu'au 18 fructidor, et jamais depuis.

— Pourquoi n'avez-vous pas obéi à la loi du 19 fructidor ?

— Parce que j'étais malade, au point que j'étais à même d'aller aux eaux.

— Dans quelle maison avez-vous été arrêté ?

— Dans la maison du citoyen Broconat, agent municipal de la commune de Vaupillon.

— Par qui avez-vous été reçu ? Est-ce par le citoyen Broconat lui-même ?

— J'y allai pour voir une de ses parentes qui était de mes connaissances. Ce citoyen était alors absent.

— Combien de temps y demeurâtes-vous ? Le citoyen Broconat s'y trouva-t-il pendant ce temps ?

— J'y demeurai deux jours, et le citoyen Broconat qui était au corps électoral, dont il était membre, n'a pas pu s'y trouver.

— Pendant ces deux jours avez-vous exercé le ministère du culte ?

— J'ai dit la messe une fois, et voilà tout.

— Y avait-il beaucoup de monde à votre messe ? Y avait-il des étrangers ?

— Les personnes de la maison, et peut-être quelqu'un du dehors, mais en très petit nombre, puisque je ne suis pas certain qu'il y en eût.

M. l'abbé Soubdès fut invité à signer le procès-verbal de cet interrogatoire, puis il fut reconduit à la maison d'arrêt pour y attendre la décision des juges.

Ce jugement fut rendu en ces termes :

« Le prêtre Jean-François Soubdès sera traduit devant le tribunal criminel du département du Gers, et il sera adressé à l'accusateur public copie de l'interrogatoire que ce prêtre vient de subir... »

Sur ces entrefaites, l'administration centrale exposa également cette affaire au ministre de la police, pour connaître l'avis de ce dernier ; mais le ministre répondit aussitôt en blâmant la décision prise par l'administration centrale du Gers, car ce n'était point au tribunal criminel à se prononcer en pareille matière ; c'était l'administration elle-même qui devait assumer la responsabilité d'une telle décision.

M. l'abbé Soubdès fut condamné à la déportation à l'île de Ré. Mais il allégua des infirmités qui le mettaient dans l'impossibilité de supporter ce climat, et il fit savoir à ses juges qu'il était disposé à souffrir plutôt dans une maison de détention. La sentence était portée. Si elle était irrévocable en elle-même, elle admit toutefois des circonstances atténuantes et toléra pour ce prêtre une destination différente.

Le 24 pluviôse an 7, le ministre de la police générale répondit à l'administration centrale du Gers que le Directoire exécutif autorisait la déportation du prêtre Jean-François Soubdès sur le territoire espagnol.

IV

DAURENSAN, PRÊTRE (*Cazaubon*).

21 floréal (10 mai) an 6.

Nous sommes arrivés à une époque où tous les prêtres insermentés étaient recherchés, poursuivis comme des bêtes fauves ; les brigades étaient toujours sur pied ; dans la plupart des communes des espions révolutionnaires se tenaient toujours en éveil, toujours prêts à dénoncer les ministres de la religion catholique, avides de leur sang, émus d'une joie satanique quand ils avaient le bonheur de traîner un prêtre devant les tribunaux de la Révolution.

Informée de la présence d'un de ces prêtres chez le citoyen Laborde, de Cazaubon, quartier de Cutxan, la gendarmerie de cette commune prit secrètement ses mesures pour y faire une descente nocturne. L'abbé Daurensan fut arrêté et, le 26 floréal, il parut devant l'administration centrale pour y subir son interrogatoire.

Le président. — Quel est votre nom ?

Le prévenu. — Je m'appelle Daurensan.

— Quel âge avez-vous ?

— Trente-six ans.

— Votre qualité ?

— Je suis prêtre ; j'étais à l'époque de la Révolution vicaire à St-Criq, et puis à Barbotan.

— Quel est le lieu de votre naissance ?
— Je suis natif de la commune d'Aignan.
— Quel était votre dernier domicile ?
— Je demeurais tantôt dans un lieu, tantôt dans un autre.

Je ne les désignerai pas, pour ne pas trahir les droits de l'hospitalité qu'on m'a accordée.

J'ai été arrêté dans la maison du citoyen Laborde, à Cazaubon.

— Avez-vous prêté le serment prescrit aux fonctionnaires ecclésiastiques ?
— Non.
— Etes-vous sorti du territoire de la République en vertu de la loi du 26 août 1792 ?
— Non.
— Etes-vous sorti en vertu de la loi du 19 fructidor ? Ou bien pourquoi n'avez-vous pas obéi à cette loi ?
— J'avais perdu ma liberté en vertu de la loi du 3 brumaire.

Je l'avais recouvrée par le rapport de cette loi. La loi du 19 fructidor ne remettant en vigueur que les six premiers articles, je crus que les autres articles relatifs aux prêtres demeuraient toujours rapportés et dès lors ne m'obligeaient pas à quitter la France.

Ce qui me confirmait dans cette opinion, c'est que j'étais à Bordeaux quand un prêtre arrêté postérieurement à la loi du 19 fructidor n'a été condamné qu'à cinq cents francs et à une détention de trois mois...

— Un nouvel arrêté a été publié par l'administration le 21 brumaire. Pourquoi n'avez-vous point obéi, sinon à la loi du 19 fructidor, du moins aux ordres d'une autorité constituée ?

— Je n'ai pas connu cet arrêté ; j'étais à Bordeaux lors de sa publication.

— A quelle époque êtes-vous parti de Bordeaux pour venir dans le département du Gers ?

— Il y a environ vingt jours.

— Avez-vous fait votre voyage avec passeport ? et qui vous l'a délivré ?

— Oui, je le pris à la municipalité de Bordeaux et le fis viser par le bureau central. Je ne puis l'exhiber actuellement, mais je le produirai s'il le faut.

— Depuis votre arrivée dans le département, avez-vous exercé le ministère du culte ?

— Non, je ne l'exerçais même pas auparavant.

— Etiez-vous depuis longtemps dans la maison où vous avez été arrêté ?

— Depuis l'avant-veille.

M. l'abbé Daurensan fut d'abord enfermé dans la maison d'arrêt où il demeura quelque temps. Plus tard, nous le trouvons inscrit au nombre de ceux qui devaient être déportés à l'île de Ré, d'après le décret du 21 nivôse an 7. Cependant ce prêtre, et trois de ses compagnons de captivité.

Henri Lacaze, Soubdès et Jaulin supplièrent les administrateurs du Gers d'avoir égard à leurs infirmités et de vouloir bien commuer leurs peines. Nos juges furent accessibles à la pitié, car par un décret du 3 pluviôse, an 7, les quatre malheureux vieillards obtinrent un sursis à l'exécution de la première sentence.

M. l'abbé J.-L. Carrère, prêtre insermenté, fut obligé de subir la loi de la déportation, malgré ses justes réclamations basées sur des infirmités très sérieuses.

Il passa quelque temps sur les vaisseaux en rade, à Rochefort. Là, ses douleurs étant devenues plus intenses et sa santé s'affaiblissant à vue d'œil, un arrêté du Comité de sûreté publique l'autorisa à se rendre à Auch, dans la maison de réclusion. Mais son état de faiblesse ne lui permit pas un long séjour dans cette prison : ses souffrances, ses privations de tout genre l'obligèrent de s'adresser à l'administration centrale pour demander sa liberté.

Les officiers de santé Druillet et Cortade certifièrent que le séjour prolongé de M. l'abbé Carrère dans la maison de réclusion pourrait être un danger sérieux pour les autres détenus, car il était affecté d'un virus dartreux compliqué d'une humeur scorbutique, contractée durant sa déportation. De l'avis des médecins, des soins longtemps prolongés pouvaient, sinon obtenir une guérison totale, du moins soulager considérablement ce prêtre.

En conséquence, les administrateurs lui permirent de rester dans sa famille sous la surveillance de la municipalité. (Auch, 3 prairial (22 mai) an 6).

V

Le 26 prairial (14 juin) an 6, on dénonça encore au Ministre de l'Intérieur deux prêtres du canton de l'Isle-Jourdain ; on les représentait sous les plus noires couleurs.

C'étaient les citoyens curés de Lasserre et de Lévignac. On les accusa d'avoir renoncé à leurs fonctions, quand leurs intérêts étaient compromis et de les avoir reprises, lorsqu'ils espéraient les faire servir à leur *ambitieuse scélératesse*.

L'un était, disait-on, un patelin qui troublait les ménages par la confession ; l'autre un furibond qui prêchait son infernale doctrine sur les places publiques.

Le dénonciateur avait ajouté que ces deux prêtres « avaient étendu un crêpe de douleur sur toute la contrée ».

Que faut-il penser de toutes ses assertions ?

Voici la vérité pure et simple, telle que le Commissaire du Directoire exécutif de l'Isle-Jourdain put la constater lui-même.

S'étant rendu dans les communes désignées, il ne tarda pas à se convaincre que « dès l'aurore de la Révolution » le premier s'était prononcé pour la Liberté et l'Egalité, et que ses 75 ans ne l'avaient pas empêché d'électriser ses concitoyens pour leur faire accepter les idées nouvelles. Les faits dont on l'accusait étaient donc tout à fait inexacts. Ce qui fournit une dernière preuve à l'appui de cette assertion, c'est que l'administration lui avait confié la direction d'une classe primaire. Quand au reproche adressé au curé de Lévignac, il n'était pas moins dépourvu de vérité.

Il était âgé de 65 ans; il avait continué ses fonctions en qualité de prêtre constitutionnel, les avait abandonnés quelque temps après, pour les reprendre un peu plus tard. On crut alors qu'il avait rétracté son serment; mais les preuves étaient insuffisantes et son affaire demeura indécise. C'est tout ce que nous savons au sujet de ces deux prêtres.

Des événements malheureux survenus en Espagne donnaient tout lieu de craindre que nos prêtres exilés dans ce royaume ne se vissent dans la nécessité de rentrer en France.

Plusieurs d'entre eux écrivaient à leurs anciens amis pour les tenir au courant de ce qui se passait au delà des Pyrénées et leur faire entrevoir la possibilité d'un retour obligatoire. Souvent cette correspondance était interceptée par les agents des administrations françaises.

Aussi le Ministre de la police générale donnait-il, le 16 thermidor de l'an 6, des ordres formels pour que le commissaire du Directoire exécutif, dans le Gers, prît toutes les mesures nécessaires afin d'arrêter ces prêtres émigrés.

Le 4 nivôse, une lettre ministérielle dénonçait au Directoire exécutif le projet que le prêtre Hillairet avait conçu de rentrer en France, d'après l'aveu que ce prêtre émigré en faisait lui-même à son ami, le citoyen François Lancontre, de Bazugues.

Une lettre venue d'Espagne à l'adresse de la citoyenne « *Thérèze Plantié, maison Carrère, Porte St-Pierre, à Auch* » laissait entrevoir à l'administration qu'un autre prêtre allait bientôt revenir dans le département. Au reste, cette même lettre mettait également le Directoire exécutif sur les traces de deux personnages émigrés; c'étaient Jacom et Braume, rentrés depuis peu de jours.

Le 28 thermidor, le ministre de la police dénonçait au même commissaire du Directoire auscitain une lettre familière timbrée *Castille*, qu'un citoyen anonyme écrivait à « Françoise St Germé à Condom » dans le but d'obtenir un passe-port régulier.

CHAPITRE XIX

M. l'abbé Cadroy. — Fête de l'Agriculture. — Encore des suspects. — Les prêtres Caumel — Lasserre — Sabathié — Sorbets — Melet — Jaulin — Dorgueil.

I

M. L'ABBÉ CADROY

1 messidor (19 juin) an 6.

La gendarmerie de Plaisance prouvait aussi son dévouement aux idées républicaines, en arrêtant à tort et à travers tous ceux qu'elle soupçonnait d'incivisme.

Chargé de porter une lettre de convocation du jury spécial à un citoyen de Barcelonne, un des gendarmes de Plaisance rencontra sur sa route un personnage dont le costume lui parut tout à fait étrange.

Lisons plutôt ce curieux procès-verbal :

« Je vis quelquun anvelopé dans un manto et un capuson sur sa tête me fesant douté que ce ettet un prêtre voyant son costume..... Je redouble le pas et je l'acosta, je lui demanda d'où il ettet il repondit je suis de la commune de Rivière canton de Barselone je lui aye demande son nom il ma dit ce nommé Cadrouy je lui aye demande ce vous Ettes pretre il ma repondu que non.

« Alors jai lai somme au nom de la Loi d'avoir avenir avec moi a plaisance il ma repondu quil ne si renderait pas...

« Je suis parvenu : a lui conduire, sept detout quoi je drece Le presan procès verbal à Plaisance. »

Cette scène se passait à Barcelonne, le 1 messidor, et, cinq jours après, M. l'abbé Cadroy comparaissait devant l'administration centrale du Gers.

Le Président. — Votre nom et prénom ? votre âge ? votre qualité ? votre domicile ?

— Je m'appelle Olivier Cadroy, j'ai commencé ma 74e année, je suis prêtre.

A l'époque de la Révolution, j'étais chanoine à St-Boués, département des Landes.

Je demeure à la commune de Rivière, canton de Barcelonne.

— Etes-vous sorti du territoire français ?
— Non.
— Depuis quand avez-vous quitté St-Boués ? Où avez-vous resté jusqu'à ce jour ?

— J'allai à Marciac; de là je me rendis à Tarbes

où j'entendis publier la loi qui ordonnait aux prêtres de sortir de France et à ceux qui seraient sexagénaires ou infirmes d'entrer dans des maisons de réclusion.

Pour obéir à cette loi, je me rendis à la maison de réclusion établie à Auch. A ma sortie, je vins dans la commune de Rivière où je suis né. J'y demeurai jusqu'à ce que je dus encore rentrer en réclusion, en vertu de la loi du 3 brumaire. Et enfin, remis en liberté, je revins dans la commune de Rivière, où j'ai résidé jusqu'au moment de mon arrestation.

— Vous avez été arrêté sortant de la commune de Barcelonne. Cependant, d'après l'arrêté de l'administration, vous deviez rester dans votre commune, sous la surveillance de votre municipalité.

Avez-vous la permission de sortir de votre commune ?

— Je n'ai pas connu cet arrêté de l'administration. Aussi n'ai-je demandé aucune permission pour aller dans le chef-lieu de mon canton.

— Avez-vous exercé le ministère du culte ? et à quelle époque ?

— J'avais fait ma soumission aux lois de la République, et j'exerçais le ministère du culte. Mais je m'en suis abstenu depuis la loi du 19 fructidor.

— Avez-vous prêché dans les années 1789, 1790, 1791 et 1792 ?
— Non.

L'administration centrale du département du Gers, considérant qu'Olivier Cadroy n'était pas inscrit sur la liste des émigrés et qu'il paraissait avoir l'âge qu'il se donnait, arrêta qu'il serait mis sur le champ en liberté et qu'il reviendrait dans sa commune de Rivière pour y être placé sous la surveillance de l'administration municipale.

Tel fut le résultat de cette arrestation opérée par le gendarme de Plaisance, qui dans son héroïsme croyait avoir bien mérité de la patrie en arrêtant un vieillard de 74 ans.

N'aurait-il pas été plus sage, s'il avait agi avec moins de brutalité, s'il avait déployé moins de zèle et consacré un peu plus de temps à étudier... son orthographe ?

II

FÊTE DE L'AGRICULTURE.

10 messidor (28 juin).

La fête de l'Agriculture devait être célébrée dans chaque localité. Il ne faut pas s'étonner si l'on voit un nombre considérable de communes refuser de prendre part à ces ridicules cérémonies, car il en était de cette fête comme des autres établies par la Révolution.

Ainsi, pour ne citer qu'un exemple, à Estang, le commissaire du Directoire exécutif se crut obligé de faire savoir à son collègue près l'administration centrale du Gers, que la population n'avait nullement répondu à l'appel des agents municipaux, pour bien célébrer cette fête de l'Agriculture. Ses ordres n'avaient point été exécutés. La garde nationale, invitée à prendre part à cette fête, ne s'était pas rendue; un laboureur avait été prié de conduire ses bœufs avec une charrue; lui aussi avait fait défaut; de vingt-cinq agriculteurs qui avaient été convoqués personnellement, il n'y en avait eu que deux qui s'étaient présentés.

Quelle était la cause de cette indifférence? On la devine sans peine.

Ces fêtes nationales n'étaient point faites pour satisfaire le cœur de l'homme qui a besoin d'adorer, de prier un Dieu supérieur à la créature, de l'aimer, de l'implorer au milieu de ses souffrances, pour le posséder dans un monde meilleur. L'homme des champs ne pouvait oublier ainsi la loi du Seigneur et la religion de ses pères.

La Révolution voulut supprimer le dimanche et les fêtes religieuses, les remplacer par le décadi, ou dixième jour, et par des fêtes nationales ; l'homme des champs voulut conserver, lui, le dimanche et ses fêtes catholiques.

Au reste, pour que les autorités municipales d'Estang n'eussent pas le droit d'inquiéter la population dans son repos du dimanche, celle-ci avait imaginé d'offrir le spectacle de la course aux taureaux, usage qui est en vigueur dans ce pays et dans le département des Landes ; de sorte que les habitants de ce canton étaient naturellement attirés à Estang, à l'occasion de ces fêtes populaires, tandis que les jours de la décade, ils paraissaient tristes, en habits journaliers, et ne se présentaient que très rarement sur les places publiques.

On constatait le même esprit d'indifférence à Riscle, dans les environs de l'Adour, au Houga, etc., etc. Dans cette dernière commune, le commissaire prononça un discours des plus violents contre ceux qui refusaient avec obstination de prendre part à cette fête nationale :

« Non, jamais, dit-il, les institutions républicaines ne seront à la hauteur où elles doivent être, tant que le canton sera infecté par la présence de certains hommes, prédicateurs persévérants *de la Religion de leurs pères*, qui par besoin, par intérêt, par habitude, ont prêché, prêchent et prêcheront la contre-révolution ; ont calomnié, calomnièrent et calomnieront tout ce qui appartient au triomphe de la Liberté et de la saine Raison...» Il fallait bien voir les prêtres cachés derrière l'indifférence des populations agricoles ; c'était le *delenda Carthago* des Révolutionnaires...

Voici l'ordre des cérémonies prescrites par le Directoire pour la célébration de cette fête :

On devait se réunir à la maison commune, y convier tous les agriculteurs, leurs épouses et leurs enfants, et se diriger ensuite vers l'autel de la Patrie, avec tous les citoyens des deux sexes, les fonctionnaires publics, les autorités civiles et militaires. Le cortége devait être précédé d'une paire de bœufs ornés de guirlandes et chargés de fleurs, traînant sur un charriot les divers instruments aratoires également ornés de festons, de rubans, de drapeaux aux couleurs nationales. Après avoir chanté des hymnes patriotiques devant l'autel, après avoir entendu un discours sur les avantages et les bienfaits de l'agriculture, la foule devait se rendre à un champ de terre labourable ; là, les fonctionnaires publics ou du moins le Président de la fête devait tenir la charrue de ses propres mains et tracer un sillon dans le sol. La garde nationale, à son tour, devait confier aux agriculteurs ses armes ornées de fleurs et recevoir leurs houlettes.

De là, il fallait revenir près de l'arbre de la Liberté en chantant la *Marseillaise* ou une chanson patriotique, ou mieux encore un hymne en

l'honneur de l'Agriculture, tel que celui-ci :
« Allons, courons tous à la fête... »

On proclamait les noms des meilleurs agriculteurs à qui l'on décernait pour récompense un instrument aratoire.

Lors de la célébration de cette fête, un incident assez singulier se produisit, dans le canton de Simorre. Toute la population était rassemblée et faisait entendre des chants patriotiques devant l'autel : tout à coup un violent orage se déclare. Il était deux heures de l'après-midi... Aussitôt la foule se disperse et chacun s'empresse de courir à ses récoltes que la grêle avait déjà ravagées en partie, le 26 prairial.

Nous ne dirons rien des fêtes que l'on célébrait en l'honneur de la déesse Raison. Ce sont là des orgies qu'on ne peut décrire.

Quand on se représente, à Auch, une fille de prostitution, assise sur un char de triomphe, traînée autour du chœur de Ste-Marie et recevant les adorations d'une foule imbécile, tandis qu'à deux pas un voile avait été jeté sur la face du Christ pour qu'il ne fût pas, sans doute, le témoin de ce spectacle d'horreur ; quand on se représente, à Lectoure, quatre déesses et autant de jeunes novices affichant publiquement l'immoralité dans ce qu'elle a de plus abject et de plus ignoble, malgré soi l'on s'adresse à la Divinité pour lui dire : « Mon Dieu ! que votre bonté est grande ! Vous avez eu pitié de la France quand elle était descendue jusqu'au dernier degré de l'avilissement !

« Aujourd'hui, qu'elle se prosterne à vos pieds et vous demande pardon, agréez l'hommage de son repentir, de sa foi, de son amour ! »

III

Les visites domiciliaires et les perquisitions se faisaient toujours de la façon la plus tyrannique.

Le 19 messidor, le ministre de la police écrivit à l'administration du département du Gers :

« Le Directoire exécutif, citoyens, vient de prendre un arrêté qui vous autorise à faire procéder aux visites domiciliaires permises par la loi du 18 de ce mois.

« Le but de cette loi est de déjouer les dernières trames de nos ennemis, de prouver que partout ils doivent s'attendre à être traités en rebelles, eux qui voudraient nous traiter en esclaves...

« Il n'est aucun de vous qui ne soit convaincu que toute espèce d'indulgence envers ces féroces ennemis... deviendrait la source de nouveaux malheurs...

« Qu'une surveillance exacte prépare les recherches que vous avez ordonnées...

« Tracez bien aux administrations municipales ce qu'elles auront à faire. Indiquez les jours, les lieux, les heures où l'on devra agir... »

A la suite de cette circulaire, toutes les municipalités furent invitées à dénoncer les citoyens suspects dans les communes. Voici ceux qui furent signalés :

Miradoux : Les officiers municipaux réunis déclarèrent à l'administration centrale d'Auch qu'un seul citoyen : Claude Dupuy, meunier, restant au moulin de Ste-Rose sur l'Arratz, était suspect de recéler chez lui un émigré travesti en domestique. Celui-ci était occupé à la mouture et ne sortait que très rarement : On l'appelait Lafleur.

A Montesquiou, étaient suspects de recéler des prêtres et des émigrés :

La citoyenne Jussan de Bière.
Antoine Rozis de Pedarroses.
Jacques Barris.
Pierre Estibaut, oncle de Hourtané.
A Castelnau : François St-Gresse.
Pierre Larrey, au village.
Jean Dupouy, à Coudouy.
A Pouylebon : Baptiste Aveilhé, à Laouéille.
Marie, locataire aux Lans.
A St-Christau : Pibrail.
Joseph Lussan, à Bourdéou.
Antoine Pareu, à Bourdéou.

Jacques Meilhan, à Castille.
Joseph Caussade, à Castille.
Pierre Cazeneuve, à Castille.
A Bars : Seissan-Marignan.
Guillaume Daguzan, père.

IV

M. l'abbé Bernard Caumel, curé de Coutens, canton de Beaumarchez, né le 28 septembre 1723 et baptisé dans l'église de Roquefort (Landes), exposa aux administrateurs qu'en raison de son âge, il avait droit à faire partie de l'exception portée dans l'arrêté départemental du 21 brumaire an 6. Sa demande fut prise en considération et on lui permit par un arrêté du 23 messidor (11 juillet) de rester dans ses foyers, sous la surveillance de l'agent municipal de Baumarchez.

7 thermidor (25 juillet) an 6.

M. l'abbé Jean-Pierre Lasserre, âgé de 75 ans, ancien curé de Montréal, était à Cauterets au moment où les lois de l'Etat imposèrent au clergé l'obligation de prêter le serment de fidélité à la Constitution. Sa conscience lui faisant un devoir de préférer l'exil à ce serment sacrilége, il passa en Espagne.

Plus tard il rentra dans sa patrie, se retira

dans la ville de Condom, et pria l'administration centrale de l'autoriser à se placer sous la surveillance de la municipalité. Les officiers municipaux de Condom, consultés sur les antécédents, le caractère et la conduite de ce prêtre, évitèrent de se prononcer et se contentèrent d'invoquer tour à tour, devant l'administration centrale, une foule de lois différentes contre les prêtres insermentés ; ils ajoutèrent un mot cependant sur les souffrances physiques de M. l'abbé Lasserre. L'administration centrale ne voulut pas donner son avis sans avoir pris de nouveaux renseignements. Elle désigna donc deux officiers de santé, les citoyens Séris et Ladoux, pour vérifier les infirmités de ce prêtre.

Ces infirmités n'étaient que trop réelles : un rhumatisme goutteux, de violents accès de fièvre, un état de faiblesse qu'on ne pouvait révoquer en doute. Les administrateurs ne pouvaient donc s'empêcher d'user de condescendance à l'égard du vieillard septuagénaire, après avoir entendu le rapport des médecins. La municipalité de Montréal l'avait compris, et pour éviter une solution trop favorable elle s'empressa d'écrire ce qui suit :

« Considérant que la conduite qu'a tenue ledit Lasserre dans l'exercice de ses fonctions, à Montréal, était assez conforme aux bonnes mœurs et digne d'un bon ecclésiastique ;

« Considérant que ses talents et sa fortune lui avaient attiré une confiance assez générale et que sous ce rapport son influence politique dans l'arrondissement était devenue dangereuse pour l'intérêt de la République...

« Considérant que l'administration municipale n'est nullement compétente pour décider l'authenticité et la légalité du certificat des officiers de santé de Condom, dont elle ne connaît ni le civisme, ni les connaissances, est d'avis qu'il n'y ait lieu de délibérer sur la demande du pétitionnaire... (22 thermidor.) »

— Quelle fut la décision de l'administration centrale ?

C'est ce que nous ignorons.

V

Décidément les gendarmes de Masseube étaient infatigables, ainsi que nous le constaterons encore dans une foule de circonstances. Nous en avons une nouvelle preuve sous les yeux. C'est un procès-verbal dans lequel nous lisons :

« Depuis le 3 de ce mois jusqu'à ce jour, nous avons poursuivi pendant la nuit deux prêtres réfractaires, roulant dans les communes de St-Ost, Viozan, Lagarde, Aujan et autres, pour les arrêter. » Le 10 fructidor, à 3 heures du matin, ils se présentèrent devant la porte de la veuve Noguez, commune d'Aujan. Ils attendirent là de pied ferme l'heure déterminée par la loi pour les visites domiciliaires ; ils examinèrent tous les recoins de la maison avec un empressement aussi ridicule que brutal, ce qui ne faisait que confirmer une fois de plus ce proverbe connu dans la contrée : « De la justice de Masseube, délivrez-nous Seigneur. »

Ils découvrirent d'abord dans un lieu retiré une feuille de papier avec ce titre : « Registres de l'Eglise de Viozan », puis des habits noirs, une soutane, etc., etc. Pénétrant jusqu'au grenier, ils soulevèrent une planche qui recouvrait une assez large ouverture pratiquée dans le mur.

Exprimer la vive satisfaction de ces perquisiteurs obstinés à la vue de leur trouvaille serait chose assez difficile. *Auri sacra fames !*... Deux prêtres !!... Deux cents francs !...

Le premier, Michel Sorbets, était originaire des Hautes-Pyrénées (Bernadets, canton de Trie), vicaire de Viozan ;

Le second, Joseph Sabathié, natif de Moncassin, canton de Mirande, vicaire de la commune de Pis-Bajon.

Ils furent d'abord conduits à la maison d'arrêt de Masseube, où ils durent subir un premier interrogatoire ; puis écroués à celle d'Auch, en attendant la sentence des administrateurs.

M. l'abbé Sabathié parut le premier dans la salle des séances :

Le président : Votre nom, prénom, âge, profession, etc., etc.

— Je m'appelle Joseph Sabathié : j'ai 34 ans, et je suis prêtre, natif de la commune de Moncassin, et sans domicile fixe.

Je suis prêtre depuis 1791, et de suite, je fis les fonctions de vicaire dans la commune de Bajon, annexe de Bezues.

— Avez-vous prêté le serment prescrit par la Constitution civile du clergé ?

— Non.

— Avez-vous obéi à la loi du 26 août 1792 ?

— Je sortis de France, en vertu de cette loi et j'allai en Espagne.

Je pris un passe-port qui me fut délivré par la municipalité de Masseube et je le laissai à Venasque, en Espagne, entre les mains du magistrat qui m'en donna un autre pour l'intérieur du royaume...

— Pourquoi n'êtes-vous pas ressorti de France, après la loi du 19 fructidor ?

— Parce que l'administration de Mirande me refusa le passe-port.

— Où avez-vous resté depuis la promulgation de cette loi ?

— Je n'ai pas eu de demeure fixe. Je cherchais asile là où l'on voulait bien m'en donner.

— Avez-vous fait les fonctions du culte depuis le 19 fructidor ?

— Non.

— Dans quelle commune et dans quelle maison avez-vous été arrêté ?

— Je crois que c'est dans la paroisse d'Aujan, et je ne connais pas le nom de la maison.

— Depuis quand y étiez-vous ?

— Depuis la veille, vers huit heures du soir.

— Qui vous reçut dans cette maison ? Qui avez-vous vu ?.....

— Les droits de l'hospitalité sont sacrés et je ne les trahirai pas en déclinant le nom de celui qui me l'a accordée.

— Etes-vous inscrit sur la liste des émigrés ?

— Je ne le crois pas, et si cela était, ce serait bien à tort, car je suis sorti en vertu de la loi du 26 août 1792 et muni d'un passe-port.

M. l'abbé Sabathié termina son interrogatoire en disant qu'il reconnaissait pour sa propriété une partie des effets déposés sur le bureau ; il signa le procès-verbal et l'on appela son confrère :

Le président : — Votre nom ? prénom ? âge ?

— Je m'appelle Michel Sorbets ; j'ai environ 33 ans. Je suis prêtre depuis la convocation des Etats-Généraux. Je fus envoyé en qualité de vicaire dans la commune de Viozan, canton de Masseube ; je remplis ces fonctions jusqu'à ce que je sortis de France, par suite de la loi du 26 août 1792.

— Où allâtes-vous en sortant de France?

— D'abord dans la vallée d'Aran, puis en Catalogne, de là à Saragosse, etc.

Ensuite il déclara qu'il était rentré en France quand les lois du pays ne s'opposaient plus à son retour, et qu'en cela il avait cédé à son attachement pour sa patrie. Plus tard, quand la loi du 19 fructidor l'obligeait de nouveau à quitter le sol de la République, il s'était adressé à la municipalité de Masseube pour avoir un passe-port, faveur qui lui avait été refusée. Désignant alors un des gendarmes présents à cette séance, M. l'abbé Sorbets ne craignit pas de révéler que cet homme avait entendu la lecture de sa lettre à l'administration municipale de Masseube. Quelle que fût l'importance de cette affirmation, on passa outre.

— Où avez-vous demeuré depuis la publication de la loi du 19 fructidor?

— Là où j'ai pu; là où l'on a voulu me recevoir; je n'ai pas eu de domicile fixe.

— Avez-vous fait les fonctions du culte depuis cette époque?

— Oui, parce que je savais que la liberté du culte était décrétée.

— Les avez-vous faites dans les églises ou

dans les maisons particulières ? et s'y formait-il des attroupements ?

— J'ai exercé mes fonctions dans les maisons particulières, lorsqu'on m'y appelait ; et si j'eusse été dans votre maison, vous ne voudriez pas que je vous nuisisse, en disant ce que j'y aurais fait. J'ai fait dans ces maisons comme j'ai pu.....

— Connaissez-vous la maison où vous avez été arrêté ? Y étiez-vous allé autrefois ?

— Je connaissais cette maison ; quant au reste de votre question, je n'y répondrai pas.

— Dans quel lieu de cette maison étiez-vous lorsqu'on vous a arrêté ?

— J'étais au galetas.

— Etiez-vous à découvert ou dans quelque cachette ?

— Au galetas.

— Connaissez-vous ces deux pistolets placés sur le bureau ?

— Non, je n'en ai jamais porté.

— Etes-vous porté sur la liste des émigrés ?

— Je n'en sais rien. Mais s'il en est ainsi, c'est à tort, puisque j'ai quitté la France en vertu de la loi.

Les deux prêtres demandèrent à rentrer en possession des objets qui leur avaient été confisqués. Tout leur fut remis, à l'exception des deux pistolets qui furent confiés au concierge. Puis on les conduisit à la maison d'arrêt.

Par un décret du 21 nivôse, an 7, M. l'abbé Sabathié fut condamné à la déportation à l'île de Ré, où il fut expédié de brigade en brigade ainsi que plusieurs de ses compagnons de captivité.

VI

M. L'ABBÉ MELET.

Dans la nuit du 28 au 29 fructidor (15 septembre), à trois heures du matin, la gendarmerie de Lectoure faisait selon son habitude une ronde dans la ville, quand elle aperçut, malgré les ténèbres, un personnage mystérieux qui paraissait s'enfuir avec précipitation.

Elle l'arrêta et le somma d'exhiber son passeport. Ce personnage répondit qu'il ne le pouvait en ce moment, attendu qu'il était un peu éloigné de son habitation. Sans attendre de nouvelles explications, les gendarmes crurent avoir affaire avec un prêtre insermenté et l'enfermèrent dans la maison d'arrêt. Le lendemain il subit un premier interrogatoire devant le juge de paix qui crut devoir l'envoyer à Auch. Là, il répondit encore à l'administration centrale avec une franchise et une fermeté admirable. C'était le second jour complémentaire.

Le président. — Votre nom et prénom ? votre âge ? etc., etc.

— Je m'appelle Jean-Joseph Melet, j'ai 42 ans ; j'étais autrefois curé de Poupas, dans le diocèse de Lectoure. Je suis né dans la commune de Lannepax et je demeurais dans celle de Lectoure immédiatement avant mon arrestation. Je ne vous dirai pas dans quelles maisons.

— Avez-vous prêté le serment de la Constitution civile du clergé ?

— Non.

— Avez-vous prêté celui de l'Egalité et de la Liberté ?

— Non.

— Etes-vous jamais sorti de France ?

— Oui, j'allai en Espagne en vertu de la loi du 26 août 1792. J'y allai de Bagnères-de-Luchon où je me trouvais alors pour des raisons de santé. Au reste, j'étais muni d'un passe-port.

— Pourquoi n'êtes-vous pas ressorti de France en vertu de la loi du 19 fructidor ?

— Par raison de santé, et parce que, d'après mes opinions, je n'ai pas regardé cette loi comme obligatoire.

Ici le président l'interrompit, le pressa de questions, et essaya de le rappeler au respect des lois, etc., etc... Et M. l'abbé Melet, accentuant son affirmation, lui répondit de nouveau qu'il ne regardait pas cette loi comme obligatoire, parce qu'elle était injuste.

— Où avez-vous été arrêté?

— A la commune de Lectoure, dans une rue.

— De quelle maison sortiez-vous? ou bien dans quelle maison alliez-vous alors?

— Je ne vous le dirai pas.

— Avez-vous exercé le ministère du culte? Et lorsque vous l'exerciez, où l'exerciez-vous? Y avait-il des rassemblements?

— J'ai exercé le ministère du culte dans ma paroisse, et ailleurs, là où les gens de même opinion que moi m'appelaient à cet effet. Il ne se formait de rassemblements que dans ma paroisse. Quant aux endroits où j'ai exercé le ministère du culte, je ne vous les désignerais qu'en compromettant mes paroissiens, ce que je ne ferai jamais, jamais.

— A quelle époque êtes-vous rentré en France?

— Il y a environ deux ans : je rentrai déterminé par l'opinion qu'il y avait en France plus de liberté et d'humanité. L'exemple des autres prêtres m'y détermina également.

On lui montra trois lettres cotées sous les n°^{s} 3, 4 et 5. Et comme on voulait obtenir quelque renseignement à ce sujet, M. l'abbé Melet se hâta de répondre :

— Ces trois lettres m'ont été adressées de

France. Quoiqu'elles ne contiennent rien de suspect, je ne dirai pas qui me les a écrites.

Les mêmes questions lui furent adressées au sujet d'un petit billet à moitié déchiré que l'on avait collé sur un morceau de papier blanc. On obtint la même réponse.

— Avez-vous eu quelque mission de Cugnac, ci-devant évêque de Lectoure ? Correspondiez-vous avec lui ?

— Je n'ai pas eu de mission de lui, et si j'ai correspondu avec lui, c'était pour les fonctions de mon ministère.

— Lui avez-vous envoyé quelqu'un de vos prosélytes, à l'occasion de quelque cas réservé, par exemple ?

— Cela fût-il, vous me dispenserez de le dire. J'avais obtenu d'ailleurs les cas réservés de ses vicaires généraux, à Lectoure, qui y sont maintenant en très petit nombre.

— Qui sont les vicaires généraux ?

— Ils sont connus, sexagénaires et en liberté.

Ce langage énergique, avec lequel les administrateurs du Gers commençaient depuis quelque temps à se familiariser, n'était pas de nature à lui attirer les bonnes grâces de ses juges. Aussi voyons-nous M. l'abbé Melet condamné à la déportation par le décret du 21 nivôse (an 7) et chargé de chaînes traverser les rues d'Auch le 4 pluviôse, pour se rendre à l'île de Ré.

Encore une fois, honneur à cette nouvelle victime de la Révolution !

VII

JAULIN, PRÊTRE *(Courrensan).*

25 fructidor (11 septembre) an 6.

Avisés qu'il y avait dans le voisinage de Courrensan un prêtre insoumis qui exerçait les fonctions du culte catholique, le commandant de la garde nationale et les agents municipaux suivis de vingt hommes armés se rendirent à une heure après minuit dans le hameau de Lucau.

O joie de la bande révolutionnaire !... Une maison éclairée !... Ils la cernèrent toute la nuit, et le matin aux premières lueurs du jour, ils entrèrent pour faire des perquisitions. Cette maison, appelée à l'*Héritière de Bousigon*, et une grange contiguë appartenant au citoyen Laplagne, agriculteur d'Eauze, furent tour à tour examinées avec le plus grand soin. On trouva d'abord un manteau de drap bleu, la bride d'un cheval, un étui de calice placé sous un coffre. De là, en pénétrant dans la grange, les perquisiteurs aperçurent un calice en argent caché dans le trou d'une cloison, le tout assez mal enveloppé. Ils se dirigèrent ensuite vers le foin. Quelle ne fut pas leur satisfaction, lorsqu'après avoir encore saisi une étoffe de soie brodée, une boîte en argent destinée à renfermer des hosties, et deux purificatoires, en soulevant une partie du foin, ils découvrirent enfin M. l'abbé Jaulin, curé de Cacarens !

Ce n'était pas tout ; ils allèrent chercher dans la maison du sieur Michel Lian le cheval qui appartenait à ce prêtre. Et l'on se dirigea sur Condom.

Le 28 fructidor, l'abbé Jaulin était devant ses juges à Auch.

Le président. — Votre nom et prénom, votre âge, etc.

— Je m'appelle Marie-Guilhaume Jaulin. J'ai 44 ans. Je suis prêtre et curé de la ci-devant paroisse de Cacarens. Depuis longtemps, je n'ai pas de résidence fixe. Mon dernier domicile était dans ma paroisse. Je suis natif de Lannepax. J'ai été arrêté à Lucau, commune de Courrensan, dans la maison inhabitée de Bousigon, appartenant à une orpheline de six ans.

— Depuis quel temps êtes-vous prêtre ?

— Depuis vingt ans. J'ai fait pendant dix ans les fonctions de vicaire et ensuite celles de curé.

— Avez-vous prêté les serments qui vous étaient prescrits ?

— Non.

— Avez-vous obéi à la loi du 26 août 1792 qui vous ordonnait de sortir de France?

— Non, je me suis tenu caché.

— Pourquoi n'êtes-vous pas sorti en vertu de la loi du 19 fructidor?

— Parce que ma constitution me rend très pénible un long voyage ou à pied ou à cheval.

— Avez-vous exercé le ministère de votre culte et à quelles époques?

— Je m'en suis abstenu pendant 18 mois, après la publication de la loi du 27 août 1792. Depuis, j'ai exercé mon ministère suivant le désir de ceux qui partagent mon opinion religieuse.

Mais lorsque j'exerçais dans une commune ou un hameau, je ne souffrais la présence d'aucune personne étrangère à la localité, lors même qu'elle aurait partagé notre opinion. Et cela, pour éviter l'inconvénient de la publicité, le danger des rixes particulières. etc., etc.

— Avez-vous exercé le ministère de votre culte publiquement et dans quel lieu?

— Je n'ai jamais exercé le ministère de mon culte que dans des maisons et dans ma ci-devant paroisse, et toujours pendant la nuit.

— Quelles sont les maisons où vous avez exercé les fonctions de votre ministère?

— Dans celles où j'ai été appelé. Je ne les

nommerai pas, parce que je ne veux pas compromettre les propriétaires.

— Depuis quand étiez-vous au hameau de Lucau, lorsque vous y avez été arrêté?

— Depuis quelques heures. Ce hameau est situé dans la commune de Courrensan et faisait autrefois partie de ma paroisse.

— Comment choisissiez-vous une maison inhabitée pendant que vous alliez à Lucau?

— Parce que je ne compromettais personne. Lorsque j'étais appelé dans ce hameau, c'était dans cette maison que j'allais en arrivant, et lorsque je me disposais à repartir.

Ici on montra à M. l'abbé Jaulin tous les objets qui furent inventoriés par l'agent municipal de Courrensan.

— Vous voyez sur le bureau un calice, une custode garnie, une paire de ciseaux... Vous appartiennent-ils?

— Je ne reconnais m'appartenir que les ciseaux. Quant au calice et à la custode, je les ai achetés à Auch, grâce aux offrandes des fidèles, en sorte que ces objets appartiennent à l'église.

M. l'abbé Jaulin quitta la salle des séances pour rentrer dans la maison de réclusion. La sentence des juges se fit longtemps attendre. Nous savons toutefois que ce vénérable prêtre fut condamné à être déporté à l'île de Ré, par le décret du 21 nivôse an 7.

Mais dans l'espoir que ses infirmités prématurées lui donneraient droit à l'indulgence des juges, il sollicita près de l'administration la faveur de ne pas quitter le département du Gers. Il obtint le 3 pluviôse de la même année, ainsi que Lacaze, Aurensan et Soubdès, un sursis à l'exécution de la première sentence.

VIII

DORGUEIL, CHANOINE DE ST-ORENS.

30 fructidor (16 septembre) an 6.

Comme nous l'avons dit, les gendarmes de Masseube couraient nuit et jour à la poursuite des prêtres réfractaires. Labarthe, Pouyloubrin, Lamothe et autres localités voisines avaient l'insigne honneur de recevoir fréquemment leur visite.

Le 30 fructidor, à midi précis, ils étaient à Labarthe. Là, on leur apprit que la maison du citoyen Bajon, dit *Mouras*, servait d'asile à un prêtre insermenté. Ils y accouraient et n'en étaient éloignés que de cinq cents pas environ, quand ils virent un individu s'éloigner en toute hâte dans la direction du bois voisin.

Le premier soin des gendarmes fut de poursuivre le fugitif. Pour l'atteindre, il fallait cerner le bois, il fallait s'y engager, y faire des recherches, attendre, écouter, observer le mouvement du feuillage et des buissons et cela pendant des heures entières.

La patience ne leur faisait jamais défaut. La nuit arrivait cependant et les gendarmes de Masseube commençaient à désespérer du succès de leur entreprise, quand ils eurent enfin le bonheur de découvrir cet étranger immobile au milieu des broussailles.

Il n'hésita pas à se faire connaître. Il était chanoine de St-Orens, ce qui était alors plus que suffisant pour être conduit sans autre forme de procès dans une maison d'arrêt ou devant les juges.

Arrivé devant l'administration centrale, il subit ainsi son interrogatoire :

Le Président. — Votre nom ? prénom ? âge ? etc., etc.

— Je m'appelle Jean-François Dorgueil. J'ai 58 ans et je suis prêtre, chanoine de St-Orens, dans cette commune, où je suis né.

Mon dernier domicile fixe était la maison de réclusion. Depuis que j'en suis sorti, je voyageais, demandant et recevant ma nourriture là où je me trouvais.

Qu'il me soit permis de dire ici quelque chose pour ma justification : j'étais dans la maison de réclusion, jouissant de toute la liberté compatible avec les devoirs du concierge ; j'appris qu'on allait ordonner la déportation des prêtres. Je la craignis, quoique je fusse dans un état d'infirmité qu'il m'était facile de faire constater.

Trouvant un jour la porte entr'ouverte, je m'évadai, cédant au sentiment bien naturel de ma conservation.

Je ne mésusai pas de ma liberté, car, pendant que dans le monde on m'attribuait tout le mal qui se faisait, par une fatalité que je ne conçois pas, je portais tous ceux que je voyais à l'obéissance aux lois.....

J'ai conversé, dans l'assurance que me donnait la conscience de ma bonne conduite, avec tout le monde, avec des patriotes eux-mêmes qui m'ont délivré les certificats de satisfaction que je remets sur le bureau.

Lorsque j'ai été arrêté, j'allais demander un verre d'eau dans une maison ; mais je n'ai ni fui, ni résisté aux gendarmes.

— Le bruit a couru que vous vous absteniez de l'exercice du culte à cause d'une interdiction lancée contre vous par votre ex-archevêque, Latour-Dupin ?

— Je proteste.

— Avez-vous prêté le serment de la Liberté et de l'Egalité ?

— Non, on ne me l'a jamais demandé.

— Etes-vous jamais sorti du territoire de la République ?

— Non.

— Pourquoi n'êtes-vous pas sorti en vertu de la loi du 19 fructidor ?

— J'ai compris que cette loi ne regardait que les émigrés et les prêtres déportés. Or, je ne suis dans aucune de ces deux classes....

Au reste, je ne pouvais sortir, sans être muni d'un passe-port, et en le demandant je me serais exposé à perdre ma liberté, plutôt qu'à obtenir ce passe-port... J'avais la conscience d'une conduite paisible.

Le prévenu dit ensuite qu'il fut arrêté entre Labarthe et Pouloubrin et qu'il avait fait deux lieues de chemin sans avoir le projet bien arrêté de se rendre dans quelque maison déterminée.

M. l'abbé Dorgueil, comme tous les autres, refusa absolument de faire connaître à ses juges les maisons où il avait été accueilli.

Il paraît que précédemment on avait constaté un attroupement dans la commune de Betcave et que dans cette localité, quelques citoyens surexcités contre le prêtre constitutionnel qui était venu s'y implanter, s'oublièrent jusqu'au point de lui couper les oreilles.

Aussi le Président profita-t-il de cette circonstance malheureuse pour demander à l'abbé

Dorgueil s'il avait pris part à ces scènes scandaleuses.

« De telles horreurs, répondit ce prêtre avec dignité, ne sont pas compatibles avec mon caractère, ni avec ma conduite passée... Lorsque ces atrocités ont eu lieu, j'étais à Lamothe, à deux lieues de Betcave; j'étais, dis-je, auprès d'un défenseur de la patrie qui se mourait de ses blessures, et que je croyais pouvoir soulager avec des onguents dont j'avais appris la composition d'une de mes sœurs qui ont passé leur vie dans les hospices.

— Vous avez refusé de faire connaître les maisons dans lesquelles vous receviez l'hospitalité; la même discrétion ne doit pas avoir lieu relativement à la maison où l'on a trouvé une partie de vos effets; d'autant plus que cette habitation renferme une cellule proportionnée à votre taille...

— J'ignore si l'on trouve des cachettes dans la maison dont il s'agit. Je sais que le citoyen Bajon ne m'a pas donné asile. Encore une fois, je restais dans la campagne, en plein air, envoyant chercher dans cette maison les effets qui m'étaient nécessaires..... Quant aux effets découverts dans cette habitation, ne trouvez pas mauvais que je vous en demande ici la restitution. Souffrez encore que je réclame de vous la déclaration que je fais en ce moment et qui consiste à affirmer que si j'ai contrevenu à quelque loi, c'est parce que je n'en connaissais pas ou l'existence ou les dispositions.

M. l'abbé Dorgueil n'avait certainement aucun grief à se reprocher; mais sa défense avait été trop vive, trop franche et trop énergique pour qu'il pût compter sur la clémence des juges. En conséquence, l'ex-chanoine de St-Orens fut condamné à être déporté à l'île de Ré, par le décret du 21 nivôse an 7, et, le 4 pluviôse suivant, il disait un dernier adieu à sa ville natale. Il prenait, à côté des gendarmes qui le tenaient enchaîné, le chemin de l'exil, en protestant de son innocence devant Dieu, et en conjurant le Seigneur de bénir sa patrie et ses bourreaux !

CHAPITRE XX

Les prêtres Lespiau (et Vignères) — Sentoux (et Dugers) — Boussens — Martin — Fourcade et Daulon. — Fête de l'anniversaire du dernier roi. — Barciet — Castex.

I

LESPIAU, PRÊTRE, ET VIGNÈRES
(L'Isle-Jourdain).

30 fructidor (16 septembre) an 6.

Le jour où la gendarmerie de Masseube saisissait M. l'abbé Dorgueil, une autre arrestation se faisait près de l'Isle-Jourdain, dans les conditions les plus étranges.

L'adjoint municipal de cette commune revenait de Lombez, en compagnie du receveur aux barrières et du tambour de sa localité, lorsqu'arrivés à un endroit assez rapproché de la ville, dans une métairie de la dame Rudelle, ils aperçurent deux hommes qui venaient vers eux.

Les deux étrangers doublèrent aussitôt le pas, ce qui fit naître quelques soupçons dans l'esprit de l'adjoint. Un de ses compagnons de route, d'après le conseil de l'officier municipal, courut après eux et les atteignit au moment où ils se disposaient à quitter le chemin, pour se jeter dans un petit sentier à travers champs.

Les réponses des deux voyageurs furent très évasives. On leur enjoignit de se rendre à la maison commune de l'Isle, et ce ne fut qu'après avoir marché longtemps qu'on reconnut enfin M. l'abbé Lespiau, ci-devant bénéficier du chapitre de l'Isle-Jourdain et prêtre réfractaire ; quant à son compagnon, c'était, à ne pas s'y tromper, le citoyen Vignères, habitant le hameau d'Emmartin, sur le territoire de la même commune.

On s'empressa d'appeler l'agent municipal, afin de faire subir un interrogatoire à nos deux prisonniers.

On venait de constater que M. l'abbé Lespiau était inscrit dans la liste supplémentaire des émigrés du Gers, quand un homme de l'Isle-Jourdain se présenta, apportant un paquet qu'il avait trouvé dans le vieux jardin communal.

Il faut ajouter que l'abbé Lespiau et Vignères y étaient passés, escortés de l'adjoint municipal.

Ce petit paquet fut ouvert séance tenante.

Il renfermait une étole, des saintes huiles

enfermées dans une bourse, un petit rituel, un bout de cierge.

Sans autre forme de procès, on conduisit le prêtre et son compagnon de voyage à la prison de la commune, où le concierge se permit sur la personne de l'abbé Lespiau les recherches les plus humiliantes.

Il lui arracha un chapelet, un Christ, une relique enfermée dans une petite boîte, un couteau, un canif.

Le lendemain, les deux prisonniers furent expédiés sur Auch, escortés d'un piquet de 30 hommes.

Ce fut le troisième jour complémentaire qu'ils parurent devant l'administration centrale, pour y subir successivement leur interrogatoire...

Le citoyen Vignères fut appelé le premier.

Le président. — Votre nom ? votre prénom ? votre âge ? etc., etc...

— Je m'appelle Jean Vignères. J'ai à peu près 40 ans. Je suis cultivateur. Je suis né à l'Isle-Jourdain et j'y demeure dans un hameau qu'on appelle à Emmartin.

— D'où veniez-vous lorsque vous avez été arrêté, et où alliez-vous ?

— J'allais de ma maison dans celle de ma belle-mère, la prier de venir remplacer ma femme malade, pour cueillir le gros millet. Chemin faisant, j'ai rencontré celui qui a été arrêté avec moi.

— Connaissiez-vous celui que vous rencontrâtes et qui fut arrêté ? L'avez-vous jamais reçu dans votre maison ? L'aviez-vous vu quelque part précédemment ?

— Je ne l'ai jamais reçu chez moi, et je ne l'ai vu que l'an passé dans la commune de Clermont, dans le temps où l'exercice du culte était libre.

— Exerçait-il alors le ministère du culte ?

— Non.

— Dans quelle maison de Clermont le vites-vous ? Où était-il, que faisait-il enfin lorsque vous le vites ?

— Je ne l'ai vu dans aucune maison. Il allait vraisemblablement dans celles où on l'appelait. Je le vis enfin sur le chemin.

— Avez-vous jamais reçu ce prêtre dans votre maison, et en connaissez-vous quelqu'une où il ait été reçu ?

— Je ne l'ai jamais reçu chez moi, et je ne connais pas ceux qui l'ont reçu chez eux.

— Savez-vous que ce prêtre soit inscrit sur la liste des émigrés ?

— Non.

— Pourquoi ce prêtre et vous avez-vous fui, ou du moins doublé le pas après avoir dépassé ceux qui vous arrêtèrent ?

— Bien loin de fuir ou de doubler le pas, nous

25

nous arrêtâmes lorsqu'ils nous crièrent de le faire au nom de la loi, et nous les suivîmes paisiblement dans la maison commune.

— Lorsqu'on vous a arrêtés, n'a-t-on pas trouvé des effets ? les portiez-vous ? vous appartiennent-ils ou appartiennent-ils à quelque autre, et à qui ?

— Dès que j'eus marché quelque temps avec le prêtre Lespiau, il me pria de le soulager d'un paquet qu'il portait dans sa main ; je le pris et je le portais lorsque je fus arrêté ; je m'attendais à le lui rendre sur sa demande au moment de notre séparation.

Je présume que ces objets appartiennent au prêtre Lespiau, et ils ne m'appartiennent pas.

— Fûtes-vous arrêté sur le chemin le plus direct qui mène de votre maison à celle de votre belle-mère ?

— Il y a plusieurs chemins qui y conduisent. Celui que je pris est celui que je prends ordinairement, et il n'est pas plus long que l'autre.

Lecture fut faite du présent interrogatoire au citoyen Vignères. Invité à le signer s'il le trouvait fidèlement rédigé, il remarqua une erreur qui s'était glissée dans la rédaction : l'abbé Lespiau n'était point chanoine, mais bien prébendé de l'Isle-Jourdain.

La main du citoyen Vignères était tremblottante, il ne put signer.

Il passa dans la salle voisine, et l'abbé Lespiau, introduit à son tour, répondit ainsi :

Le Président. — Votre nom ? prénom ? âge ? etc., etc.

— Je m'appelle Vital-Marie Lespiau ; j'ai plus de 51 ans. Je suis prêtre, ci-devant prébendé dans le chapitre de l'Isle-Jourdain.

Je suis né dans la commune d'Angeville, voisine de Castel-Sarrasin, dans le diocèse de Montauban. Je n'ai pas de domicile actuellement. Mon dernier était à l'Isle-Jourdain, où je demeurais depuis l'âge de 3 ans.

— Avez-vous prêté le serment de la constitution civile du clergé ? ou du moins celui de la Liberté et de l'Egalité ?

— Je n'en ai prêté aucun.

— Etes-vous sorti de France ?

— Non, pas même de la commune de l'Isle-Jourdain, si j'en excepte un voyage que je fis à Barèges, pour ma santé, en 1792.

— Pourquoi n'êtes-vous pas sorti de France en vertu de la loi du 26 août 1792, ou du moins en vertu de celle du 19 fructidor ?

— Je n'ai obéi ni à l'une ni à l'autre, parce que mes infirmités m'empêchent d'aller à pied, et ma pauvreté s'oppose à ce que je voyage autrement.

— Avez-vous exercé le ministère du culte, et quand l'avez-vous exercé ?

— Dans le mois de janvier 1797, les habitants de Clermont me portèrent un ordre, signé Dubourg, vicaire général dans le diocèse de Toulouse, en vertu duquel je devais exercer pour eux le ministère du culte.

J'obéis à l'ordre de mon supérieur et je me rendis dans la commune de Clermont, où je restai jusqu'à la loi du 9 fructidor, exerçant le ministère partout, dans l'église et dans les maisons où j'étais appelé ; depuis lors je ne l'ai exercé que dans les maisons où l'on m'appelait et jamais qu'en présence des habitants de ces maisons.

— Il entrait dans les opérations du ministère d'administrer l'extrême-onction ; d'où receviez-vous les huiles dites *Saintes* ?

— Les habitants de Clermont m'en avaient remis. Je les emportai en quittant cette commune. Je m'en servais et j'en alimentais la provision en y mêlant de l'huile simple au besoin.

— Quelles sont les maisons où vous exerciez le ministère du culte et celles où vous habitiez ?

— Dans les maisons pauvres. Je ne les désignerai point, pour ne pas violer les droits de l'hospitalité.

— Etes-vous inscrit sur aucune liste des émigrés ?

— Je le crois d'autant moins que je ne suis jamais sorti de France.

— Y avait-il dans le ci-devant chapitre de

l'Isle-Jourdain un bénéficier qui portât votre nom ou un nom ressemblant au vôtre ?

— Non.

— Cependant, l'on trouve sur la liste des émigrés du département du Gers, inscrit le nom Despiau ci-devant chanoine de l'Isle-Jourdain.

— Je réponds que cette inscription ne peut me regarder, soit parce que je ne suis jamais sorti de France, soit parce que mon nom est Lespiau et non Despiau, soit enfin parce que j'étais prébendé et non chanoine du chapitre de l'Isle-Jourdain.

— Ce paquet que vous voyez sur le bureau est-il à vous? Qui le portait au moment de votre arrestation?

— Il m'appartient. Lorsque le citoyen Vignères et moi fûmes arrêtés, il se trouvait dans ses mains, parce que je le priai de le porter, quelques instants après que je l'eus rencontré allant dans la même direction que moi.

— Il paraît que vous alliez ensemble chez sa belle-mère?

— J'allais alors autre part. Il est possible que je me fusse arrêté chez sa belle-mère pour me rafraîchir, mais il n'était pas dans mon projet de le faire.

On présente le paquet dont il s'agit. Il était enfermé dans deux bandes de papier croisées sur lesquelles étaient écrits ces mots : *Ne varietur*;

et les bandes jointes par un cachet de cire rouge portaient l'empreinte du cachet de l'administration municipale de l'Isle.

Ce paquet était marqué aux initiales I. L. et renfermait une étole, un rituel portatif, une petite boîte à reliques de saint Vital, un petit crucifix, un chapelet, un petit cierge, etc., etc.

M. l'abbé Lespiau affirma sans crainte que ces objets lui appartenaient.

Il réclama les reliques de saint Vital auxquelles il tenait, dit-il, par vénération pour son patron; exigea en outre le chapelet et le crucifix qui lui étaient indispensables dans ces pénibles circonstances; puis il demanda son couteau et des ciseaux pour son usage personnel.

Les objets de piété lui furent remis. Quant à ces derniers effets qu'il désirait, l'administration centrale les refusa impitoyablement avant d'en avoir conféré avec le commissaire surveillant de la maison de justice.

— Étiez-vous entré dans la maison du citoyen Vignères, lorsque vous fûtes arrêté ?

— J'y serais entré si l'on m'y eût appelé. Mais la femme Vignères, dont la maladie aurait pu motiver ma présence, ne s'est jamais adressée à moi. Enfin je ne suis pas entré chez elle.

Ce fut seulement le 30 vendémiaire, an 7, que e jugement fut rendu relativement au citoyen

Vignères. Nous lisons en effet dans un acte daté de ce jour :

« L'administration centrale du Gers, considérant que, de cet interrogatoire, il ne résulte pas que Vignères ait recélé le prêtre Lespiau, mais quelque présomption qu'il peut lui avoir donné asile quelquefois,

Arrête :

« Que le président délivrera séance tenante (ce qui fut exécuté) l'ordre au concierge de la maison d'arrêt de remettre le citoyen Vignères en liberté. »

Quant à M. l'abbé Lespiau, il fut enfermé dans la maison de réclusion, où il passa quelque temps.

Le décret du 21 nivôse, an 7, le condamna à la déportation à l'île de Ré et quelques jours plus tard (4 pluviôse), la brigade auscitaine vint l'enchaîner avec plusieurs de ses confrères, pour les conduire à leur destination. On vit des êtres assez dégradés insulter à leur passage ces nobles victimes d'une odieuse persécution ; mais elles souffraient pour la cause de la religion ; leurs consciences étaient pures ; elles marchaient vers l'exil, aux prisons, à la mort peut-être, et Dieu bénissait leurs pas.

II

M. PROSPER SENTOUS, PRÊTRE.

7 frimaire (28 novembre) an 7.

Les gendarmeries d'Auch et du département recherchaient partout les jeunes soldats qui jusqu'alors avaient refusé de se présenter et se tenaient cachés dans des maisons particulières. Le 7 frimaire, an 7, après avoir inutilement parcouru la commune de Mont-d'Astarac, ainsi que les localités voisines, le commandant de gendarmerie se repliait sur Lalanne-Arqué, lorsqu'un homme s'élança à travers champs vers la maison du citoyen Labeille (dit Bayle). Les agents de la force armée s'imaginèrent alors que cet étranger allait avertir la famille Labeille de leur arrivée. Ils hâtèrent le pas et trouvèrent devant la porte deux prêtres, dont le premier parvint à échapper aux poursuites de la gendarmerie, à la faveur des haies et des fossés qui environnaient la maison. Le second fut saisi, c'était M. l'abbé Sentous, ancien curé de Mont-d'Astarac, prêtre *insoumis* et accusé d'émigration. Des perquisitions rigoureuses furent faites dans l'intérieur de l'habitation, en présence de l'épouse Labeille, de sa fille et de son gendre; on découvrit une petite boîte en plomb garnie de coton imbibé d'huile, et un porte-hostie.

Quant à l'étranger qui s'était rendu précipitamment dans cette maison avant l'arrivée des gendarmes, c'était le citoyen Dugers, habitant de Mont-d'Astarac, accusé d'avoir eu des intelligences avec les prêtres insermentés et d'avoir pris part au soulèvement de Masseube.

M. l'abbé Sentous et le citoyen Dugers furent donc conduits à Auch dans la maison d'arrêt.

Voici l'interrogatoire de M. l'abbé Sentous :

Le président. — Quels sont vos nom ? prénom ? âge ? demeure ? etc., etc.

— Je m'appelle Augustin-Prosper Sentous. Je suis âgé de 60 ans. Je suis né à Pessan ; j'ai été curé de Mont-d'Astarac et n'ai point de domicile fixe.

— Depuis quand êtes-vous prêtre et quelles fonctions avez-vous faites ?

— J'ai été fait prêtre en 1763 : j'ai été vicaire et puis curé.

— Avez-vous prêté le serment prescrit par la constitution civile du clergé ?

— Non.

— Vous êtes-vous conformé à la loi du 26 août 1792 ?

— Oui.

— A quelle époque êtes-vous sorti du territoire français ? Où êtes-vous allé ? Etes-vous sorti avec un passe-port ?

— Je sortis de suite après la publication de la loi, muni d'un passe-port ; j'entrai en Espagne où j'ai séjourné jusqu'à mon retour en France.

— Pourquoi n'avez-vous pas quitté la France après la loi du 19 fructidor ?

— Le défaut de moyens, mes infirmités, l'amour de ma patrie, l'affection pour mes parents m'en ont empêché.

— Dans quel lieu avez-vous demeuré depuis votre rentrée en France ?

— Partout où l'on a voulu me recevoir en passant ; je n'ai pas eu de demeure fixe.

— Avez-vous fait les fonctions de votre ministère depuis votre rentrée en France ?

— J'en ai fait pour ceux qui m'en ont demandé.

— Faisiez-vous les fonctions publiquement ?

— Je les faisais dans des maisons particulières, sans m'apercevoir du nombre de ceux qui y assistaient.

— Dans quelle commune et dans quelle maison avez-vous été arrêté ?

— Dans la commune de Castères (Hautes-Pyrénées), canton de Castelnau-Magnoac.

— Où alliez-vous lorsque vous avez été arrêté ?

— J'allais par là... J'étais seul.

On lui présenta les objets qui avaient été découverts dans la maison Labeille.

— Reconnaissez-vous ces objets ?

— Je ne les connais point, ils ne m'appartiennent pas.

— Dans quelle maison avez-vous couché et de quelle sortiez-vous, lorsque vous avez été arrêté ?

— L'administration trouvera à propos que je ne fasse pas de réponse à ces interrogations.

M. l'abbé Sentous avoua qu'il ne vivait pas toujours auprès de ses parents, à Pessan, quoiqu'il y eût passé des semaines entières, mais il déclara aussi qu'il n'avait pas une demeure fixe à Mont-d'Astarac.

Puis se déroule devant ce prêtre toute une série de questions insidieuses, pour lui prouver qu'il n'avait point 60 ans.

M. l'abbé Sentous se souvint qu'on l'avait inscrit autrefois sur la liste des émigrés, mais il protesta hautement contre une telle injustice, attendu qu'il quitta la France pour obéir à la loi et que du reste, son frère avait fait des démarches pour obtenir sa radiation. Aussitôt les gendarmes introduisirent dans la salle des séances le citoyen Dugers.

Le président : — Votre nom ? votre prénom ? votre âge ? etc., etc.

— Je m'appelle Pierre-Joseph Dugers, âgé de 38 ans environ. Je suis laboureur, né dans la commune de Mont-d'Astarac où je réside.

— Pourquoi avez-vous été arrêté ?

— Je ne sais pour quel motif: La vérité est que j'allais dans la maison de Labeille, réclamer de lui un service...

J'ai rencontré, chemin faisant, une femme qui m'a dit que Labeille était hors de sa maison et qu'il travaillait au levant de son habitation.

Je revenais sur mes pas pour le rejoindre, lorsque deux gendarmes m'arrêtèrent sans autre explication.

— Partites-vous de chez vous pour aller chez Labeille seulement?

— Non, j'allais couper du bois, et de là je me rendais chez lui.

— Etiez-vous seul lorsque vous fûtes arrêté ?

— Oui, j'étais seul... Les gendarmes me firent entrer dans la maison où je trouvai le curé de Mont-d'Astarac... Il y avait longtemps que je ne l'avais vu, car depuis son retour en France je ne l'ai vu que très rarement.

— Saviez-vous qu'il exerçait les fonctions du culte ? Y avez-vous jamais assisté ?

— Non.

Les membres de l'administration excédèrent de questions le citoyen Dugers: il fallut leur expliquer le service qu'il allait réclamer à Labeille, et qui consistait à lui emprunter un de ses instruments de menuiserie. Ses juges trouvèrent plus naturel que Dugers se fût rendu d'abord chez Labeille avant d'entrer dans le bois dont il leur avait parlé. Mais Dugers termina son interrogatoire par ces mots :

Il entra dans mon idée de faire ce que je fis.

Il fut arrêté séance tenante que ce dernier interrogatoire serait envoyé à l'accusateur public et les deux prévenus furent reconduits à la maison d'arrêt.

Quant à M. l'abbé Sentous, l'administration ne crut pas devoir se prononcer définitivement ; elle en référa au ministre de la police générale, en le priant avec instance de se prononcer le plus tôt possible, car ce prêtre allait terminer ses soixante ans, au mois de floréal suivant.

L'administration centrale était fort embarrassée et le ministre de la police générale ne l'était pas moins, quand il s'agissait de se prononcer, alors que les lois contre les prêtres étaient sans précision. Les différents ministères avaient jugé à propos de laisser planer, comme une menace continuelle, la peine de mort sur la tête des prêtres insoumis ; ils avaient décidé néanmoins qu'elle serait rarement appliquée, et qu'on se contenterait presque toujours d'une simple déportation.

L'administration centrale ne cessait de provoquer de nouvelles explications relatives à ces peines.

Que fallait-il faire contre les prêtres inscrits

sur la liste des émigrés qui presque tous y avaient été portés par erreur ou par un excès de zèle ?

Que fallait-il faire contre les citoyens chez lesquels les prêtres avaient été arrêtés et qui, d'après les lois du 29 et 30 vendémiaire, étaient sujets à la même peine que ces prêtres ?

Que fallait-il faire contre les prêtres qui avaient ou n'avaient pas exercé les fonctions du culte, sans avoir prêté les différents serments prescrits par les lois ?

Et le ministre de la police générale répondait la plupart du temps d'une manière plus ou moins évasive, rappelant aux administrateurs les différentes lois de la Constitution, et se prononçant seulement pour des cas particuliers...

Nous ne savons quel fut le sort de M. l'abbé Sentous et du citoyen Dugers, après leur interrogatoire.

III

L'ABBÉ BOUSSENS.

10 frimaire (1ᵉʳ décembre) an 7.

De toutes parts, des bandits dévoués aux idées révolutionnaires et anti-religieuses observaient avec un soin scrupuleux tous ceux dont la conduite, le langage et même les allures étaient suspects d'incivisme. Un étranger venait de passer à Mansempuy, canton de Mauvezin ; vite, un de ces misérables accourt chez l'agent municipal pour lui annoncer cette nouvelle. Celui-ci s'empresse de requérir, sans autre explication, le capitaine de la garde nationale et un de ses détachements pour marcher sur les traces du personnage inconnu.

On le rencontre sur le chemin de Lamothe, à trois cents pas de la maison *Enthoumas*.

On avait beau lui crier de s'arrêter ; il poursuivait sa marche. L'arrêter, le conduire à la maison commune pour lui faire subir son interrogatoire, fut l'affaire de quelques instants.

— Avez-vous un passe-port ?
— Non.
— Comment vous appelez-vous ?
— Je suis prêtre.
— Quel est votre nom ?
— Cela ne vous regarde pas.
— Quel est votre domicile ?
— J'habite un peu partout, je n'ai point de domicile fixe.
— Quel âge avez-vous ?
— Environ 50 ans.

Puis le procès-verbal de cette arrestation donne le signalement suivant :

Quatre pieds dix pouces, cheveux noirs, visage rond, etc., etc., etc.

— Citoyens, dit l'agent municipal à son entourage, connaissiez-vous cet individu ?

Quelques-uns croient que c'est Boussens, originaire de Mauvezin.

Le 13 frimaire, ce personnage mystérieux paraissait devant l'administration centrale du Gers, pour y compléter son interrogatoire.

— Quel est votre nom ? votre âge ? votre profession ? etc., etc.

— Je m'appelle André Boussens. Je suis âgé d'environ 50 ans; j'ai été vicaire à Mauvezin, et n'ai point de domicile fixe.

— Depuis combien de temps êtes-vous prêtre et quelles fonctions avez-vous exercé ?

— J'ai été fait prêtre en 1774 et j'ai été vicaire dans la commune de St-Loup.

— A quelle époque avez-vous cessé les fonctions de vicaire ?

— J'ai cessé de les exercer aussitôt que les lois me l'ont ordonné.

— Avez-vous prêté dans le temps le serment prescrit par la constitution civile du clergé ?

— Je l'ai prêté, mais avec restriction.

— Avez-vous obéi à la loi du 26 août 1792, qui ordonne aux prêtres réfractaires de sortir du territoire français ? Avez-vous rempli les formalités prescrites par cette loi ?

— J'ai obéi à la loi du 26 août 1792, après avoir préalablement déclaré que je voulais me retirer en Espagne, ce que je fis, muni d'un passe-port qui me fut délivré par l'administration municipale de Cologne, le 16 septembre 1792.

Ici, l'accusé montre son passe-port à ses juges qui l'examinent avec soin, le reprend ensuite, et les juges continuent :

— Pourquoi êtes-vous rentré en France ?

— J'y suis rentré parce que la loi du 7 fructidor (an 5) m'y autorisait.

— Pourquoi n'êtes-vous pas sorti lorsque la loi du 19 fructidor, rapportant celle du 7, vous ordonnait de sortir de nouveau ?

— J'avais arrangé mes affaires pour partir. J'avais vendu une petite maison, et, m'étant muni d'un passe-port, j'étais réellement parti, lorsque je fus dépouillé en route par des voleurs qui ne me laissèrent absolument rien : je fus obligé de revenir sur mes pas. Dépourvu de toutes ressources, je n'ai pu quitter la France pour me conformer à la loi.

— Avez-vous fait des fonctions du culte depuis le 19 fructidor et avant ?

— J'ai dit la messe quelquefois en secret depuis cette époque.

— Croyez-vous être inscrit sur la liste des émigrés ?

— Je ne crois pas y être inscrit, parce que je

ne suis sorti du territoire français que pour me conformer à la loi.

— Où avez-vous demeuré depuis votre sortie du territoire français jusqu'à ce que vous y êtes rentré ?

— J'ai demeuré en Espagne.

— Dans quelle maison avez-vous dit la messe, depuis le 19 fructidor ?

— Il me serait impossible de m'en souvenir.

Ici se termine l'interrogatoire de M. l'abbé Boussens, qui, aussitôt après avoir signé le procès-verbal pour constater l'authenticité de ses réponses, dut être reconduit à la maison d'arrêt, pour y attendre la sentence des juges.

Cette sentence se fit attendre quelques jours, car ce fut seulement le 21 nivôse, an 7, que le nom de ce prêtre parut sur la liste des condamnés à la déportation à l'île de Ré. Ce décret reçut son exécution le 4 pluviôse suivant. M. l'abbé Boussens enchaîné, avec ses compagnons d'exil, traversa la ville d'Auch, la salua également pour la dernière fois, escorté par la gendarmerie auscitaine qui se montra sans pitié pour ces malheureuses victimes de la persécution religieuse. S'il faut en croire un vieillard de 80 ans, qui tenait ce récit de son père témoin de cette scène, un de ces prêtres s'adressa à la foule réunie en masse sur le lieu de leur passage et fit entendre ces paroles mémorables... « Nous allons à la mort ; notre crime, à nous, c'est d'être prêtres du Christ... et comme notre Maître, nous vous pardonnons... Un jour on proclamera notre innocence... *Vive la Religion catholique, apostolique et Romaine!...* » Et les condamnés disparurent, quelques-uns pour ne plus revenir...

IV

Un prêtre sexagénaire, Bernard Martin, venu de Monbusque (Lot-et-Garonne) avait été déporté au mois de septembre 1792, pour avoir refusé de prêter le serment de fidélité à la Constitution.

Rentré plus tard en France, à la faveur de la loi du 19 fructidor, il avait obtenu de se retirer à Lectoure, pour y demeurer sous la surveillance de l'administration municipale.

Il fut bientôt dénoncé comme *fanatique très dangereux*.

Aussi, sur un ordre émané du Ministère de la Police (2 nivôse an 7), les gendarmes de la ville se rendirent-ils dans l'habitation de M. Martin (15 nivôse), pour l'enchaîner, lui faire traverser les rues dans cet état humiliant, et l'envoyer ainsi dans le Lot-et-Garonne, à la maison de réclusion.

V

LES PRÊTRES FOURCADE ET DAULON

28 nivôse (18 janvier) an 7.

Le commissaire du Directoire exécutif de Montferran dénonça à son collègue de Gimont une maison de Frégouville, où l'on soupçonnait quelques prêtres insermentés.

C'était un jour où la brigade de l'Isle-Jourdain devait se rendre à Garbic pour accompagner des réquisitionnaires à Toulouse. Les gendarmes de Gimont profitèrent de cette circonstance pour aller au devant de leurs confrères; mais les secours qu'ils espéraient recevoir de la gendarmerie de l'Isle ne leur furent point accordés. Alors, la brigade de Gimont eut recours à une dizaine de chasseurs des environs de Frégouville. On arriva donc dans cette dernière localité et l'on s'empressa de cerner l'habitation désignée par le commissaire du Directoire : c'était la maison du citoyen Vidal.

On y découvrit en effet M. l'abbé Fourcade, ci-devant vicaire de Frégouville, et M. l'abbé Daulon, vicaire de Montiron.

Ils eurent à peine déclaré qu'ils étaient prêtres

insermentés qu'on les conduisit, sans autre forme de procès, dans la maison d'arrêt de Gimont.

A ce qu'il paraît, la brigade de cette dernière commune avait l'intention de les emmener le lendemain matin à Auch; mais voilà que sur la fin du jour elle remarqua qu'une certaine agitation excitait les esprits. On s'attroupait, on causait, on se retirait à l'écart, la foule augmentait sensiblement, et comme tout faisait supposer que ce mouvement pouvait être attribué à l'arrestation des deux prêtres; comme il y avait tout lieu de craindre que la population ne se portât à des actes de violence pour les arracher des mains de la justice, à la faveur des ténèbres et des brouillards de la matinée, la brigade crut user de prudence en les gardant une journée de plus dans les prisons de Gimont.

Ce fut seulement le 1 pluviôse qu'ils parurent devant les juges : M. l'abbé Fourcade fut interrogé le premier.

Le Président. — Votre nom ? votre âge ? votre profession ?

— Je m'appelle Jean Fourcade. Je suis âgé de 45 ans. Je suis prêtre et j'étais vicaire à Frégouville.

Je suis né dans la commune de Montiron, et je restais à Frégouville avec mon curé.

Depuis la Révolution, je n'ai pas de domicile

fixe. Au reste, je crois que ce fut en 1783 que je fus ordonné prêtre.

— Avez-vous prêté le serment qui vous était prescrit par la constitution civile du clergé ?

— Non.

— Avez-vous obéi à la loi du 26 août 1792 qui vous obligeait à quitter le territoire français ?

— Non.

— Où avez-vous demeuré depuis cette époque ?

— J'ai déjà dit que je n'avais pas eu de domicile fixe. La municipalité de Frégouville me chassa de la paroisse en septembre 1792. Je lui remis les clefs de l'Eglise, et depuis lors, je passai d'un lieu à un autre.

— Pourquoi n'avez-vous pas obéi à cette loi du 26 août 1792 ? Pourquoi avez-vous persévéré dans votre désobéissance lorsque la loi du 19 fructidor est venue vous ordonner itérativement de sortir du territoire de la République ?

— Je n'avais pas de quoi vivre en France, encore moins pour voyager et aller en pays étranger.

— Avez-vous exercé le ministère du culte depuis votre sortie de Frégouville ? Où l'avez-vous exercé ?

— Avant le 19 fructidor, je l'ai exercé dans les églises de Frégouville, de St-Soulan et Giscaro, parce qu'alors les lois le permettaient ; mais depuis cette époque je m'en suis abstenu.

— Dans quelle commune et dans quelle maison avez-vous été arrêté ?

— Dans la maison du citoyen Vidal, habitant dans la commune de Frégouville. J'y étais arrivé seulement avant le jour, le matin même du 28 du mois dernier.

— Etiez-vous dans l'usage de fréquenter cette maison ?

— Non. Je la connaissais depuis que j'étais vicaire dans la commune ; et dans ma détresse j'allais y demander des secours. Le maître de la maison ne m'attendait pas. Il est avancé en âge. Il était couché et ce fut un domestique qui m'ouvrit la porte et m'introduisit, à l'insu peut-être du propriétaire.

— Croyez-vous être inscrit sur la liste des émigrés ?

— Non.

M. l'abbé Fourcade signa le procès-verbal de son interrogatoire après avoir constaté qu'il était conforme à la vérité.

Puis son confrère fut introduit.

Le président. — Votre nom ? votre prénom ? âge ? etc., etc.

— Je m'appelle Jean Daulon ; j'ai environ 45 ans et demi, natif de Labas, sans domicile fixe.

— Depuis combien de temps êtes-vous prêtre ? Quelles fonctions avez-vous exercées ?

— Je suis prêtre depuis environ 18 ans ; j'ai

rempli les fonctions de vicaire dans la commune de Montiron jusqu'au commencement de la Révolution.

— Avez-vous prêté le serment prescrit par la Constitution civile du clergé ?

— Non.

— Avez-vous obéi à la loi du 26 août 1792 qui obligeait les prêtres et les fonctionnaires à quitter le sol de la République ? Où avez-vous été ? Pouvez-vous justifier que vous êtes sorti en vertu de cette loi, muni d'un passe-port ?

— Je me suis rendu en Espagne après la publication de cette loi, et cela sans passe-port.

— Pourquoi êtes-vous rentré en France ?

— Parce que la loi du 7 fructidor m'y autorisait.

— Pourquoi n'avez-vous pas obéi à la loi du 19 fructidor ?

— Je n'avais pas les moyens de voyager.

— Où avez-vous demeuré depuis votre rentrée en France ?

— Je n'ai pas eu de demeure fixe, depuis le 19 fructidor.

— Avez-vous exercé vos fonctions depuis cette époque ?

— Non. Mais n'ayant pas compris la demande qui m'était faite pour préciser l'époque de ma rentrée en France, j'avoue que j'étais rentré avant l'autorisation de la loi, et, en arrivant dans la commune, j'allai y demander l'hospitalité que je présumais y trouver.

— Y avait-il des rapports avec les habitants de cette maison ?

— Je les connaissais depuis très longtemps; mais j'y allai très rarement.... environ trois fois depuis mon retour d'Espagne.

— Croyez-vous être inscrit sur la liste des émigrés ?

— Non.

Ici se termina l'interrogatoire de M. l'abbé Daulon.

L'administration s'étant réunie pour prononcer son verdict sur ces deux réfractaires, décréta :

« Que les prêtres Jean Fourcade et Jean Daulon seraient conduits de brigade en brigade à l'île de Ré, lieu désigné par les lettres ministérielles pour la déportation. »

Cette sentence reçut son exécution le 4 pluviôse de la même année.

VI

FÊTE DE L'ANNIVERSAIRE DU DERNIER ROI DES FRANÇAIS.

2 pluviôse, 21 janvier.

Dans les différents cantons du département du Gers, les administrations municipales avaient reçu ordre de faire annoncer les grandes fêtes nationales que la France révolutionnaire devait célébrer en l'honneur de la mort de notre dernier roi. Le jour déterminé, on devait se réunir ou sur la place publique ou devant les portes de la maison commune, pour se rendre ensuite, si le temps le permettait, autour de l'arbre de la Liberté, devant l'autel de la Patrie, ou bien encore dans l'église érigée en temple décadaire, c'est-à-dire de la Raison. Toutes les notabilités du lieu, tous les fonctionnaires publics, les instituteurs et institutrices avec leurs élèves étaient tenus rigoureusement d'assister à ces fêtes, pour y prêter le serment *de haine à la royauté*. Des chants patriotiques, des cris mille fois répétés de *Vive la République française !... Vive la Constitution de l'an 3 !... Haine aux tyrans !...* etc., telles étaient les cérémonies prescrites dans ce jour de deuil et de honte pour la France.

A peu près toutes les administrations avaient eu soin de désigner un de leurs membres, chargé de prononcer un discours analogue à la circonstance. On s'imagine sans peine la moralité de toutes ces harangues. Il nous suffit d'emprunter quelques lignes au discours de l'agent municipal de Condom, pour que tout lecteur soit édifié sur ce point

.... « Nous te saluons, mémorable journée du 21 janvier 1793, tu as fondé la Liberté ; tu nous a délivrés des crimes et des fureurs du tyran qui conspirait notre ruine.

« Est-il besoin, citoyens, pour inspirer la haine de la royauté, de vous retracer les horreurs et les cruautés qu'elle avait accumulées depuis plusieurs siècles ? La perversité de la cour avait amené les premiers jours de la Révolution ; la perversité de la cour amena la chute du trône.

« Si quelqu'un de vous pouvait révoquer en doute la perfidie d'une cour corrompue, et était assez lâche pour regretter le gouvernement tyrannique que Louis XVI nous préparait, qu'il écoute le récit des atrocités dont le *Souverain de Rome vient de se souiller* ; qu'il frémisse d'horreur et d'indignation, et qu'il se forme une véritable idée du despotisme royal et sacerdotal. »

On écoutait dans un morne silence. L'indignation était peinte sur tous les visages. L'orateur ne fut interrompu que par les cris prolongés de *Mort aux tyrans !*... *Aux armes, citoyens !* etc.

La musique fit entendre des airs patriotiques, pendant que tous les fonctionnaires et les assistants, arrivant tour à tour devant l'autel de la Patrie, juraient : *Haine à la royauté et à l'anarchie, attachement et fidélité à la République et à la Constitution de l'an 3.*

Ailleurs, quand la foule avait prêté ce ridicule serment, au milieu d'une joie délirante, soulevée par les chants de la *Marseillaise*, enivrée par les accents d'une musique guerrière qui alternait avec les salves d'artillerie, elle se livrait autour de l'arbre de la Liberté à des danses et des orgies publiques.

Que l'on compare ces fêtes tumultueuses aux touchantes solennités de notre religion catholique, et l'on verra jusqu'à quel point de dégradation voudraient encore nous ramener certains révolutionnaires de notre siècle, avec leurs théories subversives.

Dans certaines localités, pour distraire la foule fatiguée par les danses du jour, on invita toute la population à assister à la représentation de quelque drame ou de quelque comédie.

Des patriotes gimontois jouèrent, dans l'hospice de la ville, la tragédie de Voltaire : *Mort de César*, au profit des pauvres.

Souvent la fête se terminait par un festin. Et

alors, on mangeait, on buvait, on riait, on chantait, on exécutait des danses immorales, on se vautrait dans l'orgie, et, le dirons-nous ! c'était parfois dans nos églises !

VII

18 ventôse an 7.

M. l'abbé Barciet, curé de Seissan, avait été d'abord déporté en exécution de la loi du 26 août 1792.

Son nom avait été inscrit sans raison sur la liste des émigrés, car il n'avait quitté Seissan que le 14 septembre 1792, muni d'un passe-port que la municipalié de cette commune lui avait délivré deux jours auparavant.

Comme un arrêté départemental obligeait tous les prêtres non assermentés à s'éloigner de quatre lieues au moins de leurs communes respectives, M. l'abbé Barciet se dirigea vers Gimont. Là s'était rendue une foule de prêtres à qui les lois de la Révolution vinrent bientôt intimer l'ordre de quitter le territoire français. M. Barciet obéit, dans le délai prescrit par la loi ; il prit le chemin de Montréjeau, se dirigea sur Bagnères-de-Luchon et passa en Espagne.

Mais comme son nom figurait sur la liste des émigrés, tous ses biens devaient être confisqués au profit de la République *une* et *indivisible*. M. l'abbé Barciet avait quatre frères, et sa part de biens comprenait 2 hectares 9 ares en vignes et bois dans la commune de Durban ; 10 hectares environ de prés, vignes, bois, terres labourables, formant le cinquième de la métairie des *Poumès*, dans la commune d'Ornézan ; une maison d'habitation, jardin, pré, terres incultes de la contenance de un hectare environ, dans la ville de Seissan ; enfin une trentaine d'ares dans la commune de Pouyloubrin, canton de Seissan.

Le citoyen Pierre Barciet, oncle du prêtre exilé, réclama près des administrateurs du Gers la radiation de son neveu de la liste des émigrés.

On fit droit à sa demande le 18 ventôse de l'an 7.

VIII

PIERRE CASTEX (*Masseube*).

1 floréal (20 avril) an 7.

La gendarmerie de Masseube, fidèle à ses traditions, ne cessait de faire de minutieuses perquisitions dans toute la contrée. C'est ce que prouve encore le procès-verbal qu'elle rédigea le 1er floréal an 7 :

« Depuis hier, à trois heures du matin, nous avons poursuivi la nuit et le jour des prêtres réfractaires roulant dans les communes de Masseube, Panassac, Esclassan, Samazan, Labastide et autres... »

Arrivés dans la commune de Labastide devant l'habitation du citoyen St-Arroman, ils rencontrèrent l'épouse de ce dernier devant la porte.

— Avez-vous, lui dirent-ils, dans votre maison des individus frappés par la loi ?

— Non.

Soit que la frayeur de cette femme donnât aux gendarmes l'idée de faire une visite domiciliaire, soit que cette maison leur fût spécialement désignée, ils entrèrent.

Après les perquisitions les plus vexatoires, ils aperçurent une petite ouverture pratiquée dans une cloison, firent tomber une espèce de porte secrète et se trouvèrent en présence de deux personnes cachées :

C'étaient le prêtre Pierre Castex et Pierre St-Arroman, jeune homme de 20 ans, tous les deux originaires de Labastide.

Nos gendarmes pénétrèrent dans ce réduit obscur et en retirèrent des objets que nous allons retrouver à Auch dans la salle des séances.

Quelques heures après, M. l'abbé Castex paraissait devant ses juges.

Le président : — Votre nom ? votre âge ? votre

qualité ? quel est le lieu de votre naissance ? celui de votre domicile ?

— Je m'appelle Pierre Castex. J'ai environ 45 ans. Je suis prêtre, ci-devant vicaire de Sansan et Traversères.

Je suis né dans la commune de Labastide, canton de Masseube. Je n'ai pas eu depuis quelques années de domicile fixe.

— Depuis quel temps êtes-vous prêtre ? Quelles fonctions avez-vous exercées depuis ? Où les avez-vous exercées ?

— Je suis prêtre depuis environ quinze ans. J'ai fait les fonctions de vicaire dans les communes de Sansan et Traversères, canton de Seissan.

— Avez-vous prêté le serment prescrit par la constitution civile du clergé ?

— Non.

— Avez-vous obéi à la loi du 26 août 1792, en sortant du territoire de France ? Dans quel pays êtes-vous allé ?

— Je pris un passe-port que je n'ai pas actuellement, mais que je pourrai me procurer, si vous le jugez convenable.

Je pris un passe-port dans les formes voulues par cette loi et je passai en Espagne.

— A quelle époque êtes-vous revenu en France ? Et pourquoi ?

— Je suis rentré en messidor an 5, parce que

les autorités constituées toléraient, m'avait-on dit, le retour des prêtres.

— Pourquoi ne sortites-vous pas de France, deux ou trois mois après, en vertu de la loi du 19 fructidor ?

— J'étais malade, au point de ne pouvoir voyager sans danger ; et depuis mon rétablissement j'eusse été obligé de voyager sans passe-port.

— Où avez-vous demeuré depuis la publication de cette loi ?

— Je vous répète que je n'ai jamais eu de domicile fixe.

Au reste, je ne me rappelle pas dans quelles maisons je puis avoir été accueilli.

— Avez-vous exercé les fonctions de votre ministère ? Où et quand ?

— Je les ai exercées en cachette, à la dérobée, lorsque j'en ai été requis. Je ne m'en rappelle pas plus les lieux que ceux où j'ai trouvé asile.

— Dans quelle commune ? Dans quelle maison avez-vous été arrêté ?

— J'ai été arrêté avant-hier dans la commune de Labastide, dans ma maison paternelle, où j'étais arrivé l'avant-veille.

En ce moment, les gendarmes étalèrent sur une table du tribunal tous les objets qu'ils avaient découverts dans la maison St-Arroman :

Une boîte en carton renfermant des hosties.

Un calice de composition, avec sa patène.

Une boîte de fer blanc avec les Saintes-Huiles.
Un voile de satin pour couvrir le calice.
Deux étoles.
Une bourse avec un corporal.
Trois petits morceaux de toile.
Un amict.
Un rituel.
Quatre petits cahiers.
Un manuel écrit en latin.
Un cordon blanc.
Une pierre sacrée.

— Ces objets vous appartiennent-ils ? Tous les objets sont-ils sous vos yeux ?

Le prévenu les regarde attentivement. Et il répond au président :

— Tous sont à moi. Cependant, si j'ai bonne mémoire, il me semble qu'on a enlevé une chasuble de ma maison natale, et, cette chasuble, je ne l'aperçois pas au milieu des autres objets.

Le 23 messidor an 8, M. l'abbé Castex était encore à Auch, car il écrivit au préfet pour lui réclamer les différents objets inventoriés lors de sa procédure.

Il est certain que ce digne prêtre fut mis en liberté. Il nous est toutefois impossible d'assigner l'époque. Tout ce que nous savons, c'est que le 4 frimaire an 9, il se trouvait à Labastide, et comme le préfet du Gers, en réponse à la première lettre que l'abbé Castex lui écrivit, avait décidé que tous les objets réclamés devaient être rendus à leur juste possesseur, ce dernier se plaignant encore du retard qu'apportait l'administration à exécuter les volontés préfectorales, écrivit une seconde fois au citoyen préfet, pour réclamer les objets ci-dessus mentionnés.

Il vécut à Labastide, sous la surveillance de la municipalité.

CHAPITRE XXI

Affaire de Marciac. — Les prêtres Doubrère et Lagrange.—Quelques prêtres assermentés.—M. l'abbé Courtade. — La maison de réclusion. — Les prêtres Pardeillan — Cassagnolles — Montamat.

I

AFFAIRE DE MARCIAC.

Dans le canton de Marciac, comme dans tous les autres, il s'était trouvé des patriotes qui, pour faire preuve de dévouement aux idées républicaines, s'étaient fait un plaisir de dénoncer les prêtres insermentés.

Une douzaine de ces citoyens avaient formulé des plaintes assez graves contre certains prêtres cachés dans le canton.

Parmi ces derniers, on comptait l'abbé Doubrère et St-Hilaire Lagrange, de Semboués.

Il faut dire que la plupart de ceux qui avaient adressé de telles dénonciations contre les prêtres insermentés du canton de Marciac voulaient seulement les obliger à s'éloigner de quatre lieues; mais leur intention n'était nullement de les faire condamner à la déportation.

On ne pourrait s'empêcher ici d'admirer le courage de Mme Dutertre, ainsi que la bienveillance de M. Clausade, notaire de la ville.

Mme Dutertre avait compris que si l'on rétractait les dénonciations portées contre les prêtres, elles étaient considérées comme non avenues, aux yeux de l'administration.

Aussi n'hésita-t-elle pas un instant à se rendre chez M. Clausade. Elle n'ignorait pas que les prêtres Doubrère et St-Hilaire Lagrange étaient les anciens condisciples de ce notaire; tout le monde connaissait les bonnes relations qui n'avaient jamais été interrompues entre ces amis d'enfance, et M. Clausade n'avait jamais fait un mystère de ses sentiments affectueux à l'égard de ces prêtres voisins. Ils étaient venus eux-mêmes, le prier de s'intéresser à leur sort, ce que M. Clausade fit de grand cœur.

Comme il connaissait particulièrement les dénonciateurs, pour sa part, il pouvait se charger d'obtenir au moins deux ou trois rétractations.

Mais il s'agissait d'obtenir au moins sept rétractions sur les douze dénonciations qui avaient été faites, pour que l'autorité frappât le rapport de nullité.

Or, le lendemain matin, pendant que M. Clausade se promenait tranquillement sur la place publique avec son ami Léberon, tout à coup, ils furent accostés par Mme Dutertre qui les pria de l'accompagner à sa maison de campagne de Juilhac.

Les deux amis se rendirent à ses instances. Elle leur expliqua bientôt le motif de sa démarche. Il fallait absolument trouver quatre ou cinq signataires, à qui l'on devait faire comprendre que le salut des prêtres insermentés dépendait de leur rétractation.

C'est ce qui eut lieu.

Sur ces entrefaites les cinq autres signataires dénoncèrent M. Clausade et l'accusèrent d'avoir obtenu l'adhésion des sept premiers citoyens en exerçant sur eux une pression indigne de lui et en les corrompant par l'appât des récompenses.

Il fut assez difficile au citoyen Clausade de se justifier malgré son innocence.

Le citoyen administrateur du département du Gers reçut ordre de se transporter à Marciac, pour examiner cette affaire. Et c'est à l'occasion de sa visite que le notaire lui envoya un mémoire où il exposait les faits, rappelait les services qu'il avait rendus à son pays et concluait en ces termes :

« Citoyens, mon sort, celui de mon épouse et de mes enfants sont entre vos mains.

« Vous pouvez, en regardant ma démarche près des dénonciateurs comme un acte d'incivisme, vous pouvez me dépouiller de mon état, me réduire à la misère ; vous pouvez me ravir tous mes moyens de subsistance et toutes mes ressources...; mais je vous défie de m'empêcher de faire des vœux pour le bonheur de ma patrie. »

Ce sont là les seuls détails qui nous soient parvenus relativement aux prêtres Doubrère et St-Hilaire Lagrange.

II

26 floréal (15 mai) an 7.

Si l'administration centrale se montrait impitoyable pour les prêtres insermentés, elle n'était pas tout à fait indulgente pour ceux qui avaient prêté serment à la constitution civile du clergé.

Le 26 floréal an 7, un jeune homme se présenta devant la porte d'un citoyen de Montiron, canton de Simorre. Il était neuf heures du soir.

Il demandait l'hospitalité pour la nuit, disant qu'il était prêtre et ne connaissait personne dans la localité.

La femme de la maison, d'un caractère fourbe, l'accueillit avec toutes les apparences d'une bienveillance parfaite; mais, bientôt après, elle courut chez l'agent municipal et le pria de se transporter immédiatement dans son habitation.

C'est ce qui fut fait.

En interrogeant l'étranger, nos agents purent se convaincre d'une certaine hésitation dans les réponses.

Il leur déclara, sans doute, qu'il avait prêté le serment de fidélité à la Constitution, quand il était vicaire à Simorre, et comme il se croyait en règle avec les lois de la nation, il voyageait sans passe-port. Pendant que l'interrogatoire se poursuivait, un des agents se rendit à une chambre désignée par l'hôtesse perfide.

Il y trouva une étole, ce qui fit concevoir naturellement de nouveaux soupçons et donna lieu à toute une série d'interrogations nouvelles. Pourquoi en effet porter une étole pendant la nuit, puisque les lois de la nation n'obligeaient nullement ce prêtre à se cacher ?

Il affirma que cette étole ne lui appartenait pas. On n'ajouta pas foi à sa parole. On apporta encore un petit paquet renfermant deux lettres, l'une adressée à M. Léon François, prêtre catholique ; l'autre signée Lafont, prêtre.

Ici, il eut beau certifier de nouveau que ces lettres ne lui appartenaient pas ; tout faisait supposer qu'il était prêtre insermenté et qu'il entretenait des relations avec ses confrères réfractaires comme lui. La preuve en était évidente.

Il ajouta, pour sa justification, qu'il avait prêté serment le 29 mai 1793 et qu'après avoir quitté Simorre, il avait été nommé curé de Bézéril.

De telles affirmations n'étaient pas suffisantes, on le conçoit. Il fut donc renvoyé à Auch.

On prit des renseignements à Simorre, et le commissaire du Directoire exécutif répondit que le prêtre ci-dessus mentionné était originaire de St-Martin Gimois, que, pendant son vicariat à Simorre, il avait professé la démagogie la plus outrée, de même qu'à Bézéril et à Toulouse où il avait passé quelque temps. Cependant la nouvelle de sa rétractation avait circulé en ville.

Il n'en fallut pas davantage pour tenir le citoyen prêtre dans la maison d'arrêt.

On le vit s'adresser tour à tour aux administrateurs, au préfet, au commissaire général pour demander sa liberté. Du fond de son cachot, il donna plusieurs fois des preuves d'un ardent patriotisme, tout fut inutile.

Le 9 prairial il écrivit en effet :

« Veuillez m'assigner un corps d'armée, soit sur mer, soit sur terre, je m'y rendrai dans le temps qui sera fixé.

« J.-B. G. prêtre constitutionnel détenu. »

Dans une autre circonstance, il écrivit :

« Jamais, non, jamais la justice et la vérité ne furent plus outragées que depuis qu'une loi formelle les a mises à l'ordre du jour !

« Jamais plus de républicains opprimés, assassinés même sous le masque du patriotisme, et jamais moins d'assassins reconnus et punis. La *calomnie*, la *médisance*, le faux *témoignage*, voilà l'arme que les ennemis de la République et des républicains emploient, arme beaucoup plus redoutable que le fer meurtrier des assassins. »

L'administration fit encore la sourde oreille.

Pour la cinquième fois le prêtre constitutionnel se plaignit du fond de sa prison, pour réclamer *justice*, *loyauté* et par conséquent liberté. Et voilà que pour comble d'infortune, cette liberté, objet de tous ses désirs, lui fut encore refusée.

III

Un autre prêtre, Courtade, atteint de graves infirmités, vivait paisiblement dans la commune de Seissan, sous la surveillance de la municipalité.

Les officiers de santé avaient notifié son état maladif à l'administration générale. Mais la malveillance ne connaît ni pitié, ni justice. Le 3 prairial (22 mai) an 7, le commissaire du Directoire exécutif, dans le canton de Seissan, écrivit au président de l'administration centrale et dénatura les faits exposés plus haut. A ses yeux, le citoyen Courtade était un prêtre contre-révolutionnaire à qui la santé servait de prétexte pour fanatiser les masses et exercer une funeste influence dans les communes de Seissan, d'Ornezan, d'Orbessan, de Sansan, etc.

Le citoyen commissaire de Seissan termina ainsi sa perfide accusation :

« Le fanatisme de ce prêtre a été tellement communiqué aux malheureux habitants de cette contrée que, de l'aveu de ces derniers, il est impossible que le nouvel ordre de choses subsiste longtemps. »

On sait que M. l'abbé Courtade exerçait ses fonctions sacerdotales dans la maison de M. Duran et dans quelques autres maisons du voisinage. Les pieuses populations s'y rendaient en foule, assistaient silencieusement à la célébration des saints mystères ; puis se retiraient calmes, recueillies, souvent émues jusqu'aux larmes, et parfois nourries du pain qui fait les forts, toujours retrempées dans la foi de leurs pères.

Si l'on ignore la décision de l'administration supérieure relativement à ce vénérable prêtre, ainsi qu'à tant d'autres victimes, tout cœur catholique ne peut s'empêcher de rendre hommage à leur zèle infatigable et au courage de ceux qui leur donnaient l'hospitalité.

IV

Cependant les gendarmes couraient nuit et jour, les municipalités s'agitaient, les traîtres étaient toujours en éveil, et la république n'avait point encore récompensé leur dévouement !!! Le jour parut enfin où la patrie voulut témoigner sa reconnaissance pour *tant de services signalés* que lui avaient rendus tous ceux qui avaient arrêté quelque prêtre insermenté !!

Le ministre de la guerre envoya, le 26 prairial de l'an 7, une somme de 400 francs pour les gendarmes qui avaient opéré les huit arrestations : Aurensan — Sabathier — Soubdès — Sentous — Dorgueil — Mellet — Fourcade — Daulon !!!

Encore quinze jours, et les prêtres réfractaires condamnés à la déportation allaient prendre une direction différente.

Le 29 vendémiaire an 8, le ministre de la police envoya au commissaire central du Gers la circulaire suivante :

« Je vous préviens, citoyen, que les bâtiments destinés, dans l'île d'Oléron, à recevoir les prêtres frappés de déportation, étant préparés à cet effet, c'est désormais sur cette île, et non sur celle de Ré, que vous désignerez les déportés de votre département... »

Cependant les administrateurs du Gers ne craignirent pas de s'adresser au ministre de la police pour lui exposer les privations endurées par les prêtres dans la maison de réclusion.

Pour la première fois peut-être depuis le commencement de la Révolution, nous voyons le ministre de l'intérieur touché de pitié pour ces nobles captifs.

Il écrivit en effet à l'administration centrale du Gers :

« Les prêtres mis en réclusion dans le chef-lieu de votre arrondissement sont sans aucun moyen de subsistance ; quelques-uns d'entre eux sont atteints d'infirmités exigeant des remèdes que vous ne pouvez leur procurer, puisque vous n'avez pas des fonds affectés à cette sorte de dépenses...

« Je vous recommande, en conséquence, citoyens, de pourvoir à la nourriture et aux autres besoins des prêtres dont il s'agit.

« Vous ferez acquitter ces dépenses sur les fonds ordinaires de vos prisons....

« *Salut et fraternité...* »

On s'était déjà adressé au ministre de la police. Et comme les prêtres avaient sollicité la faveur de se rendre aux eaux minérales propres à guérir leurs infirmités ou du moins à calmer leurs douleurs, le ministre répondit aussitôt :

« La loi s'opposant à ce que cette liberté soit accordée à ces prêtres, je ne puis déférer à leurs réclamations. »

V

1 messidor (19 juin) an 7.

M. l'abbé Pardeillan, résidant à Vic-Fézensac, avait perdu la vue depuis trente ans environ. On lui avait permis une première fois de rester dans sa famille, sous la surveillance de la municipalité. Mais bientôt après, comme un nouveau décret obligeait tous les prêtres sexagénaires, sans exception, à se présenter à la maison de réclusion, avant le 25 fructidor de l'an 7, il crut devoir s'adresser encore à ses juges, pour obtenir de *leur clémence* la faveur de mourir dans ses foyers.

Il était âgé de 79 ans.

Cette supplique ne pouvait demeurer sans effet. Le 1er messidor, l'administration centrale lui accorda enfin l'autorisation de séjourner *définitivement* dans sa famille.

Ce même jour, un troisième prêtre résidant à Vic-Fézensac, M. l'abbé Cassagnolles, âgé de 85 ans, après avoir obtenu tout d'abord l'autorisation de vivre dans sa famille, se vit menacé une seconde fois de la réclusion par les nouvelles lois qui frappaient sans pitié tous les prêtres sexagénaires et insermentés indistinctement. Sa famille obtint cependant le bonheur de le posséder jusqu'à la fin de ses jours.

M. l'abbé Cassagnolles dut se placer sous la surveillance de l'agent municipal ; on devine que la tâche de ce dernier fut assez facile.

Cet arrêté de l'administration centrale est daté du 1ᵉʳ messidor an 7.

Quelques municipalités continuaient à se montrer plus faciles ; l'administration centrale donna parfois elle-même l'exemple d'une certaine indulgence à l'égard du clergé réfractaire.

Ainsi M. l'abbé Montamat, vicaire de l'Isle-Jourdain, résidait dans cette commune, où il avait déjà reçu, à l'âge de 68 ans, l'autorisation de continuer son séjour. Cette décision fut de nouveau confirmée par un arrêté du 11 messidor de l'an 7. Comme par le passé, ce prêtre dut se résoudre à se présenter toutes les décades aux agents municipaux, et, cette formalité remplie, s'il ne put encore jouir d'une liberté réelle, il n'en fut pas moins entouré de l'estime et de la vénération de tous les fidèles de la contrée. Les administrateurs savaient qu'il exerçait une grande influence sur la population, par ses éminentes vertus sacerdotales, sa générosité, ses bons conseils. Personne ne songeait plus à l'inquiéter ; on l'aimait, on le respectait, on craignait de lui faire de la peine.

CHAPITRE XXII

Plaisance. — Les prêtres Lafont — Mieussens — Daurensan — Jaulin. — Fête du 26 messidor. — Esquerré. — Délas. — Darquier.

I

PLAISANCE.

Le 13 messidor (1ᵉʳ juillet) an 7, le ministre de la police générale dénonça au commissaire central du Gers l'arrivée de plusieurs prêtres réfractaires dans le canton de Plaisance. Parmi ces derniers, deux surtout, que la circulaire ministérielle ne désigne point personnellement, étaient accusés de prêcher hautement le fanatisme, de soulever les populations, et plus particulièrement d'empêcher les jeunes soldats de se rendre sous les drapeaux. On leur reprochait en outre de rendre les républicains, peu nombreux dans le pays, odieux à la masse du peuple et de les désigner aux poignards des ennemis de la Révolution.

Qu'y avait-il de vrai dans ces affirmations du ministre? Peu de chose sans doute, car la population de Plaisance était alors, comme aujourd'hui, naturellement calme. Du reste, l'on ne trouve aucun document pour justifier ces plaintes et rien ne fait supposer qu'on ait eu à prendre des mesures de rigueur contre ces prêtres insermentés.

II

M. L'ABBÉ LAFONT.

17 messidor an 7.

Quatre jours après la dénonciation des prêtres de Plaisance, pendant la nuit du 16 au 17 messidor an 7 de la République une et indivisible, les gendarmes de Saramon reçurent ordre de se transporter dans la commune de Faget et de cerner la maison de Louise Estevenet (hameau dit Embaget). A l'heure où la loi permettait aux inquisiteurs de faire les recherches prescrites, les gendarmes frappèrent à la porte. Louise Estévenet se présenta et demanda sans crainte quel était le motif d'une telle visite.

Un gendarme. — N'y a-t-il pas chez vous quelque personne suspecte?

Louise. — Ma maison n'a jamais été ouverte aux personnes suspectes.

— Permettez-moi cependant de faire des recherches prescrites par les lois...

Et là-dessus, ils entrèrent.

Ils trouvèrent bientôt sur leur passage une patène et une boîte d'étain renfermant les saintes huiles.

Nos agents redoublèrent d'ardeur dans leurs perquisitions.

L'un d'eux eut la pensée de déplacer une armoire. Il se vit en présence d'un petit réduit pratiqué dans la muraille, où il pénétra non sans difficulté... Une personne était couchée dans un petit lit. Tout faisait soupçonner aux agents que c'était un prêtre insermenté.

« Au nom de la loi, lui crièrent-ils, sortez de ce réduit et suivez-nous. »

M. l'abbé Lafont, ancien vicaire de Nougaroulet, parut devant eux.

Les agents se saisirent de sa personne, prirent tous les objets qu'ils crurent lui appartenir, et intimèrent également à la veuve Louise Estévenet l'ordre de les suivre jusqu'à Saramon.

Dès le lendemain, M. l'abbé Lafont et celle qui lui avait accordé l'hospitalité parurent, à Auch, devant les juges de l'administration centrale. Ce fut d'abord M. l'abbé Lafont.

Le président. — Votre nom et prénom ? votre âge ? Le lieu de votre naissance ? etc.

— Je m'appelle Bertrand Lafont ; j'ai 48 ans. Je suis né dans la commune de Faget et n'ai pas de domicile fixe. J'errais dans le canton de Saramon et celui de Seissan, prenant l'hospitalité là où l'on voulait me l'accorder, et notamment dans la maison Estévenet, où je viens d'être arrêté. Je suis prêtre ; j'étais vicaire à Nougaroulet à l'époque de la Révolution, et j'y ai resté jusqu'à ce que les événements m'ont forcé à quitter cette paroisse.

— Connaissez-vous les autres maisons qui vous ont donné l'hospitalité ?

— Non.

— Avez-vous prêté les serments auxquels vous étiez tenu en qualité de vicaire ?

— Non.

— Avez-vous, du moins, obéi à la loi du 26 août qui vous ordonnait de sortir du territoire de la République ?

— Non, mes infirmités m'en empêchèrent. Ces infirmités sont un rhumatisme dont je suis affligé depuis ma jeunesse.

— Avez-vous obéi à la loi du 18 fructidor qui vous réitéra l'ordre de quitter le territoire français ?

— Non, et par les mêmes motifs.

— Quelle autorité vous a dispensé d'obéir à

ces deux lois ? Avez-vous été reclus comme prêtre infirme ?

— J'ai adressé dans le temps une pétition à la municipalité de Saramon. Je demandais à être dispensé de quitter la France et même à n'être pas reclus quoique infirme.

On n'a jamais répondu à ma pétition.

— Avez-vous exercé le ministère du culte pendant que vous erriez dans les cantons de Saramon et de Seissan ? Où l'avez-vous exercé ?

— Quelquefois chez la femme Estévenet ; elle assistait à mes cérémonies seule avec sa famille; je les faisais presque continuellement pendant qu'il était permis d'exercer librement le culte ; mais, avant ou après cette époque, je les faisais rarement.

— On est toujours libre d'exercer son culte, mais en se conformant aux lois. Pour vous y conformer, avez-vous déclaré à une autorité constituée que vous vouliez exercer le ministère de votre culte ?

— Non.

— L'avez-vous exercée ailleurs que chez la femme Estévenet ?

— Non.

Pour M. l'abbé Lafont, comme pour tous les autres prêtres insoumis, on étala sur le bureau les différents objets qui avaient été confisqués.

C'étaient :

Une patène ;

Une boîte d'étain renfermant des hosties ;

Un calice en argent ;

Deux petites boîtes en argent ;

Une boîte de plomb pour les saintes huiles ;

Un fer pour faire les hosties ;

Une boîte de laiton doublée de soie pour enfermer les hosties ;

Une chasuble en velours cramoisi ;

Un manipule ;

Une bourse, l'étole ;

Un amict, un cordon, une nappe d'autel ;

Un missel d'Auch.

— Ces objets ont-ils été trouvés avec vous ? Vous appartiennent-ils ? En manque-t-il quelqu'un ?

— Ces objets ont été trouvés dans la chambre voisine de l'endroit d'où je fus retiré. Tous ceux qui sont énumérés dans le procès-verbal sont actuellement sous mes yeux. Le calice, la patène et les boites m'appartiennent. Je les tiens de mon curé, qui me les donna à son départ, s'il ne revenait pas. Quant aux autres effets, je ne sais à qui ils appartiennent.

Le président invita alors le prévenu à écrire à la marge du procès-verbal ces mots *ne varietur*; puis le concierge fut chargé de ces effets qui furent renfermés dans un sac dont la corde fut cachetée avec le sceau de l'administration.

Et l'interrogatoire se continua ainsi qu'il suit :

— Reconnaissez-vous cette lettre signée Marquet? Qui est ce Marquet et qui vous a remis la lettre?

— Cette lettre a été trouvée sur moi ; je ne sais qui me l'a remise, et ne puis vous dire qui est ce Marquet.

— Cette lettre porte que la propriété des domaines nationaux ne peut dans aucun cas appartenir aux acquéreurs; qu'on peut transiger avec eux pour la restitution des fruits, mais que les biens des émigrés et des condamnés appartiennent entièrement aux anciens propriétaires. Telle est votre croyance; l'avez-vous enseignée aux autres ?

— Sur ma croyance relative à ces principes, je n'ai rien à répondre. Au reste, je ne les ai jamais professés.

Nouvelle invitation est faite à M. l'abbé Lafont d'écrire une seconde fois *ne varietur* à côté de la signature Marquet.

— Connaissez-vous cette lettre datée de Seissan 24 avril et signée : Bars. c. de Seis, dans laquelle il est parlé de cas réservés et du prêtre Ducasse?

— Cette lettre m'a été remise en communication par une personne de la maison où j'ai été arrêté.

— Ce papier et cette lettre imprimée ont-ils été trouvés avec vous, et vous appartiennent-ils? Qui vous les a remis?

— Ce papier contient des notes depuis longtemps écrites de ma main. Quant à la lettre imprimée, elle était jointe à la lettre datée de Seissan.

Cette lettre, ainsi que la précédente, fut paraphée d'un *ne varietur* apposé par M. l'abbé Lafont.

Puis on continue l'interrogatoire :

— Etes-vous inscrit sur la liste des émigrés? Et dans ce cas, quelles démarches avez-vous faites pour en être rayé? Pourquoi n'avez-vous pas obéi à la loi du 19 fructidor, comme prévenu d'émigration, si vous n'y avez obéi comme prêtre réfractaire?

— J'ignore si je suis inscrit sur la liste des émigrés.

Ici le président lui présente la liste générale. On y lisait, en effet, le nom de l'abbé Lafont et toutes les autres désignations qui paraissaient lui convenir.

— Tout ce que je sais, c'est que le citoyen Bacon, agriculteur dans la commune de Faget, et le citoyen St-Arroman, mon beau-frère, habitant dans la commune de Sémézies, me dirent qu'ils allaient faire les démarches convenables pour justifier de ma résidence en France. Mais ils ne me dirent pas si le motif de leurs démarches était relatif à mon inscription sur la liste des émigrés.

Je leur ai entendu dire depuis lors qu'on avait fait en conséquence des affiches au chef-lieu du canton de Saramon.

Ne sachant pas que je fusse inscrit sur la liste des émigrés, infirme et sans moyens pécuniaires, je ne songeai pas à sortir de France après la loi du 15 fructidor.

Ensuite M. l'abbé Lafont fut conduit jusqu'à nouvel ordre dans la maison d'arrêt.

Ce fut seulement le 9 thermidor que les juges réunis en séance publique se prononcèrent sur l'affaire de cette nouvelle victime.

Voici les conclusions de ce jugement :

1° Conformément aux articles 15 et 16 de la loi du 19 fructidor an ., le prêtre Bertrand Lafont sera traduit à Perpignan, pour y être jugé par une commission militaire ;

2° Il sera néanmoins sursis à l'exécution de l'arrêté précédent jusqu'à ce que le ministre de la police générale aura transmis à l'administration centrale la décision du Directoire exécutif ;

3° Il sera envoyé copie du présent arrêté à l'accusateur public, attendu que le tribunal criminel doit prononcer sur le sort de Louise Estévenet, prévenue d'avoir recélé le prêtre Lafont.

Quant à cette dernière, voici les réponses qu'elle fit le jour de son arrestation :

— Quel est votre nom ?
— Louise Estévenet.
— Quel est votre âge ?
— Quarante-sept ans.
— Votre profession ?
— Je fais travailler mon bien.
— Votre domicile ?
— A Faget, dans le hameau dit d'Embaget.
— Connaissez-vous la personne qu'on a arrêtée chez vous ?
— Oui.
— Savez-vous son nom ?
— Bertrand Lafont.
— Saviez-vous quelle était sa profession ?
— Je savais qu'il était prêtre.
— Saviez-vous s'il avait prêté serment ?
— Je savais qu'il n'en avait pas prêté.
— Depuis combien de temps était-il chez vous ?
— Depuis hier soir.
— Pourquoi avez-vous gardé chez vous une personne frappée par la loi ?
— Il m'a prié de lui donner l'hospitalité hier soir.

— Pourquoi l'avez-vous placé dans le réduit plutôt que dans une chambre ?

— Pour l'empêcher d'être arrêté.

— A-t-il résidé chez vous dans d'autres occasions ?

— Il y est venu quelquefois, mais rarement.

— A-t-il fait les fonctions du culte chez vous ?

— Il y a dit la messe quelquefois.

— Y avait-il affluence de peuple pour y assister ?

— Il la disait pour ceux de la maison.

Avant de se prononcer sur le sort de la veuve Louise Estévenet, les juges de l'administration centrale en référèrent au ministre de la police générale.

Et ce dernier répondit qu'il lui était impossible de se prononcer lui-même jusqu'à ce que la commission militaire de Perpignan eût fait connaître son avis sur l'abbé Lafont.

Pendant cet intervalle, ce prêtre insermenté suivit l'exemple de ses confrères. Comme les objets qui lui appartenaient et qui avaient été confiés à la surveillance du concierge ne lui étaient pas remis contrairement à toutes les lois de l'équité, il adressa une plainte au Préfet du Gers qui fit droit à ses réclamations.

C'est là tout ce que nous avons pu savoir sur M. l'abbé Lafont et Louise Estévenet.

III

22 messidor an 7.

M. l'abbé Jean-Bernard Mieussens naquit dans la commune de Meymes (section de la Douze) et fut baptisé dans l'église de Lartigole, le 25 avril 1722. Tout fait supposer qu'il passa quelque temps dans la maison de réclusion, et qu'après avoir recouvré sa liberté, il se retira dans sa famille, à Castelnavet. A l'âge de 77 ans, sommé de se rendre encore à Auch, pour se conformer aux lois détestables de la République concernant les prêtres insermentés, il protesta contre cet ordre cruel, invoquant des infirmités incurables qui l'empêchaient absolument de se mettre à la disposition de l'administration centrale.

On déclara que, dans l'espace d'une décade, des renseignements précis seraient fournis par la municipalité sur les antécédents, la conduite, le caractère et le civisme de ce prêtre. Ces renseignements furent sans doute favorables, puisqu'il fut autorisé à rester définitivement dans ses foyers, à Castelnavet, par un arrêté en date du 22 messidor de l'an 7.

A cette époque, M. l'abbé Daurensan s'était déjà plaint, dans la maison de réclusion, des privations excessives que sa santé ne lui permettait pas d'endurer plus longtemps. Il avait demandé au ministre de la police générale l'autorisation de rentrer, au moins pour quelques jours, dans sa famille pour y recevoir les soins que ses douleurs réclamaient impérieusement. Il promit de se placer sous la surveillance rigoureuse de la municipalité, fit observer qu'un séjour prolongé dans cette prison lui coûterait infailliblement la vie. Il était certes d'un caractère paisible, et néanmoins, il nous est impossible de savoir s'il obtint la faveur sollicitée.

M. l'abbé Jaulin était également enfermé dans la maison de réclusion malgré toutes ses infirmités. A son tour, il adressa une pétition pour réclamer des soins particuliers qu'on ne pouvait lui donner dans cet établissement.

Au moment où les officiers de santé chargés d'examiner l'état de ses souffrances, arrivèrent dans la maison de réclusion, ce prêtre était cloué sur son lit, en proie à une fièvre catarrhale putride.

Sur leur rapport, l'administration centrale permit à M. l'abbé Jaulin de quitter provisoirement la maison de réclusion, et de se faire transporter en ville, jusqu'à sa guérison.

IV

FÊTE DU 26 MESSIDOR (14 JUILLET).

La fête du 14 juillet fut instituée pour rappeler au peuple l'anniversaire de cette grande époque où la *Liberté fut conquise par l'effort des Français qui détruisirent la Bastille.*

Toutes les communes de France furent invitées à donner à cette fête nationale la plus grande solennité.

Dans le département du Gers, certaines municipalités réussirent à grouper ce jour-là une foule considérable de patriotes autour de l'arbre de la liberté ou dans les temples décadaires.

Ainsi l'on vit, par exemple à Gimont, tous les officiers municipaux se préparer quelques jours à l'avance aux *solennités de cette fête nationale.*

La veille, à huit heures du soir, les cloches sonnèrent, le canon gronda sur l'*Esplanade des Capucins*; et le lendemain, à 6 heures du matin, chacun dut suspendre son travail pour se livrer aux bruyants transports de joie de la France révolutionnaire.

De midi à une heure, tous les citoyens se réunirent dans la maison commune, pour y entendre la lecture des lois concernant cette fête, et un discours de circonstance, ayant pour but de réveiller les sentiments de patriotisme chez certains habitants qui embrassaient les nouvelles doctrines avec trop de tiédeur.

La fête se termina par des danses qui se prolongèrent jusqu'à huit heures du soir. Alors la cloche sonna de nouveau pour annoncer au peuple que la fête était terminée et chacun regagna tranquillement ses pénates.

A Condom, une musique guerrière ouvrait la marche. Suivaient la garde nationale portant une bannière avec cette inscription : « *Destruction de la tyrannie,* » un groupe de vieillards avec une autre bannière où étaient écrits ces mots : « *Respect à la vieillesse, soumission aux lois,* » un groupe de jeunes citoyens traînant un char de triomphe où étaient déposés les prix que l'on devait décerner aux vainqueurs à la cible et à la course, et portant une troisième bannière avec l'inscription suivante : « *Le prix est au mérite.* » Venaient ensuite les autorités militaires, les instituteurs et leurs élèves, un grand concours de peuple, la gendarmerie nationale avec son étendard : « *Force à la loi,* » et enfin l'administration municipale. Après avoir fait des promenades civiques dans l'intérieur de la ville, on se rendit, en chantant des hymnes patriotiques, autour de l'arbre de la Liberté... De là, on se dirigea vers l'église où était dressé l'autel de la

Patrie. Le président de l'administration municipale rappela dans un discours véhément les *bienfaits de la Révolution* et termina sa harangue en ces termes : « *Vive... vive la République !* » Ce cri fut répété avec enthousiasme par tous les assistants, dans ce lieu où jusqu'à cette époque désastreuse, l'on n'avait célébré que les saints mystères et où l'on n'avait jamais entendu que les vérités de l'Evangile. La musique joua quelques hymnes en l'honneur de la Liberté ; puis deux jeunes élèves du citoyen instituteur prononcèrent tour à tour une espèce de harangue qui fut accueillie par des applaudissements frénétiques... L'on cria de nouveau : « *Vive la République !* » On chanta l'hymne des *Marseillais*, et l'on se rendit ensuite au lieu désigné pour les exercices de la cible. Là, le citoyen Joseph Soulès, ayant seul touché le but, fut aussitôt couronné par le président de l'administration, en présence de toute la population ; il reçut un fusil pour prix de son adresse.

La pluie vint troubler cette fête et empêcha les jeunes citoyens de concourir pour les exercices de la course.

La fête du 14 juillet ne fut pas célébrée avec autant de solennité dans le canton de Seissan et dans une foule d'autres communes. Sans doute, les officiers municipaux ne négligèrent absolument rien pour faire comprendre à leurs administrés les bienfaits de l'ère républicaine et pour les engager à observer avec une fidélité scrupuleuse toutes les lois concernant les cérémonies religieuses. Mais c'est à peine s'ils purent malgré leurs efforts réunir quelques-uns de leurs concitoyens. La masse de la population crut qu'il était plus avantageux pour elle de s'occuper des travaux de la moisson, et la fête nationale ne put avoir lieu.

On lira peut-être avec un certain intérêt quelques détails de la fête du 14 juillet dans la ville d'Auch.

Après l'avoir annoncée plusieurs jours à l'avance, par des publications en ville et des invitations adressées à chaque citoyen, ce jour-là toutes les autorités constituées civiles et militaires, les gardes nationales de la commune et du canton, les défenseurs de la Patrie, trente jeunes filles, huit petits enfants, musique en tête, se rendirent à dix heures du matin, les uns sur la place de la Liberté et les autres à la maison commune.

Bientôt après, les cloches firent entendre leurs joyeux carillon, le canon gronda: c'était le signal de l'ouverture de la fête.

Les autorités civiles, précédées d'un nombreux cortège de citoyens dévoués aux idées nouvelles, parurent devant les portes de la maison commune.

Là se tenaient calmes, recueillies, silencieuses les jeunes filles vêtues de blanc; un voile de même couleur couvrait leur chevelure ondoyante. Chacune d'elles portait une corbeille remplie de fleurs.

En avant des jeunes filles marchaient assez péniblement quatre soldats blessés, portant sur leurs épaules un vase orné de cyprès dans lequel étaient renfermées *quelques cendres des citoyens morts à la prise de la Bastille.*

Les jeunes filles jetaient des fleurs et les enfants brûlaient des parfums devant cette urne funéraire.

On parcourut ainsi les principales rues de la ville; puis le cortége étant revenu au pied de l'autel de la Patrie, le Président de l'administration prononça un discours civique se terminant par cette formule consacrée :

Vive la République !

Tout le monde répéta ce cri avec un enthousiasme indescriptible, on chanta des hymnes à la Liberté et l'on reprit le chemin de la maison commune.

La fête se termina par un grand bal que l'on donna dans une salle de *l'Archevêché.*

Dans certaines localités, comme à Labastide, qui à cette époque dépendait du département du Gers, on se contenta de porter en triomphe, à travers les rues, quatre bannières avec les inscriptions suivantes :

— « *14 Juillet :* Impatient d'une tyrannie qui avait pesé sur quatorze siècles, le Peuple français se lève et invoque une constitution. »

— « *10 août :* Un autre Tarquin abuse de l'autorité que lui avait laissée le peuple. De nouveaux Brutus fondent la République. »

— « *9 thermidor :* Des décemvirs agitent une hache sanglante ; elle est brisée entre leurs mains. »

— « *18 fructidor :* Le royalisme se relève, il est vaincu. »

Là comme ailleurs, on se rendit à l'église pour chanter des hymnes patriotiques, entendre une harangue révolutionnaire et se livrer à des scènes dignes de la barbarie. Le soir, grand bal dans la maison commune.

A Mirande, à Lombez, les choses ne se passèrent pas autrement. Dans cette dernière localité, il y eut ceci de particulier que la foule se rendit avec calme sur la place d'armes, autour de l'arbre de la Liberté, et comme cet arbre avait déjà pris racine dans le sol, le président profita de cette circonstance pour développer dans une improvisation chaleureuse les bienfaits de la République et engager tous les patriotes à regarder désormais cet arbre comme l'emblème de leur Liberté civile et religieuse. Il rappela l'enthousiasme national lors des premières fédérations qui creusèrent le tombeau des Bourbons et abattirent la féodalité; il dit tout ce que la Liberté enfanta de grand et de sublime, parla tour à tour en termes émus de ce qu'était jadis le peuple français sous la monarchie, de l'oppression des masses de la tyrannie des privilégiés, d'une cour corrompue, du despotisme des Parlements. Il termina enfin par cette dernière absurdité : « N'oubliez pas qu'autrefois la quatre-vingt-dix-neuvième portion de la France tenait sous ses pieds, avilies, dégradées, esclaves, les quatre-vingt-dix-neuf autres portions. »

A ces mots, la voix de l'orateur fut couverte par des applaudissements prolongés; on cria : Vive la République; on entonna le refrain : *Amour sacré de la Patrie*, et l'on se dispersa.

Telles étaient les cérémonies religieuses enfantées par la Révolution. Tel était le culte ignoble qui devait remplacer cette morale pure, sainte, sublime de la Religion catholique, cette loi de charité céleste, ces graves enseignements, cette doctrine d'amour, de modestie, de pureté donnée par le Christ à la terre !

Une rage satanique entraînait les révolutionnaires dans les églises et les poussait aux excès les plus révoltants. Rien n'était respecté. Les autels, les tabernacles, les tables saintes, les images, tout était profané, insulté, dégradé, souvent jeté dans les flammes.

Quelques bandits se permirent à Lectoure d'arracher la statue de la Vierge de son piédestal, afin de pouvoir lui faire subir plus facilement mille et mille outrages. Chose frappante ! Le lendemain matin, le chef de ces misérables fut trouvé mort dans sa chambre !

V

L'ABBÉ ESQUERRÉ.

7 thermidor (25 juillet) an 7.

— Le président : Votre nom ? votre prénom ? âge, etc., etc.

— Je m'appelle Jean-Bernard Esquerré. Je suis âgé d'environ 38 ans ; je suis né à Auch ; je suis prêtre et n'ai pas de domicile fixe.

— Depuis quand êtes-vous à Auch ?

— Depuis hier.

— Quel motif vous a appelé à Auch ?

— Pour y trouver de quoi vivre.

— D'où êtes-vous venu à Auch ?

— Du canton de Saramon.

— Dans quelle commune étiez-vous avant de venir à Auch ?

— J'étais dans la commune de Castelnau.
— Dans quelle maison logiez-vous ?
— J'habitais les bois, les champs.
— Avez-vous habité dans d'autres communes?
— Oui, tantôt dans ma commune et tantôt dans une autre.
— Avez-vous exercé les fonctions sacerdotales ?
— Oui, en qualité de vicaire, dans la commune de Pépieux.
— A quelle époque faisiez-vous ces fonctions ?
— Avant que la loi me l'eût défendu.
— Avez-vous exercé vos fonctions depuis que la loi vous le défendait ?
— Je nie l'interrogatoire.
— Avez-vous prêté le serment exigé par la loi ?
— Je l'ai prêté, mais avec restriction ; on n'a pas voulu le recevoir.
— Avez-vous obéi à la loi du 26 août 1792 qui vous ordonnait de sortir du territoire français ?
— J'y ai obéi : j'ai été en Espagne, muni d'un passe-port délivré par la municipalité de Pépieux.
— A quelle époque êtes-vous entré en France ?
— Lorsque la loi me l'a permis, d'après l'avis qui m'en avait été donné de France.
— Avez-vous obéi à la loi du 15 fructidor ?
— Je n'ai point obéi : la misère que j'avais supportée en Espagne m'a empêché d'y revenir.

— Quel motif vous a porté à vous réfugier dans la maison où vous avez été arrêté ?

— J'étais chez ma sœur, il était naturel que je me réfugiasse auprès d'elle.

Je n'y étais que depuis ce matin.

— Savez-vous si vous êtes porté sur la liste des émigrés ?

— Non.

— Où avez-vous passé la nuit, puisque vous étiez dans Auch depuis hier ?

— J'ai été faire des visites chez certains particuliers, chez d'honnêtes gens.

— Quelles sont les personnes que vous avez visitées chez elles ?

— Je ne m'en souviens pas.

On lui fait signer le procès-verbal de l'interrogatoire, ensuite il est conduit à la maison d'arrêt.

Ce sont là les seuls détails que nous avons pu recueillir sur la persécution dirigée contre M. l'abbé Esquerré.

VI

M. L'ABBÉ DÉLAS.

Trois jours après (10 thermidor), le commissaire du Directoire de Mirepoix écrivit à son collègue près le département du Gers :

« Je vous envoie le nommé Simon Délas, prêtre, ci-devant curé de Lartigue, porté sur la liste des émigrés..... Suivant ce qu'on me dit en ce moment, vous ne feriez pas mal de prendre des renseignements sur le compte de cet individu, dans la commune où il a été et dans les endroits circonvoisins. »

Obligé de comparaître devant l'administration centrale pour subir son interrogatoire, ce vénérable prêtre répondit avec une noble assurance à toutes les questions du président.

Le président : — Quel est votre nom, prénom, âge ? etc., etc.

— Je m'appelle Simon Délas. Je suis âgé de 61 ans ; je suis prêtre, natif de Crastes, lieu de mon dernier domicile, et j'ai été curé de Lartigue.

— Avez-vous prêté le serment exigé par la loi ?

— Non.

— Etes-vous sorti du territoire de la République, comme la loi vous l'ordonnait ?

— Je suis sorti en vertu du passe-port qui m'a été délivré et par ordre du département.

— A quelle époque êtes-vous rentré ?

— Lorsque la loi me le permit.

— Pourquoi n'êtes-vous pas sorti lorsque la loi vous en faisait un nouveau devoir ?

— A cause de mes infirmités.

— Vous êtes-vous pourvu devant quelque autorité pour rester dans l'intérieur de la République, à raison de vos infirmités ?

— Non, et j'en suis fâché.

— Quels ont été les lieux de votre retraite pendant votre séjour en France ?

— Je serais en peine pour le dire; j'ai été de maison en maison.

— Avez-vous exercé les fonctions du culte ?

— Non.

— Avez-vous connaissance de votre inscription sur la liste des émigrés ?

— Je l'ai apprise aujourd'hui à mon grand étonnement, attendu que je ne suis sorti que par ordre du département, comme mes papiers en font foi.

— Où avez-vous été arrêté ?

— J'ai été arrêté aujourd'hui à Mirepoix.

— Chez qui avez-vous été arrêté ?

— J'ai été arrêté à l'administration centrale de Mirepoix, où je me suis volontairement présenté pour demander d'être placé sous la surveillance de la municipalité, conformément à un arrêté du département.

M. l'abbé Délas fut-il condamné à la déportation, ou fut-il jeté dans la maison de réclusion, en attendant que les lois de la République eussent perdu de leur ancienne rigueur ? Exposa-t-il aux juges de l'administration centrale ses grandes infirmités, ses souffrances, ses douleurs incurables pour obtenir sa liberté? C'est ce qu'il ne nous est pas possible d'affirmer.

VII

M. L'ABBÉ DARQUIER.

12 thermidor (30 juillet) an 7.

Le commissaire de police de Lectoure et la gendarmerie de cette ville se rendirent chez le prêtre Darquier, pour y faire les perquisitions exigées par les lois, car on savait que le citoyen Darquier avait deux fils dont l'un était prêtre.

A peine les agents de la sûreté publique eurent-ils demandé s'il y avait dans l'intérieur de l'habitation quelque prêtre insermenté ou un ennemi quelconque de la République, que le neveu de M. l'abbé Darquier quitta brusquement leur société comme saisi d'un accès de fureur; tout en traversant différentes chambres, il criait de toutes ses forces : *Mille coups de fusils !...* et proférait toute sorte de jurons.

Les gendarmes l'arrêtèrent, prévoyant qu'il allait donner l'éveil à quelque prêtre.

En effet, on aperçut M. l'abbé Darquier qui se disposait à s'évader par un escalier donnant sur une porte secrète.

On le saisit et, deux jours après son arrestation, il comparut devant l'administration centrale :

Le Président. — Quel est votre nom ? prénom ? etc., etc.

— Je m'appelle Jean-Baptiste-Polycarpe Darquier, prêtre, âgé de 43 ans ; je suis natif de Lectoure où j'étais prébendé.

— Avez-vous prêté les divers serments prescrits par les lois ?

— Non, je ne les ai point prêtés ; je n'ai eu connaissance de ces lois qu'après le délai expiré. Car j'ai été malade.

— Vous êtes-vous conformé à la loi qui vous ordonnait de vous soumettre à la déportation ?

— Je me rendis à la maison de réclusion du département. Je fus déporté à Rochefort. Je recouvrai la liberté grâce à un arrêté émané du comité de sûreté générale qui m'autorisa à revenir dans mon département.

— Savez-vous si vous êtes inscrit sur la liste des émigrés ?

— Non.

— Avez-vous fait les fonctions du culte depuis que la loi le défend ?

— Non.

— Vous êtes-vous conformé à la loi du 19 fructidor ?

— Non ; j'ai cru que cette loi ne m'atteignait pas.

— Où avez-vous été arrêté ?

— J'ai été arrêté à Lectoure, chez moi.

— Vous avez donc une propriété ?

— Oui, citoyen.

— En avez-vous joui constamment et sans trouble ?

— Oui, citoyen.

— Le séquestre a-t-il été mis sur votre maison ?

— Je l'ignore.

— Habitez-vous cette maison seul ou en commun ?

— Je l'habitais en commun ; mais j'avais un appartement séparé.

— Quelles personnes habitaient dans cette maison ?

— Mon frère y habitait.

— Aviez-vous loué des appartements à votre frère et au citoyen Parson ?

— Oui, mais Parson ne l'occupait pas depuis quelque temps.

— Aviez-vous loué par acte public ou par acte privé ?

— C'était par acte privé, passé en 1792.

— Comment est-il possible que vous logeassiez votre frère, tandis que la loi rendait votre frère propriétaire de votre maison, ainsi que vos autres parents ?

— J'ai compris que la loi me rendait la propriété de la maison.

— Avez-vous passé quelque acte public par lequel vous avez rendu vos biens à votre frère ?

— J'ai passé un acte de vente, mais il était simulé.

— Avec qui viviez-vous ?

— Je vivais seul, je me procurais moi-même les aliments.

— Aviez-vous un appartement qui vous fût propre et dont vous seul eussiez la clef ?

— Oui.

— Habitiez-vous constamment Lectoure ?

— Je n'y habitais qu'en passant.

— Quel était votre domicile ordinaire ?

— Je n'en avais pas de fixe.

— Avez-vous été arrêté dans votre appartement ?

— Je l'ai été sur l'escalier.

— Quelles maisons fréquentiez-vous ?

— Je n'en ai pas tenu registre.

— Votre neveu était-il dans la maison, lorsque vous avez été arrêté ?

— J'ignore s'il y était dans ce moment.

— Votre frère est-il en famille dans la maison ?

— Il y habite avec son fils.

— Vous avez dit que vous avez été arrêté dans la chambre et puis sur l'escalier ?

— J'ai entendu du bruit ; je suis sorti de ma chambre et je cherchais à m'évader.

L'interrogatoire achevé, M. l'abbé Darquier fut obligé de suivre le concierge jusqu'à la maison d'arrêt.

On ignore les autres circonstances de sa captivité.

CHAPITRE XXIII

Aignan. — Lavardens. — Les prêtres Lacaze — Dazies — Dubosc de Pesquidoux — Ingres — Lacroix — Lécussan — Mingué — Lateulère — Duran — Majeau — Duclos — Sentex — Mingué.

I

AIGNAN.

Le *fanatisme* faisait de jour en jour de grands progrès dans le canton d'Aignan. Les prêtres déportés ou jugés par contumace y étaient rentrés et y exerçaient publiquement, au mépris des lois, les cérémonies du culte.

Les pères et mères se flattaient de revoir bientôt leurs enfants émigrés.

Depuis deux mois et demi que tous ces faits étaient dénoncés, l'administration locale gardait le silence. Aussi fut-elle invitée à fournir des explications.

La réponse du commissaire général fut relativement modérée.

Il ne craignit pas d'avouer que les prêtres émigrés étaient pour la plupart de retour au milieu de la bonne population d'Aignan.

Sans ignorer que les prédications des prêtres insermentés portent avec elles une semence de *royalisme et de contre-révolution*, il ne croyait pas cependant que l'ordre et la tranquillité publique en eussent jamais été considérablement troublés dans le département.

Puis M. le commissaire déclara au ministre de la police que « les habitants, presque tous agriculteurs, étaient tranquilles par caractère ; une messe les jours de fête satisfaisait leurs idées religieuses. »

Deux séditions menaçantes en apparence avaient été excitées par l'arrestation des prêtres ; mais, enrayées dès leur principe par des mesures vigoureuses, elles avaient été dissipées aussitôt que formées, s'il faut en croire les documents envoyés d'Auch au ministre de la police.

II

LAVARDENS.

Dans ce canton, les jeunes gens de la première réquisition s'étaient longtemps soustraits à l'exécution de la loi du 4 frimaire.

Toujours ennemi passionné du clergé, le ministre de l'intérieur, pour assigner une cause à l'abstention de la jeunesse, ne pouvait mieux imaginer sans doute que d'en faire retomber tout l'odieux sur les prêtres non assermentés. D'après le ministre, ces prêtres réfractaires continuaient *d'empoisonner l'esprit public et de pratiquer les manœuvres les plus criminelles.* Aussi fallait-il édicter des ordres pour leur déportation et leur réclusion.

Les détails manquent pour ces persécutions à Lavardens.

III

LACAZE, PRÊTRE

15 thermidor (2 août) an 7.

Il s'agissait ici d'un prêtre, le plus *osé* et le plus *dangereux* par ses discours contre-révolutionnaires.

« Plusieurs fois déjà, il avait échappé aux yeux clairvoyants des autorités constituées et de la gendarmerie; c'était un des provocateurs de la guerre civile...., un homme qui ne respirait que le meurtre et le carnage des enfants de la Révolution. »

Telles étaient les infâmes accusations dirigées contre M. l'abbé Lacaze, un des prêtres les plus respectables, qui dans une foule de circonstances brava la persécution et la mort, emporté par son zèle infatigable et son amour pour les fidèles que Dieu lui avait confiés. Cœur noble, généreux, méprisant la souffrance, M. l'abbé Lacaze inspirait la confiance, ranimait le courage de ses enfants et donnait l'exemple de toutes les vertus sacerdotales. Nous avons le bonheur de conserver un précieux souvenir de son zèle héroïque : les registres de baptêmes et de mariages depuis l'année 1795 jusqu'au jour de son arrestation. Encore une fois, nous ne saurions nous empêcher de rendre hommage à toutes les familles chrétiennes qui se firent un plaisir et en même temps un honneur de lui offrir, au péril de leur vie ou du moins de leur liberté, une hospitalité si bienveillante.

Les gendarmes de Masseube étaient, on ne peut l'oublier, jour et nuit à la recherche des prêtres réfractaires. Pendant le mois de thermidor, ils faisaient leurs perquisitions principalement dans les communes de Seres, de Puybajon, de Montres, de Bellegarde, etc., etc.

Arrivés dans cette dernière commune, ils aperçurent un homme qui fuyait en toute hâte et se dirigeait vers la maison d'un citoyen nommé Charron.

Ils coururent sur ses traces, frappèrent à la porte : tout était fermé. Quelques instants se passèrent. Enfin un homme descendit. C'était M. l'abbé Lacaze qui vint se présenter lui-même à ses ennemis et se mettre à leur disposition.

Les gendarmes crurent sans doute que cette maison servait de refuge à d'autres prêtres insermentés, car ils pénétrèrent pour se livrer à leurs perquisitions habituelles; mais ils ne découvrirent personne. Ils se contentèrent alors d'inventorier les effets de M. l'abbé Lacaze, avant de le conduire devant la municipalité de Masseube. Le lendemain ce prêtre, comparaissait à Auch devant l'administration centrale.

Le Président : — Quel est votre nom ? prénom ? âge ? etc.

— Je m'appelle Blaise Lacaze. Je suis né à Cachan, canton de Saramon; j'ai 52 ans environ. Je suis prêtre et j'ai été vicaire à Tournan, canton de Simorre, avant la révolution.

— Où avez-vous été arrêté ? et chez qui ?

— J'ai été arrêté dans la commune de Bellegarde, dans une maison dont je ne connais pas le nom.

— Quel a été le lieu de votre domicile habituel ?

— Je n'ai point de domicile fixe.

— Avez-vous prêté le serment auquel la loi vous obligeait ?

— Non.

— Avez-vous passé dans des pays étrangers ? Dans quel pays avez-vous été ?

— J'ai été en Espagne, lorsque la loi m'a obligé à sortir du territoire français, et je suis rentré lorsque la loi m'y autorisait. Je serais ressorti si des maladies ne m'en avaient empêché.

— Lorsque vous êtes sorti, avez-vous pris un passe-port ?

— J'en ai pris un dans la commune de ma naissance.

— Fites-vous votre déclaration que vous alliez sortir de la République ?

— Oui, citoyen, je pris un passe-port.

— Connaissez-vous le propriétaire de la maison où vous avez été arrêté ?

— Je le connais, mais je ne sais pas son nom.

— Etiez-vous seul ou en compagnie dans vos voyages ?

— Je voyageais seul.

— Vous avez eu connaissance de la loi du 19 fructidor ?

— J'en ai ouï parler.

— Avez-vous exercé les fonctions du culte ?

— Je ne les ai exercées qu'en secret, depuis que la loi le défendait.

— Vous n'avez pas prêché publiquement ?

— Non.

— Connaissez-vous ce paquet ?

— Je le reconnais, il m'appartient.

On étale, en effet, sous les yeux de M. l'abbé Lacaze les divers objets que les gendarmes avaient découverts dans la maison où il s'était réfugié.

— Reconnaissez-vous les effets qui sont soumis à votre vue ?

— Je reconnais le calice, le petit ciboire, les boîtes et les rasoirs.

— Le reste ne vous appartient donc pas ?

— Les autres objets ne m'appartiennent pas, à l'exception d'un mouchoir de soie et d'un autre mouchoir blanc.

— Voici l'énumération des objets saisis :

Une longue nappe faite à l'ouvrage ;

Une aube ;

Un amict ;

Une boîte en fer blanc avec des hosties dedans ;

Une boîte en carton avec des hosties dedans ;

Une bourse avec un corporal et deux petits linges ;

Une chasuble rouge avec deux étoles de même couleur ;

Un calice d'argent avec la patène ;

Une bourse à soie avec une petite boîte ;

Quatre rasoirs ;

Une étole à deux faces ;

Un voile rouge.

M. l'abbé Lacaze : — Ce calice appartenait en propre à l'ancien curé de Seres. Il m'a été confié.

— Savez-vous si ce calice appartenait en propre au curé ou à la paroisse ?

— Je crois qu'il appartenait au curé qui revint après qu'il fut sorti de réclusion.

— Reconnaissez-vous l'écriture de ce cahier commençant par ces mots :

Post tempestatem... et finissant par ceux-ci : réunis dans le ciel ?

— Je crois que c'est mon écriture.

C'était, en effet, un sermon dans lequel M. l'abbé Lacaze ne craignait pas de démasquer les mauvaises intentions des ennemis de l'église, de flétrir la persécution actuelle, d'enlever aux prêtres assermentés le peu de confiance qu'ils avaient pu inspirer, etc., etc. Ce sermon fut regardé comme une preuve évidente de l'incivisme de l'abbé Lacaze et du danger que devait occasionner son séjour au milieu des populations.

Puis vint la question des registres.

— A quel usage réserviez-vous ces registres ?

— Je les réservais sans intention aucune.

— Vous faisiez donc les fonctions du culte ?

— Non, depuis la promulgation de la loi qui le défendait.

— Vous vous êtes donc rendu dans les maisons où vous avez fait les baptêmes et les mariages mentionnés dans vos registres ?

— J'y allais en passant.

— Avez-vous jamais prêché le sermon écrit dans ce cahier ?

— Non.

— Vous dites que vous n'avez jamais prêché ce sermon, tandis qu'on affirme que vous en avez prêché de plus contre-révolutionnaires.

— Je n'ai jamais parlé contre la révolution. Je me suis borné à prêcher l'Evangile.

— Aviez-vous fait votre soumission conformément à la loi, pour exercer le culte ?

— Non, on ne m'en a pas donné le temps, je ne connaissais pas la loi.

— Combien de temps avez-vous resté en Espagne ? A quelle époque êtes-vous rentré ?

— J'y ai resté trois ans, et je suis rentré à l'époque de la paix avec l'Espagne.

— Vous avez dit que vous étiez rentré en France lorsque la loi vous y autorisait; et dans une autre occasion, vous répondez que vous êtes rentré en France à l'époque de la paix avec l'Espagne.

Ces deux époques sont différentes, et la loi ne vous permettait pas de rentrer dans ces deux circonstances.

— Je me suis trompé, si j'ai dit que je suis rentré quand la loi me le permettait.

— Dans quelles communes et dans quels cantons avez-vous prêché ?

— Je n'ai prêché que dans les communes de Seres et de Moncorneil, canton de Masseube.

Ici se termina l'interrogatoire. M. l'abbé Lacaze fut invité à signer le procès-verbal pour attester la vérité de ses réponses.

Puis on le ramena à la maison d'arrêt, en attendant son jugement définitif, qu'il nous est impossible de connaître.

IV

Le prêtre Pierre Dazies, ex-bernardin, s'était retiré chez une de ses parentes, dans le canton de Mirande, après avoir quitté la maison de réclusion pour cause d'infirmités. On vint lui signifier qu'il était porté sur la liste des émigrés et que dès lors il devait quitter le sol de la France.

L'abbé Dazies réunit le peu de forces qui lui restaient pour protester contre une telle décision.

« C'est à tort, dit-il aux administrateurs du Gers, que mon nom figure sur la liste des émigrés, puisque j'étais alors dans la maison de réclusion.

« ... Dans le temps, j'ai réclamé ma radiation de cette liste, sans avoir encore obtenu justice... C'est d'autant plus malheureux que je suis dans l'impuissance d'obéir à cette loi qui me fait un devoir de quitter la France.

« Depuis longues années, je suis tellement accablé d'infirmités, que je ne puis marcher et que je garde le lit les trois quarts du temps.

« Envoyez les officiers de santé qu'il vous plaira de désigner pour constater ma cruelle position... »

Les administrateurs chargèrent de cette mission les citoyens Carreté et Bousquet.

Au moment où ces hommes de l'art entrèrent chez la citoyenne Dazies, le prêtre était en proie à d'horribles souffrances. Les jambes contournées, les mains crispées, pâle, blême, il ne parvenait à faire quelques pas dans l'appartement qu'avec le secours de deux personnes.

En un mot, il lui était impossible d'entreprendre le moindre voyage sous peine de perdre la vie.

L'administration centrale se rendit à la décision des médecins et autorisa l'abbé Dazies à rester *provisoirement* dans la maison de sa parente sous la surveillance de l'agent municipal.

Dominique Dubosc de Pesquidoux, prêtre, né à Toujan le 4 mai 1737, avait soixante ans, lorsqu'il fut autorisé à rentrer dans sa commune, sous la surveillance de l'agent municipal. Il nous est impossible d'assigner les causes de l'arrestation de ce prêtre, ainsi que l'époque où il fut mis en liberté.

M. l'abbé Jean Ingres, âgé de 80 ans, avait déjà passé quelque temps dans la maison de réclusion. Lorsqu'il eut recouvré sa liberté, il se retira dans son ancienne paroisse, à Bellegarde, canton de Masseube, chez le citoyen Lasserre de Nouguère.

Il était retenu dans son lit et souffrait d'horribles douleurs, au moment où l'on vint lui signifier qu'il devait encore rentrer en réclusion. On protesta pour lui, contre l'application d'une loi si rigoureuse. Le médecin Campardon, ancien chirurgien-major, fut chargé par l'administration centrale de vérifier l'état de ses souffrances.

M. l'abbé Ingres éprouvait de fréquentes coliques, des éblouissements qui ne lui permettaient point de faire même quelques pas dans son appartement; il avait presque perdu la vue.

Des raisons si sérieuses furent agréées, et ce vénérable vieillard put mourir en paix au milieu de ses paroissiens bien-aimés.

A cette époque, 1 messidor (an 7), M. l'abbé Lacroix (Antoine), âgé de 74 ans, était cloué dans son lit de douleur depuis une quinzaine de mois; il avait même perdu l'usage de ses facultés intellectuelles, et néanmoins on lui fit un ordre de se rendre à la maison de réclusion. Ses amis protestèrent en son nom. Les officiers de santé Vital, Fourés et Raymond Lignac représentèrent aux administrateurs du département que l'on ne pouvait, sans danger pour sa vie, obliger un instant ce malheureux prêtre à quitter sa résidence de Vic sur l'Osse.

L'administration centrale se montra encore une fois généreuse en lui accordant, ainsi qu'à M. l'abbé Pardeillan de rester *définitivement* dans ses foyers.

Huit jours ne s'étaient pas encore écoulés depuis l'interrogatoire de M. l'abbé Lacaze que les gendarmeries de Mauvezin, Condom et Lectoure s'étaient transportées à Auch, s'arrêtèrent à la métairie *Caillavère* pour y faire les recherches les plus minutieuses, comme si le prêtre que l'on poursuivait était un objet de terreur pour toute la contrée.

Ils découvrirent M. l'abbé Hugues-Joseph Lécussan, qui fut aussitôt traduit devant l'administration centrale, et puis écroué dans la maison d'arrêt, en attendant qu'on se fût définitivement prononcé sur son sort.

Les détails nous manquent sur les circonstances de son arrestation, sur son interrogatoire et les crimes dont l'accusaient les révolutionnaires.

V

MINGUÉ

1 vendémiaire (30 septembre) an 8.

Le commandant de la garde nationale de Saramon, suivi de six cavaliers et d'un gendarme, faisait la chasse aux *Brigands royaux*, lorsqu'en passant dans la commune de St-Martin-Gimois, il aperçut un individu aux allures suspectes.

A la vue des agents armés, l'étranger prit la fuite, ce qui était de nature à les confirmer dans leur opinion.

Ils le sommèrent de s'arrêter.

L'étranger obéit.

On lui demanda s'il a quelque passe-port.

— Non, répondit-il.

— Quel est votre nom ?

— Je m'appelle Jean Mingué, et je suis prêtre insermenté.

Il n'en fallut pas davantage pour déterminer nos perquisiteurs à se saisir de sa personne et à le remettre entre les mains de l'administration municipale.

VI

M. l'abbé Lateulère, âgé plus de soixante ans, avait été autorisé à demeurer dans sa famille, à Lannepax, en vertu d'un arrêté de l'administration centrale, en date du 16 nivôse an 6.

Cependant, comme on le menaça l'année suivante de l'arracher encore à l'affection des siens, le 23 fructidor, Jacques Pouy-Lateulère, Charlotte, Henriette, Marianne et Madeleine Pouy-

Lateulère s'adressèrent aux administrateurs en ces termes :

« Nous venons déposer dans votre sein paternel notre douleur et nos justes alarmes, espérant intéresser en notre faveur votre justice et votre humanité. Nous n'avons presque point connu notre mère. Notre père, nous l'avons perdu au commencement de vendémiaire an 6. Notre frère aîné sert comme conscrit de la première classe dans l'armée des Alpes ; notre second frère vient d'atteindre sa vingtième année ; il est à la veille d'être appelé à la défense de la République ; deux petits enfants sont encore en bas âge.

« Dans cette triste situation, notre unique ressource est Henry Pouy-Lateulère, notre oncle, qui depuis deux ans nous tient lieu de père.

« Cependant votre arrêté du 14 de ce mois nous l'enlève, en l'appelant à la maison de réclusion.

« Nous n'avons que lui pour nous former à la pratique de la vertu. Quatre jeunes personnes, deux enfants en bas âge et abandonnés à eux-mêmes, une grande propriété sans surveillance, n'est-ce pas un tableau déchirant pour des cœurs sensibles ?

« Laissez leur curateur, leur ami, leur père à des pupilles, à des orphelins éplorés qui vous devront leur bonheur et qui ne cesseront de vous bénir. »

Nous regrettons de ne pouvoir faire connaître la décision des juges.

Le jour même où ces jeunes orphelins s'adressaient aux administrateurs, M. l'abbé Joseph Durand, sexagénaire et infirme, qui avait déjà reçu l'autorisation de prolonger son séjour dans la commune de Beaumarchez, par un arrêté du 27 prairial an 6, contraint de rentrer en réclusion, fit de nouveau constater ses infirmités par les officiers de santé Ducastaing et Lissagaray, médecins de Beaumarchez et d'Aignan. Et l'administration centrale lui permit de résider *provisoirement* dans sa commune, sous la surveillance de l'agent municipal.

Le citoyen Valentin Majeau, domicilié dans la commune de Vic-Fezensac, était heureux de prodiguer ses soins à son oncle, M. l'abbé Etienne Majeau, ancien cordelier. Les lois de la République obligeaient ce dernier à se transporter, malgré ses 81 ans et de nombreuses infirmités, dans la maison de réclusion, mais son neveu plaida énergiquement devant la municipalité la cause du vénérable vieillard.

Deux officiers de santé, les citoyens Boubée et Fourès, examinèrent l'état des infirmités de ce prêtre. Et, sur leur rapport, l'administration centrale crut qu'un vieillard de 81 ans, ayant perdu ses facultés intellectuelles, paralysé de la moitié de ses membres, au point de n'avoir pu quitter sa chambre depuis deux ans, n'offrait pas de graves dangers pour la République, et pouvait dès lors être placé sous la surveillance de l'agent municipal ! (24 fructidor, an 7).

M. l'abbé Pascal Duclos, ancien prébendé de Lombez, après avoir passé quelque temps dans la maison de réclusion de Toulouse (ci-devant Ste-Catherine), fut renvoyé chez sa sœur à Monpezat, canton de Lombez, pour cause d'infirmités. Il était depuis deux ans paralysé de la moitié du corps. Il avait près de 70 ans, et il était incapable de faire la moindre démarche pour se soustraire aux rigueurs de notre arrêté départemental.

Sa sœur obtint de l'administration centrale le droit de le garder *provisoirement* dans sa maison, à la condition expresse qu'elle en donnerait des nouvelles tous les trois jours à l'agent municipal de Monpézat. Ceci se passait le 12 floréal an 4 de la République. L'an 7, l'administration centrale réitéra à M. l'abbé Duclos l'ordre de se présenter en réclusion. Cependant, il n'y avait pas eu d'amélioration dans sa santé.

Les mêmes renseignements furent fournis par le médecin Vincent Fazuilhes à l'administration municipale de Lombez. En conséquence, il fut arrêté le 25 fructidor an 7 que ce prêtre pourrait *désormais* demeurer chez sa sœur à Monpézat.

Le troisième jour complémentaire de cette

même année, M. l'abbé Jean-Antoine Sentex, prêtre insermenté placé sous la surveillance de la municipalité de Gondrin, supplia l'administration centrale de ne pas l'obliger à entrer en réclusion : il avait 83 ans ; il avait presque perdu la vue ; cloué dans son lit, en proie à une fièvre lente, il ne pouvait, disait-il, entreprendre le voyage d'Auch, sans s'exposer mille fois au danger de mourir en chemin.

L'administration ne crut pas même devoir se prononcer sans prendre l'avis de la municipalité de Gondrin. Puis elle consentit à laisser M. l'abbé Sentex définitivement au sein de sa famille.

VII

MINGUÉ, PRÊTRE.

7 vendémiaire (an 8).

Des bandits révolutionnaires avaient appris que l'abbé Mingué, prêtre réfractaire, se tenait caché à quelque distance de sa commune. Un détachement de la garde nationale de Saramon fut aussitôt envoyé pour procéder à son arrestation.

On le trouva dans la localité de St-Martin, canton de Simorre, chez le citoyen Busquet, caché derrière une meule de paille.

Il fit les déclarations suivantes :

« Je m'appelle Jean Minguó ; je suis errant dans la campagne, j'étais vicaire à Puylauzic ; je n'ai pas prêté de serment à la constitution civile du clergé, parce que ma conscience ne me le permettait point.

« J'ai quitté le sol de la France, mais voilà bientôt deux ans que je suis rentré... J'ai exercé le ministère sacerdotal jusqu'au moment où les lois de l'Etat me l'ont défendu...

« Quand j'étais en Espagne, j'accompagnai jusqu'à Barèges un de mes confrères malade : là je me décidai, vu la proximité de lieux, à faire une visite à mes parents, et voyant que les autres prêtres n'étaient point gênés dans l'exercice de leur ministère, je me décidai à suivre leur exemple et à rester dans mon pays. »

On lui demanda dans quelle commune il avait exercé les fonctions du culte catholique.

— A St-Martin, canton de Simorre, répondit-il ; et cela dans l'église qui ne fut jamais fermée.

— Pourquoi ne vous êtes-vous pas soumis aux lois de l'Etat pour les fonctions de votre ministère ?

— Parce que ma conscience ne me l'a pas permis.

— Comment vouliez-vous trouver un asile

chez des hommes soumis, attendu que vous ne vouliez pas vous soumettre vous même ?

— Chez les barbares, répondit-il, la charité fait respecter les chrétiens, et j'ai cru que cette charité ne me serait pas refusée.

Il termina son interrogatoire en disant qu'il avait toujours vécu, depuis son retour en France, grâce aux aumônes des fidèles, et que le jour même de son arrestation il était allé chez le citoyen Busquet, afin d'avoir recours à sa charité.

Au moment où ce prêtre fut arrêté, les gendarmes aperçurent également le citoyen Lanaspèze, parent du prévenu, dans la maison Busquet. L'administrateur de Saramon résolut de traduire l'abbé Mingué devant la commission centrale d'Auch ; quant aux citoyens Busquet et Lanaspèze, accusés de lui avoir ouvert leurs maisons, ils durent comparaître devant le juge de paix de la commune de Saramon.

Nous ne connaissons ni la sentence des administrateurs du Gers relativement à ce respectable prêtre insermenté, ni celle du juge de paix de la commune de Saramon par rapport aux citoyens Busquet et Lanaspèze.

CHAPITRE XXIV

M. l'abbé Fourcade. — Le ministre de la police. — Les prêtres Molas — Meillan et Moysen — Pic et Bayonne — St-Gery — Barada.

1

L'ABBÉ FOURCADE.

11 vendémiaire (3 octobre) an 8.

Le greffier du juge de paix, accompagné d'un détachement de la garde nationale de Mirande et d'un autre détachement de Marciac, se présenta dans la commune de Ricourt, au château de la veuve Dantras sur qui planaient certains soupçons.

L'agent municipal de la commune y entra avec une partie du détachement, pour y faire les perquisitions prescrites.

On découvrit d'abord près du mur septentrional, dans un lieu ténébreux, M. l'abbé Fourcade, ancien vicaire de St-Arailles; et poursuivant leurs recherches dans les divers appartements, les agents de la force armée enlevèrent une douzaine de pistolets, du plomb, de la poudre, des balles, avec une quantité assez considérable d'argenterie.

Quelques jours après, M. Laberon, tuteur du jeune Dantras, se plaignit amèrement auprès de l'administration centrale de l'indélicatesse de ces procédés et réclama avec énergie les divers objets qui avaient disparu. Sa plainte fut appuyée par les agents municipaux, et, comme on devait s'y attendre, l'administration ne put s'empêcher de faire droit à ses justes réclamations.

Quant à M. l'abbé Fourcade, deux jours après son arrestation, il comparaissait devant les juges de l'administration centrale.

Le président : — Quel est votre nom ? prénom ? âge ? etc., etc.

— Je me nomme Jean Fourcade. Je suis né le 25 janvier 1765 à Miélan ; je suis prêtre et n'ai pas de domicile fixe.

— Depuis quand êtes-vous prêtre ? Et quelles fonctions avez-vous faites ?

— Je suis prêtre depuis environ neuf ans ; j'ai rempli les fonctions de vicaire jusqu'à ce que j'ai été remplacé comme prêtre insermenté.

— Avez-vous prêté le serment prescrit par la Constitution civile du clergé et celui du 14 août 1792 ?

— Je n'ai prêté ni l'un ni l'autre.

— Avez-vous obéi à la loi du 26 août 1792 qui vous enjoignait de sortir de France ? Pouvez-vous justifier que vous en êtes sorti muni d'un passe-port ?

— Je ne suis jamais sorti du territoire français. Par conséquent, je n'ai rempli aucune des formalités voulues par la loi du 26 août 1792.

— Où avez-vous demeuré depuis 1792 ? Pourquoi n'avez-vous pas obéi à la loi ?

— J'ai demeuré constamment en France, parce que mes facultés ne m'ont pas permis d'entreprendre un voyage pour en sortir. Je n'ai jamais eu depuis lors de domicile fixe ; j'allais d'un lieu dans un autre, sans séjourner nulle part.

— Dans quelle commune et dans quelle maison avez-vous été arrêté ?

— J'ai été arrêté dans le château de Cornac, commune de Ricourt, où j'étais depuis la veille, vers les dix heures du soir.

— Qui vous a donné l'entrée dans cette maison ?

— Je suis arrivé de nuit. Je me suis présenté à la porte ; un domestique m'a ouvert. J'ai demandé à parler à la maîtresse qui se nomme Carni, veuve Dantras. Elle m'a accordé l'hospitalité, quand je lui ai déclaré que l'on me pourchassait et que j'étais accablé de fatigue.

— Etiez-vous dans l'usage de fréquenter cette maison ?

— J'y avais été reçu dans un moment où les prêtres pouvaient se montrer ouvertement. Mais depuis qu'ils sont bannis du territoire français, je n'y étais plus revenu.

— Quel est l'appartement qui vous a été indiqué dans la maison ? Quel est celui que vous occupiez lorsque vous avez été arrêté ?

— J'ai occupé une petite chambre au second étage ; elle me fut indiquée en entrant.

— Etiez-vous seul lorsque vous avez été arrêté ?

— Oui, j'étais seul.

— Avez-vous fait des fonctions de prêtre depuis qu'elles vous étaient interdites ?

— J'en ai fait pendant un certain temps ; mais depuis trente mois, je n'en ai point fait.

— Aviez-vous d'autres connaissances dans la commune de Ricourt ?

— Je connaissais tout le monde, mais personne d'une manière particulière.

— Lorsque vous avez fait des fonctions, au mépris des lois, dans quel lieu et dans quelle maison les avez-vous faites ?

— Partout où l'on a voulu me recevoir, sans que je sache dire chez qui et dans quel lieu.

On étala sur le bureau tous les objets qui avaient été enlevés du château de Ricourt.

— Ces objets vous appartiennent-ils ?

— Les dix pistolets, la poudre, le plomb, les balles, l'écritoire et le sabre m'appartiennent en propre. L'argenterie ne m'appartient pas. Elle appartient à Mme veuve Dantras qui l'avait déposée dans la chambre où j'ai été arrêté.....

— Portiez-vous constamment sur vous les armes, déposées sur le bureau ?

— Non, la chose aurait été impossible à cause de l'embarras qu'elles m'auraient donné.

Je portais seulement une canne à lance et souvent un sabre même, quelquefois des pistolets.

— Dès que vous ne portiez pas toutes les armes, où les déposiez-vous ?

— Je les tenais cachées sous terre, dans des réduits inconnus, pour les soustraire à l'enlèvement.

— Comment se sont-elles trouvées chez la citoyenne Dantras ?

— J'en avais réuni chez elle une partie au moment où je pouvais paraître librement, il y a environ trente mois, et elles ont demeuré là constamment.

Les autres, je les avais sur moi lorsque je suis rentré dans la maison, et je les ai réunies avec les premières; voilà pourquoi elles se sont trouvées ensemble.

— Est-ce que vous avez fabriqué les balles

renfermées dans le sac de toile grise pesant environ dix ou douze livres ?

— Je les ai en partie toutes faites.

— Pourquoi avez-vous fait un aussi grand amas de balles ?

— J'en avais distribué en plusieurs endroits, lorsque j'ai cru que je n'étais pas tranquille ; je les ai réunies à Cornac et je les ai trouvées dans le lieu où j'avais déposé mes armes.

— Dites-moi encore, que vouliez-vous faire de ces balles ?

— Je faisais mon amusement de cette fabrication et je m'en servais pour la chasse, après les avoir morcelées et réduites en plomb, ainsi que vous pourrez vous en convaincre, en examinant celles qui sont renfermées dans ce sac.

— Avez-vous opposé une résistance lorsqu'on vous a arrêté ?

Avez-vous tenu des propos qui fassent croire que vous aviez le dessein de vous défendre, si la garde nationale n'eût pas été nombreuse ?

— J'ai dit au commandant de la garde qu'il avait bien cherché et bien trouvé. J'ai ajouté que s'il n'avait pas eu une escorte aussi sérieuse, il ne m'aurait pas arrêté si facilement.

Du reste, je n'ai opposé aucune résistance. Connaissant l'obéissance et la soumission due aux lois de la République, je me suis rendu sur une simple sommation.

— Le passe-port qu'on a trouvé parmi vos papiers vous appartient-il ?

— Oui, il m'appartient.

— Comment l'avez-vous obtenu ? Qui vous l'a remis ?

— J'avais le dessein de voyager, de sortir même du territoire français, et pour cela je priai une personne de confiance (dont je ne dirai pas le nom) de l'obtenir pour moi de l'administration municipale de Marciac.

Elle le fit très obligeamment le 24 *prairial dernier* et me le remit signé des membres de la dite administration.

— Quel usage avez-vous fait de ce passe-port ?

— Je n'en ai fait aucun.

Ici M. l'abbé Fourcade fut prié de parapher son passe-port, afin que ses juges pussent en constater l'existence.

Puis le président continua :

— Croyez-vous être inscrit sur aucune liste des émigrés ?

— Non, je ne le crois pas et c'est ce qui m'a enhardi pour rester sur le territoire français.

L'interrogatoire terminé, M. l'abbé Fourcade le signa pour en attester la vérité, et puis voulant témoigner aux gens de la colonne sa reconnaissance pour les égards dont il avait été l'objet depuis son arrestation, il leur distribua publiquement toutes les armes qu'on lui avait confisquées.

M. l'abbé Fourcade fut aussitôt conduit à la maison d'arrêt pour y attendre la sentence des juges de l'administration centrale, sentence que nous avons le regret de ne pas connaître.

II

Il est certain qu'on ne doit pas mettre sur le compte des vertus civiques l'empressement de quelques gendarmeries, et en particulier celle de Masseube, à poursuivre à outrance les prêtres insermentés. Il serait plus naturel d'attribuer la plupart de leurs démarches à des vues plus ou moins intéressées.

Car une loi du 14 février 1793 allouait une somme de cent francs à tous ceux qui parviendraient à arrêter un prêtre émigré, ou sujet à la déportation.

Ainsi, le 14 nivôse (4 janvier) an 6, le ministre de la police donna des ordres formels pour que le payeur du département du Gers acquittât cette somme à trois gendarmes de Condom.

Si l'administration centrale du Gers se vit obligée de recourir au ministre, ce fut parce que le payeur s'était refusé jusqu'alors à prélever cet argent sur les fonds publics, afin de récompenser le dévouement des gendarmes condomois.

« Je n'ai pas encore reçu de vous, citoyens,

écrivit le ministre de la police, les états des individus domiciliés dans votre arrondissement qui ont dû être frappés de déportation, par les lois des 19 et 22 fructidor an 5, etc., etc... »

On lui répondit :

« Il n'existe dans ce département aucun individu frappé par les lois des 19 et 22 fructidor an 5...

« Toutes les recherches que nous avons faites (à cette époque) n'ont servi qu'à nous convaincre que de tous les individus frappés par la loi du 19 fructidor *quelques prêtres seulement*, se disant rentrés en vertu de celle du 7 du même mois, ont été vus dans quelques cantons...

« L'administration a pris des mesures vigoureuses qui ont produit l'arrestation de douze d'entre eux.

« Il reste encore dans notre département quelques-uns de ces êtres dangereux, que tôt ou tard la surveillance infatigable des autorités constituées atteindra et qui subiront le sort des autres... »

Ce qu'il y avait de bizarre dans tout cet ensemble de lois, c'est que certaines municipalités croyaient pouvoir user de clémence envers les prêtres, tandis que d'autres, pour se conformer à des lois différentes, croyaient devoir employer la plus grande rigueur.

De là des plaintes inévitables formulées contre

une foule d'agents municipaux par les populations essentiellement religieuses.

De là aussi des tiraillements entre localités voisines, ce qui, dans l'esprit des populations, devait nuire au respect des lois révolutionnaires.

Les administrateurs, qui ayant remarqué cette lacune, la signalèrent aussitôt au ministère qui traça à chaque administration une ligne de conduite uniforme, en apparence, mais, dans le fond, prêtant à une foule d'interprétations différentes.

« Les serments rétractés, modifiés ou faits avec restriction étaient nuls et exposaient le prêtre à toutes les rigueurs de la loi.

« Une dénonciation faite par six citoyens contre un prêtre auteur de troubles était suffisante pour la déportation.....

« Les prêtres infirmes ou sexagénaires dont l'âge ou les infirmités étaient constatées devaient être exceptés de la déportation et mis en réclusion. »

Quelque temps après cette circulaire ministérielle, comme les lois de l'Etat concernant les prêtres insermentés devenaient de jour en jour moins sévères, le ministre de la police générale montra enfin qu'il était accessible à la pitié.

M. l'abbé Molas, âgé de 80 ans et détenu malgré ses infirmités dans la maison de réclusion, fit entendre ses plaintes et protesta près du ministère contre le dénûment absolu dans lequel on le laissait, lui et quatre-vingts de ses confrères infirmes.

Nous ne savons quel fut le résultat de sa pétition; mais nous serions porté à croire qu'il fut mis en liberté, car le ministre chargea le Commissaire du gouvernement de faire une visite scrupuleuse dans cet établissement, afin de s'assurer si l'on avait pour les détenus les égards dus à la souffrance. Il lui recommanda même de lui indiquer les noms des prêtres qui par leurs infirmités et une conduite tranquille méritaient d'être rendus à leurs familles pour y recevoir les soins que *réclamait l'humanité.*

III

L'ABBÉ GUILLAUME MEILHAN.

15 brumaire (6 novembre) an 8.

Malgré cette clémence apparente du ministre de la police générale, parfois le département du Gers n'en prescrivait pas moins contre les prêtres réfractaires des mesures de rigueur et des perquisitions ridicules. Le 15 brumaire, deux autres prêtres parurent successivement dans la salle des séances pour subir leur interrogatoire.

C'étaient Guillaume Meilhan, vicaire de Juilles dans le canton de Gimont, âgé de 49 ans, et Blaise Moysen, domicilié à Lombez, âgé de 50 ans environ.

Le Président s'adressant au premier, après les interrogations habituelles :

— Où avez-vous été arrêté ? et par qui l'avez-vous été ?

— J'ai été arrêté à St-Caprais, par un détachement de la force armée de Gimont.

— Etiez-vous seul quand vous avez été arrêté ?

— Au moment de mon arrestation, un individu monté sur un cheval passa près de moi sans s'arrêter.

— Où dirigiez-vous vos pas, au moment où vous avez été rencontré par la force armée ?

— Je venais dans le canton d'Auch.

— Chez qui aviez-vous l'intention de vous rendre ?

— J'avais l'intention de me cacher dans les bois.

— Avez-vous prêté les serments prescrits par la loi aux prêtres ?

— Je n'ai prêté aucun de ces serments.

— Avez-vous exercé les fonctions de votre ministère depuis que la loi vous le défendait ?

— Non.

— Est-vous sorti du territoire de la République ?

— Je suis allé en Espagne, avec un passe-port que me délivra la municipalité de Bagnères-de-Luchon.

Il ressort du reste de l'interrogatoire que M. l'abbé Meilhan quitta la France en 1792 et y rentra seulement quand les lois de l'Etat l'y autorisèrent. On le pria d'exhiber le passe-port que lui avait délivré la municipalité de Bagnères-de-Luchon; il avoua qu'il l'avait perdu; et comme on lui demandait le motif de son séjour prolongé en France contrairement à la loi du 19 fructidor, il allégua pour raison sa pauvreté.

Et le président lui adressa ces dernières questions :

— Avez-vous eu connaissance de l'insurrection qui a éclaté dans ce département (à Gimont)?

— Je n'en ai pas eu connaissance, répondit M. l'abbé Meilhan; j'étais dans le cant. d'Auch.

— Savez-vous si vous êtes inscrit sur la liste des émigrés ?

— Je l'ignore.

Et aussitôt on introduisit M. l'abbé Moysen.

Le président : — Où avez-vous été arrêté et par qui ?

— J'ai été arrêté chez moi par l'agent municipal, par la gendarmerie et par un détachement de la force armée.

— Avez-vous prêté les serments exigés par la Constitution ?

— Je n'ai prêté aucun serment, mais j'ai fait la soumission ordonnée.

— Avez-vous exercé les fonctions du culte depuis que la loi vous le défendait ?

— Non.

— Etes-vous sorti du territoire de la République ?

— Je n'en suis jamais sorti.

Puis M. l'abbé Moysen déclara qu'il était simplement prébendé à Lombez et exhiba devant ses juges une pièce attestant qu'il n'avait point été inscrit sur la liste des émigrés. Or, sur cette liste, on lisait le nom d'un certain bénéficier de Lombez appelé *Moesuc*. M. l'abbé Moysen affirma qu'il ne connaissait point ce personnage, signa le procès-verbal de son interrogatoire et fut reconduit, ainsi que son confrère, M. l'abbé Meilhan, dans la maison d'arrêt par la gendarmerie de la ville.

C'était le cent septième interrogatoire qu'on venait de faire subir à Auch.

Quel fut le sort de ces deux prêtres ? C'est ce que nous ne pouvons faire connaître, car les archives départementales gardent aussi à ce sujet le plus profond silence.

IV

PIC ET BAYONNE, PRÊTRES.

Deux autres prêtres avaient comparu devant l'administration centrale du Gers : c'étaient MM. Jean Pic, natif d'Auterrive, âgé de 45 ans ; et Barthélemy Bayonne, né à Gimont, bénéficier de Lombez, âgé de 47 ans environ.

Le premier subit ainsi son interrogatoire.

Le président : — Dans quelle commune avez-vous été arrêté ? Chez qui ? Et qui vous a arrêté ?

— J'ai été arrêté, ou plutôt je me suis rendu moi-même, dans la commune de Lucvielle, canton de Gimont, entre les mains du commandant de place de cette ville.

— Chez qui étiez-vous quand vous avez été remis à ce commandant ?

— J'étais chez la citoyenne Barie.

— Avez-vous prêté les différents serments ?

— Je n'y étais pas obligé, puisque je n'étais pas fonctionnaire.

— Vous jouissiez d'un bénéfice, et, à ce titre, vous deviez prêter le serment de la Liberté et de l'Egalité. L'avez-vous prêté ?

— Non.

— Avez-vous exercé les fonctions du culte depuis que la loi vous l'a défendu ?
— Non.
— Où logiez-vous ordinairement ? Et chez qui preniez-vous votre subsistance ?
— Je logeais tantôt d'un côté, tantôt d'un autre, chez ceux qui voulaient me donner du pain.
— Etes-vous sorti du territoire de la République ?
— Non.
— Avez-vous connaissance de votre inscription sur la liste des émigrés ?
— Je n'ai jamais été inscrit.

Lecture faite de cet interrogatoire, que M. l'abbé Pic trouva conforme à la vérité, l'abbé Bayonne fut introduit dans la salle des séances.

Le président : — Où étiez-vous quand vous avez été arrêté ? Par qui l'avez-vous été et chez qui ?
— J'étais dans la commune (du Pont), canton de Lombez. Je ne connais point le capitaine qui commandait la force armée lors de mon arrestation.

Je n'ai été arrêté chez personne.
— D'où veniez-vous et où alliez-vous quand vous fûtes arrêté ?
— Je sortais du canton de Lombez et j'allais à Lille, canton de Haute-Garonne.

— Avez-vous prêté vos serments ?

— Je n'en ai prêté aucun ; j'ai seulement fait la soumission qui a été exigée dans le temps par la loi.

— Etes-vous sorti du territoire de la République ?

— Non.

— Avez-vous exercé le culte, lorsque la loi vous le défendait ?

— Non.

— Savez-vous si vous êtes inscrit sur la liste des émigrés ?

— Je n'y ai point été inscrit.

Après lecture faite de ce nouvel interrogatoire signé par l'accusé, les prêtres Pic et Bayonne furent reconduits dans la maison d'arrêt, en attendant qu'on leur notifiât la sentence des juges.

Cette sentence ne fut rendue que le 15 frimaire. En voici la teneur :

« Les prêtres Jean Pic et Barthélemy Bayonne seront conduits de brigade en brigade à l'île de Ré, lieu désigné dans les lettres du ministre de la police générale, pour y subir la peine de la déportation. »

On se souvient que par un décret du 29 vendémiaire, an 8, de la République, le ministre de la police avait expressément recommandé aux administrations d'expédier désormais sur l'île d'Oléron et non plus sur celle de Ré les prêtres réfractaires condamnés à la déportation. Comment se fait-il donc que deux mois après cette circulaire ministérielle nos administrateurs décrétèrent que les prêtres Pic et Bayonne seraient conduits à l'île de Ré ? Les documents nous font défaut sur ce point.

V

M. l'abbé St-Géry, natif de Lectoure et résidant à Magnas (St-Clar), se voyant dans l'obligation rigoureuse de se rendre à la maison de réclusion, exposa aux administrateurs l'état de ses souffrances : il était presque aveugle, travaillé par une fièvre lente et continue, la plupart du temps cloué dans son lit, accablé en un mot de toutes les infirmités qui assiégent la vieillesse.

La municipalité de St-Clar ne put s'empêcher de le prendre sous sa protection. Elle déclara, et en toute vérité, aux administrateurs « que ce prêtre touchait aux derniers instants de sa vie et qu'il fallait nécessairement surseoir contre l'édit concernant un vieillard si malheureux. »

Les officiers de santé Guillaume Danzas et Jacques Morisse appuyèrent au nom de la science la décision de la municipalité de St-Clar.

Cela se passait le 12 frimaire de l'an 4. Sans doute l'administration centrale autorisa ce prêtre à demeurer provisoirement dans sa famille. Cependant quelque temps après nous le trouvons dans la maison de réclusion. Il avait alors 91 ans. Il était perclus de ses membres; de plus, il avait perdu l'usage de la raison. Malgré toutes les protestations de sa sœur Marguerite St-Géry, qui voulait le garder dans sa maison pour lui prodiguer les derniers soins, ce vieillard fut arraché de cet asile et traîné à Auch dans l'Etablissement des prêtres infirmes ou sexagénaires. Il n'en sortit que le 17 nivôse de l'an 8. Et encore lui fut-il impossible de rentrer près de sa sœur à cause de ses souffrances excessives. Il ne pouvait se tenir debout et il fut contraint de se placer sous la surveillance de la municipalité !

VI

19 nivôse an 8.

Malgré de nombreuses infirmités dont il était accablé depuis longtemps, M. l'abbé Barada souffrait sans se plaindre dans la maison de réclusion.

Cependant une voix amie fit entendre une

plainte aux administrateurs du Gers, en faveur de ce malheureux vieillard.

Le citoyen Jean Lafargue et son épouse, neveux du prêtre septuagénaire, représentèrent que depuis trop longtemps leur oncle souffrait en silence. Une maladie nouvelle d'un caractère plus alarmant venait d'aggraver sa situation. Agité de transports violents au cerveau, il poussait des cris effrayants ; c'était à exciter la pitié de tous ses compagnons de réclusion, et celle du geôlier lui-même.

Leur supplique fut accueillie avec bienveillance, et ce fut le 19 nivôse de l'an 8 que M. l'abbé Barada put quitter une maison qui, sous peu de jours, serait inévitablement devenue son tombeau, pour se retirer au sein de sa famille, dans la commune d'Ordan.

CHAPITRE XXV

Les prêtres détenus demandent et obtiennent leur liberté. — Fête de la Reconnaissance et des Victoires. — Les prêtres Broussin — De la Gardette. — MM. Ingres. — D'Espagnet.

I

19 nivôse (9 janvier) an 8.

L'heure de la délivrance allait bientôt sonner pour la plupart des détenus.

Les administrateurs du Gers accueillirent désormais les plaintes de ces malheureuses victimes de la Révolution ; les portes de la réclusion étaient sur le point de s'ouvrir et presque tous ces nobles athlètes de la foi catholique, fatigués, exténués par les veilles et les privations, chargés d'années et accablés de souffrances, vainqueurs de leurs persécuteurs, allaient enfin rentrer au sein de leurs familles ou parmi les populations chrétiennes, toujours heureuses de revoir leurs pasteurs bien aimés.

M. l'abbé Caprais Bauduer, âgé de 71 ans, était atteint d'une paralysie. Son infirmité exigeait des soins qu'il ne pouvait se procurer dans la réclusion.

Après avoir demandé sa liberté, il obtint l'autorisation de se placer en ville, sous la surveillance de l'administration municipale, le 19 nivôse, an 8 de la République.

Ce même jour, M. l'abbé Charles Barris s'était aussi adressé aux administrateurs pour réclamer sa liberté, attendu que sa conduite antérieure à la réclusion n'avait pu donner lieu au plus léger reproche.

D'un autre côté, l'état de faiblesse qui résultait de ses infirmités exigeait des soins qu'il ne pouvait absolument se procurer dans une prison.

L'administration centrale eut égard aux plaintes de ce prêtre et décida qu'il pourrait se retirer à Montesquiou et résider dans sa famille.

II

QUATRE RELIGIEUSES DE GONDRIN SE RÉTRACTENT

On n'a pas oublié que la Révolution avait forcé les religieuses de Gondrin à quitter leur monastère.

Ce n'étaient pas seulement les prêtres qui étaient obligés de prêter le serment de fidélité à la constitution civile du clergé.

Ce serment était aussi obligatoire pour les religieuses.

Des ursulines de Gondrin, au nombre de quatre, avaient eu la faiblesse de se conformer à cette loi brutale et impie; mais bientôt, pressées par leur remords (10 mars et 11 mai), elles écrivirent séparément à la municipalité de Valence qu'elle eût à consigner dans les registres de l'Etat civil leur rétractation conçue à peu près en ces termes :

« Marie-Louise Mothe, religieuse de Ste-Ursule à Gondrin, vous expose qu'après sa sortie du couvent, ses premiers élans furent de suivre les mouvements de la Révolution qu'elle croyait bonne et juste.

« Aussi prêta-t-elle le fatal serment de maintenir les principes de la Liberté et de l'Egalité, sans croire que ce serment portât les moindres atteintes à la religion qu'elle professait, et dans laquelle elle faisait vœu de vivre et de mourir.

« Depuis cette époque, elle croit que ce fatal serment est contraire à sa religion.

« Convaincue qu'elle s'est écartée des vraies règles de l'église catholique, elle se présente à vous pour vous déclarer ouvertement qu'elle rétracte son serment et vous demande acte de sa rétractation. Que cette détermination irrévocable soit donc inscrite sur les registres de la maison commune.

« Elle vous jure qu'elle veut vivre et mourir dans la foi de la religion catholique, apostolique et romaine. »

Deux de ses compagnes ajoutèrent la réflexion suivante :

« Et si, pour cela, j'ai à supporter la persécution, je suis résolue de la souffrir jusqu'à la mort avec la grâce de Dieu. »

Signées : Marie-Louise Mothe — Suzanne Horrie — Marianne Duvigneau — et Angelique Lafourcade.

Rien de plus naturel pour une administration défiante que d'attribuer ces différentes rétractations aux manœuvres de quelque prêtre insermenté. Ce fut sur M. Soulés, prébendé à Condom, que planèrent alors tous les soupçons.

On l'accusa « *d'avoir contrefait le boiteux pour éviter la réclusion.* »

Néanmoins il avait été incarcéré pour cause d'incivisme, et s'il avait obtenu sa liberté de la part du Comité de sûreté générale, ce n'était qu'en exposant des infirmités *supposées*. Depuis lors, en effet, personne, disait-on, n'était plus robuste et plus zélé que lui pour courir çà et là et propager partout les principes du fanatisme.

Le Comité de sûreté générale l'avait placé

sous la surveillance continuelle de la municipalité. La lettre de dénonciation se terminait par ces mots :

« Tous les faux bruits qui se répandent dans les campagnes sont également leurs œuvres ou celles de leurs sectaires. Elles peuvent tourner incroyablement au détriment de la chose publique, si vous ne vous hâtez de prendre des mesures contre ces prêtres insermentés qui ne changeront jamais de caractère. »

L'un des membres de la municipalité fit bien observer cependant que la citoyenne Angelique Lafourcade avait retracté son serment pendant que M. Soulès était encore dans la maison de réclusion.

On passa outre. Et les administrateurs du district de Condom informèrent leurs collègues du département du Gers du serment que nos quatre religieuses de Gondrin venaient de rétracter, attribuant la conduite de ces ursulines à l'influence des prêtres insermentés. Ils laissèrent entrevoir que cette circonstance pouvait leur fournir de précieux renseignements au sujet de ce prêtre.

A la nouvelle que la municipalité de Valence venait de le dénoncer comme fanatique et qu'elle l'accusait d'avoir eu recours à un mensonge vis-à-vis du Comité, M. l'abbé Soulès protesta énergiquement devant l'administration du district.

« Il est injuste, dit-il, de me considérer comme fanatique, puisque je célèbre la messe dans mes appartements où jamais un étranger n'est admis. Malgré les souffrances que j'endure encore, je me plais à reconnaître que la santé me revient peu à peu et j'en rends grâce à la Providence. Quant aux religieuses de Gondrin qu'on m'accuse d'avoir portées à la rétractation de leur serment, j'affirme que c'est là une infâme calomnie. L'une d'elles a fait sa rétractation alors que j'étais dans ma prison ; pour les deux autres, je déclare que je n'ai jamais eu occasion de leur parler en particulier. Au reste, j'en appelle à la décision d'une municipalité mieux informée... »

Après avoir lu la pétition de M. l'abbé Soulès, les administrateurs du district condomois crurent qu'il était prudent de ne pas approfondir une semblable question. Ils décidèrent en conséquence que le *citoyen prêtre* pouvait jusqu'à nouvel ordre jouir de sa liberté.

Le même jour, 19 nivôse, le prêtre Jean-François Dabadie, dominicain, âgé de 66 ans, sollicita l'autorisation de se rendre à Puycasquier, dans sa famille, ce qu'il obtint assez facilement, ainsi que M. l'abbé *Guillon*, son compagnon de captivité, âgé de 67 ans, et M. l'abbé Noël *Vitalis*, âgé de 72 ans, qui revint dans ses foyers à Lectoure.

M. l'abbé Jean Lafourcade, natif et domicilié

de la commune d'Auch, prébendé de l'ancien chapitre et âgé de 72 ans, obtint le même jour l'autorisation de séjourner dans sa ville natale.

M. l'abbé Jean Modeux, âgé de 70 ans et infirme, demanda également à quitter la maison de réclusion, pour se retirer dans sa famille à Barran, ce qui lui fut accordé sans la moindre difficulté.

Le même jour, Dominique Maillac, natif de Lectoure, âgé de 66 ans, demanda à rentrer dans ses foyers et l'obtint.

Antoine Ricau, prêtre, né à Lectoure le 27 juin 1725 (fils de Jean-Jacques Ricau, procureur au Sénéchal et présidial de cette ville), était infirme quand l'administration lui fit un ordre, malgré ses 75 ans, de se rendre à la maison de réclusion. Il obéit. Et après avoir sollicité la faveur de rentrer enfin au sein de sa famille, il fut mis en liberté et se retira dans sa ville natale le 19 nivôse de l'an 8.

III

Le lendemain, 20 nivôse, M. l'abbé Joseph Ardenne, détenu à la maison des Carmélites d'Auch, ne craignit pas d'adresser la supplique suivante aux administrateurs du Gers :

« Les motifs qui vous ont déterminé à prendre l'arrêté du 13 fructidor, an 7, ne subsistent plus dans ce moment; je vous demande en conséquence de me rendre à la liberté. »

L'Administration centrale, après avoir délibéré quelques instants trouva qu'il était juste d'accorder à ce prêtre le bienfait de la liberté, attendu que depuis le premier jour de sa réclusion, il *n'avait cessé de mener une vie paisible et tranquille.*

M. l'abbé Ardenne fut donc autorisé à quitter cette résidence des prêtres infirmes ou sexagénaires. Mais il dut demeurer dans la commune d'Auch, sous la surveillance de l'administration municipale.

Le 21 nivôse, l'abbé Jean-Baptiste d'Albis, habitant de la commune de Rasingues, canton de l'Isle-Jourdain, demanda également sa liberté.

Certes, il faut bien l'avouer, les raisons qu'il exposait aux administrateurs n'étaient pas des plus péremptoires; mais ceux-ci étaient devenus plus faciles.

Comme l'abbé Ardenne, il se contenta de leur dire, en effet, « que les motifs qui les avaient déterminés à prendre l'arrêté du 13 fructidor ne subsistaient plus à cette époque (21 nivôse an 8). En conséquence il demandait qu'on le rendît à la liberté. »

L'administration centrale jugea qu'il y avait lieu de faire droit à sa demande.

A son tour, M. l'abbé Audirac, ex-chanoine de Tarbes, détenu dans la maison des Carmélites ou maison de réclusion à Auch, sollicitant sa liberté auprès des administrateurs du Gers, s'exprima à peu près en ces termes :

« J'ai 60 ans; je suis constamment malade; un rhume des plus accentués menace à chaque instant de m'arracher la vie. Rendez-moi à ma famille où je recevrai les soins nécessaires, et vous ferez bien. »

Les administrateurs accédèrent à ses désirs, le renvoyèrent chez ses parents à Pallane, sous la surveillance de la municipalité de Marciac, « attendu que depuis son entrée à la maison de réclusion, l'abbé Audirac avait toujours mené une conduite paisible et qu'il n'avait jamais troublé l'ordre !!! »

Nous savons que le 1ᵉʳ vendémiaire an 6, pendant que ce digne ministre d'une religion persécutée résidait chez son frère, médecin dans la commune de Tillac, il avait sollicité près des administrateurs du Gers la faveur de recevoir de sa famille les soins indispensables à sa santé. Deux médecins de Marciac s'étaient rendus chez leur confrère de Tillac et avaient donné à l'administration les renseignements nécessaires pour obtenir la liberté de ce prêtre. Mais ils eurent beau certifier que M. l'abbé Audirac était atteint d'un asthme depuis longues années, ils eurent beau déclarer que les accès de sa maladie étaient accompagnés de tremblements nerveux dans les extrémités supérieures, et qu'à cette infirmité s'ajoutaient encore des coliques néphrétiques. Tous ces détails n'avaient pu ébranler les juges qui avaient désigné deux autres médecins pour vérifier les faits.

Ce furent les citoyens Sénac, habitant à la commune de Laas, et Dominique Esquerré, résidant à Monlezun.

Ces derniers comme leurs confrères, après avoir constaté l'*exténuation*, la *maigreur excessive* et l'*extrême faiblesse* de ce prêtre, *certifièrent en leur âme et conscience* qu'il ne pouvait voyager sans un péril imminent pour ses jours. Et l'administration laissa provisoirement M. l'abbé Audirac dans sa famille, pour avoir le plaisir de le rappeler en réclusion quelques jours après cette première faveur, comme si les souffrances de ce prêtre eussent diminué avec le temps !

M. l'abbé J.-M. André Boubée était enfermé depuis quatre mois dans la maison de réclusion. Espérant que son âge avancé (il avait 70 ans) lui donnait quelque droit à l'indulgence des juges, il s'adressa également aux administrateurs du Gers qui l'autorisèrent à quitter sa prison, par décision du 21 nivôse.

Un des motifs allégués par les juges pour rendre la liberté à ce vénérable vieillard, fut qu'il n'avait point troublé l'ordre public et *que la tranquillité était rétablie dans le département du Gers.*

M. l'abbé Barciet, prêtre non fonctionnaire, habitant de Seissan, écrivit aux administrateurs du Gers :

« Je suis âgé de 83 ans, étant né le 29 novembre 1716 ; en ma qualité de prêtre... j'ai été obligé de me rendre à la maison des prêtres indiquée par l'administration centrale.

« Je demande que vous vouliez bien ordonner ma mise en liberté.

« Signé : BARCIET, prêtre. »

M. l'abbé Barciet, âgé de 83 ans, n'avait pas troublé l'ordre public ; la tranquillité était rétablie dans le département ! Il fut donc autorisé à se retirer dans sa famille, à Seissan, sauf à se placer sous la surveillance de la municipalité. Nous croyons qu'il ne faut pas confondre ce prêtre avec M. l'abbé Barciet, curé de Seissan, qui fut obligé de s'expatrier pour se conformer aux lois de la République ; les lois de l'Assemblée autorisaient les prêtres sexagénaires à ne pas quitter le sol de la France, s'ils consentaient à entrer dans la maison de réclusion, et rien ne nous fait supposer que ce vénérable vieillard se soit jamais retiré sur la terre étrangère.

M. l'abbé Cortade (François-Xavier), âgé de 70 ans, vivait tranquillement au sein de sa famille, quand il reçut ordre de se rendre à la maison de réclusion ; et sa liberté lui fut aussi accordée le 21 nivôse an 8 de la République.

M. l'abbé Carde, autrefois pourvu d'un bénéfice à Auch, était âgé de 80 ans quand il fut contraint de se rendre en réclusion. Ses infirmités (il avait presque totalement perdu la vue) lui firent trouver grâce devant ses juges qui par un décret du même jour l'autorisèrent à demeurer à Auch.

M. l'abbé Jacques-Léon Carrère, habitant d'Auch, demanda également sa liberté, qui lui fut accordée.

Ce même jour, 21 nivôse de l'an 8, M. l'abbé Jean Couaix, âgé de 60 ans environ, natif de Lagarde, canton de Lectoure et résidant autrefois dans la commune d'Estramiac, exposa aux administrateurs ses douleurs rhumatismales et demanda en conséquence que la liberté lui *fût aussitôt rendue*. Sa pétition fut favorablement accueillie.

Mgr de Cugnac, détenu dans la maison de réclusion depuis le 10 août an 7, demanda aussi sa liberté, en raison de ses infirmités toujours croissantes, et la restitution des biens qui lui avaient été confisqués.

Nous avons sous les yeux l'arrêté de l'administration centrale autorisant ce prélat à se retirer dans sa famille ; mais les administrateurs gardèrent le silence sur les biens qui lui avaient été ravis. Il était alors âgé de 63 ans.

A son tour, M. l'abbé Jean-Louis-Joseph Chastaigner, habitant la commune de Cassemartin, canton de l'Isle-Jourdain, réclama sa liberté, à raison de ses infirmités. Il avait d'ailleurs plus de 60 ans, et certes, il n'était pas capable de troubler l'ordre public.

En conséquence, par décision des administrateurs, il put se retirer dans sa famille à Cassemartin, et continuer sa résidence dans cette localité, sous la surveillance des agents municipaux.

L'arrêté est daté du même jour, 21 nivôse an 8.

Même faveur fut également accordée à M. l'abbé Gratien Castaignet, septuagénaire, qui par suite de ses souffrances s'était déjà retiré, avant son incarcération, dans sa ville natale, à Aignan.

Ce même jour, M. l'abbé Cazaubon, âgé de 70 ans, recouvra sa liberté et fut autorisé à résider à Auch, sous la surveillance de l'administration municipale.

M. l'abbé Mathieu Cassagnolis habitait la commune de Preignan, canton de Puycasquier, lorsque les lois de 1791 et 1792 lui firent un ordre de se rendre à Auch, dans la maison de réclusion. Il y avait passé trois années consécutives, avait recouvré une première fois sa liberté dont il ne jouit pas très-longtemps, car enveloppé dans une mesure de sûreté générale, il fut de nouveau conduit à la maison de réclusion, qu'il ne parvint à quitter définitivement que le 21 nivôse de l'an 8, pour se retirer au sein de sa famille.

Dominique-Augustin Depetit demanda également à quitter la maison de réclusion en raison de son âge. Il avait 75 ans. On l'autorisa à vivre chez ses parents, à Auch, sous la surveillance de la municipalité.

M. l'abbé Louis Durreigne, habitant de Beaumarchez, sollicita la même faveur et l'obtint sans difficulté.

Ce même jour, M. l'abbé Jean-Paulin Demaine, ex-bénéficier de Barran, exposa qu'il souffrait constamment de ses infirmités et sollicita la même faveur, qu'il obtint également. Il se retira à Barran, au sein de sa famille.

La même faveur fut accordée à M. l'abbé Henri Delort, habitant de Vic-Fézensac, et à M. l'abbé Martin sexagénaire, atteint d'un rhumatisme. Il resta à Auch, au sein de sa famille.

M. l'abbé Jean Dayraud, de la commune de Castéra-Lectourois, avait d'abord représenté à l'administration centrale qu'étant âgé de plus de soixante ans, il avait tout lieu d'espérer de la clémence de ses juges d'être compris dans l'exception de l'article 5 de l'arrêté départemental, 21 frimaire.

L'administration centrale accueillit favorablement sa demande, M. l'abbé Dayraud quitta la maison de réclusion, en vertu d'une déclaration administrative datée du 7 messidor an 6, et se retira dans ses foyers.

Devait-il jouir longtemps de cette liberté qu'il tenait de la bienveillance de ses juges ? Non.

Bientôt après, un nouveau décret l'obligea à se présenter encore à la maison de réclusion. C'est là que nous le trouvons le 20 nivôse de l'an 8. A cette époque, en effet, il s'adresse pour la seconde fois à l'administration centrale et déclare « que sa subsistance est une charge pour sa famille mal aisée » et qu'en conséquence, il demande à l'équité des administrateurs la liberté qu'on lui a ravie contre tous les principes de la justice.

M. l'abbé Jean Dayraud reçut le lendemain l'autorisation de rentrer au sein de sa famille.

Ce même jour, M. l'abbé Paulin-Pascal Darris, natif de Préchac, canton de Saramon, obtint également de rentrer dans ses foyers, sous la surveillance de l'agent municipal.

IV

M. l'abbé François Fontan, ex-bénéficier de l'Eglise Ste-Eulalie à Bordeaux, avait été obligé de quitter sa résidence pour se rendre dans sa commune natale, à St-Avit, canton de Lectoure. Il avait plus de 70 ans. La loi lui faisait donc un ordre de se transporter à la maison de réclusion; c'est ce qu'il fit malgré les infirmités de son âge. Entré dans sa prison le 13 avril 1793, il y souffrit sans se plaindre pendant seize mois environ. Mais en juillet 1795, tous les médecins de l'établissement déclarèrent que ce prêtre ne devait plus prolonger son séjour dans cette maison, à cause de ses graves infirmités et d'un état de faiblesse générale qui l'entraînaient à grands pas vers la tombe. On le renvoya dans ses foyers. M. l'abbé Fontan voyait peu à peu ses forces revenir, quand un nouveau décret de la République lui réitéra l'ordre de rentrer en réclusion. Il s'exposait au danger de perdre la vie, il ne pouvait l'ignorer, et cependant, touchant exemple d'obéissance aux lois de l'Etat! il prit sans protester et même sans se plaindre le chemin de sa prison et de son tombeau.

Il fut obligé de s'arrêter à quelque distance de St-Avit. Ses souffrances étaient horribles. C'est à peine si quelques jours après il avait retrouvé assez de forces pour écrire aux administrateurs et les supplier de le dispenser *provisoirement* de sa réclusion.

Les citoyens Agasson et Gilbert, officiers de santé, désignés pour constater les infirmités de ce prêtre, furent heureux d'appuyer sa demande. On permit donc à ce malheureux vieillard de se retirer dans sa famille, à St-Avit. Mais un nouveau décret vint pour la troisième fois l'arracher à ses foyers. Malgré ses douleurs et des infirmités toujours croissantes, M. l'abbé Fontan rentra dans la maison de réclusion, où nous le retrouvons le 21 nivôse an 8, époque à laquelle l'administration centrale lui accorda définitivement sa liberté. Il avait près de 82 ans.

M. l'abbé Guillaume Grénier, âgé de 73 ans, obtint la même faveur et se retira chez un de ses proches parents, le citoyen Bourrust, à Labéjan, canton de l'Ille-Baïse.

M. l'abbé St-Laurens (Dominique) avait plus de 70 ans quand on l'obligea à quitter sa famille, à l'Isle-Jourdain, pour se transporter en réclusion. Les administrations locales avaient usé d'indulgence à son égard, en raison de ses infirmités. Il lui avait suffi jusqu'alors de se présenter devant l'officier municipal tous les cinq jours; mais des ordres plus sévères émanés de l'autorité centrale arrachèrent ce respectable vieillard à sa famille. Après avoir passé quatre mois dans la maison de réclusion, s'étant adressé, lui aussi, à ses juges pour leur demander sa liberté, attendu qu'il succombait sous le poids des ans, qu'il relevait à peine d'une grave maladie et qu'il n'avait d'autres moyens d'existence que les faibles ressources de sa famille, il reçut de l'administration centrale l'autorisation de se retirer dans la maison de son frère.

M. l'abbé Antoine-Joseph Griffolet, âgé de 67 ans, natif de Cologne, demanda à se retirer chez ses parents à Cologne ou à Saramon, pour avoir les ressources nécessaires à sa subsistance. On lui permit de se rendre à Cologne.

M. l'abbé Michel Lassalle (69 ans) demanda à rentrer dans sa famille, à Marsolan, pour cause de maladie. Dès le jour de son entrée en réclusion, il fut saisi d'une fièvre ardente et opiniâtre dont il ne put se remettre. La faveur qu'il sollicitait lui fut également accordée le 21 nivôse.

M. l'abbé Latreille avait déjà passé quelque temps dans cette maison de souffrances. Le représentant du peuple, Laurence, avait jugé que les infirmités de ce prêtre étaient incurables; aussi lui avait-il accordé sa liberté, ce qui n'empêcha pas les administrateurs de le rappeler à Auch, dans le lieu de sa captivité, malgré son grand âge. Ce fut le 21 nivôse qu'il obtint également de rentrer d'une manière définitive dans sa famille, à Samaran, canton de Masseube. Il avait alors 69 ans.

Même faveur fut accordée à M. l'abbé Loumez, âgé de 67 ans, qui se retira au sein de sa famille, à St-Maur ;

A M. l'abbé Lacome (Jean), septuagénaire, natif du Houga, qui revint dans sa famille le lendemain 22 nivôse ;

A M. l'abbé Jean-Pierre Thieux-Lasserre, habitant de Condom, âgé de 60 ans.

Un autre prêtre du nom de Louis-Jean Guy-Monlaur, accablé d'infirmités, résidait tantôt à Auch, tantôt à Lucvielle, chez une de ses nièces. Il avait presque totalement perdu la vue ; il était sourd et atteint de quelques autres infirmités incurables de leur nature. L'officier de santé Pardiac déclara que, dans cet état de souffrances, ce prêtre devait être exempt de la réclusion.

L'administration centrale se rendit à cet avis par un arrêté du 1er messidor an 7. Tout nous porte à croire que ces graves infirmités ne lui firent pas trouver grâce un peu plus tard devant la rigueur de la loi, car le 21 nivôse an 8, il obtint, lui aussi, l'autorisation de séjourner à Auch, au sein de sa famille.

Ce même jour, M. l'abbé Joseph Paris, âgé de 60 ans, de Lamazère, canton de l'Ille-Baïse, et M. l'abbé Joseph Soulés, âgé de 65 ans, habitant de Valence, obtinrent la permission de regagner leurs foyers.

Le lendemain, M. l'abbé Hilaire Bernis, de la commune de Malabat, exposa aux administrateurs du Gers que depuis son retour de la déportation il souffrait d'une maladie chronique qui prenait chaque jour un caractère plus alarmant.

Il était réduit à un tel état de faiblesse, qu'il ne pouvait quitter le sol de la République pour se conformer aux lois de l'Etat, et devait de toute nécessité attendre le moment où ses forces lui permettraient d'entreprendre ce voyage.

Deux officiers de santé désignés pour examiner l'état de ce prêtre, les citoyens Bernard Despalenques et Jean Tujague, habitants de Betplan et Villecomtal, constatèrent un pouls fiévreux, une pâleur jaunâtre, une maigreur extrême, etc.

Sur le rapport de ces hommes de l'art, l'administration centrale autorisa ce prêtre, par arrêté du 9 vendémiaire an 6, à rester dans ses foyers. Elle exigea seulement que les officiers municipaux fournissent chaque décade aux administrateurs des renseignements sur la santé de l'abbé Bernis.

A ce qu'il paraît, les soins que ce prêtre reçut au sein de sa famille rétablirent bientôt sa santé, car nous le voyons peu après se mettre à la disposition de l'administration centrale pour entrer dans la maison de réclusion.

Le 22 nivôse an 8 de la République, à l'exemple d'une foule de ses confrères, il demanda son élargissement. Cette faveur lui fut immédiatement accordée.

Ce même jour, M. l'abbé Melchior Cabanes, de la commune de Jegun, quitta aussi la maison de réclusion et se retira dans sa ville natale, sous la surveillance de l'agent municipal.

Ce prêtre avait environ 70 ans.

François St-Paul, curé de Durban, avait refusé de prêter les différents serments prescrits par les lois. Aussi fut-il remplacé dans sa paroisse par un prêtre constitutionnel. Quant à lui, s'étant retiré dans sa maison, située dans la même commune, à l'âge de 65 ans, presque aveugle, en proie aux horribles souffrances des coliques néphrétiques, et hors d'état de marcher, il s'adressa aux administrateurs du Gers pour les supplier de ne pas le contraindre à entrer en réclusion :

« Je promets, leur dit-il, de ne point troubler le curé constitutionnel, de ne m'immiscer dans les fonctions curiales qu'autant que ce dernier pourra le désirer...

« Je me priverai, s'il le faut, d'aller dire ma messe à l'église paroissiale.

« Je ne songe qu'à finir mes jours dans le repos et la tranquillité. »

Les officiers de santé Laurent Dallas et Pierre

Bonassies, de Masseube et Seissan, prirent énergiquement la défense de ce malheureux vieillard.

Mais le croirait-on ? Le Directoire du district fut d'avis, le 3 mai 1792, que l'arrêté du département devait avoir sa pleine exécution.

Heureusement que les administrateurs n'adoptèrent pas la décision du district.

La question ayant été portée devant la municipalité de Durban, disons-le hautement à la louange de cette population religieuse, elle eut le courage de dire la vérité, en rendant hommage aux vertus de son pasteur bien-aimé. Les citoyens Manadé, Desconseilles, Montagnet, Lapeyre, Montfies et Collongues écrivirent en ces termes :

« Nous n'avons jamais eu qu'à nous louer de la bonne conduite, de la douceur et des bonnes mœurs de M. l'abbé St-Paul...

« Ses infirmités l'obligent à faire des remèdes presque continuels, et sa fortune ne lui permettrait pas de les faire ailleurs que chez lui... »

L'administration centrale, par un arrêté en date du 12 mai 1792, autorisa M. l'abbé St-Paul à demeurer dans sa maison et la même autorisation lui fut réitérée le 15 vendémiaire de l'an 6.

Mais cette dernière faveur ne devait pas être de longue durée, car l'arrêté du 13 fructidor an 7 obligea ce prêtre à entrer dans la maison de réclusion. Ce fut seulement le 22 nivôse an 8 qu'il put se retirer définitivement dans sa maison de Durban, sous la surveillance de la municipalité.

M. l'abbé Tapie, âgé de 75 ans, forcé par ses infirmités à vivre presque toujours seul dans sa maison, écrivit à l'administration centrale une lettre dont nous extrayons le passage suivant. Après avoir exposé ses souffrances habituelles :

« Je suis homme, dit-il, ne l'oubliez pas ; et à ce titre, j'ai droit aux principes d'humanité que l'autorité n'a jamais violés.

« Je vous demande donc de ne pas m'arracher à mon tombeau et de me laisser ma maison pour réclusion, en attendant le moment peu éloigné où la mort me mettra au-dessus de toute espèce de soupçons. »

Quelle fut la décision des juges administrateurs ? C'est ce que nous ne pouvons savoir.

M. l'abbé Pierre Dumas, âgé de 67 ans, ancien curé de la paroisse de Notre-Dame de Renonfielle, résidait à l'Isle-Jourdain, au sein de sa famille, lorsque les lois de la République le menacèrent de la réclusion. Aussitôt il s'adressa aux administrateurs du Gers, pour leur exposer ses infirmités, sa vie paisible dans la commune de l'Isle-Jourdain et dans son ancienne paroisse. Il fut tout d'abord autorisé à recevoir provisoirement les soins de sa famille. Bientôt après, nous retrouvons cependant, dans la maison de réclusion, M. l'abbé Dumas, arrêté en vertu de la loi du 13 fructidor. Il fut mis en liberté le 22 nivôse, an 8.

Ce même jour, les portes de la réclusion s'ouvraient encore pour donner la liberté à l'abbé Jean-Marie Prunières, sexagénaire, qui rentra dans sa famille, à Auch;

A M. l'abbé Dominique Lamothe, sexagénaire, qui se retira chez ses parents à Biran;

A M. l'abbé Jean-Vital Larue, domicilié dans la commune de Bernède, canton de Barcelonne, qui à l'âge de 78 ans, quittait la maison de réclusion pour la troisième fois;

A M. l'abbé Marqué, âgé de 78 ans, natif de Beaumont-de-Lomagne (Tarn-et-Garonne) qui se rendit à Homps, où il résidait alternativement, avec Beaumont.

Le 22 nivôse, M. l'abbé Pierre Montégut, curé de Tudelle, canton de Vic-sur-l'Osse, rentra aussi dans ses foyers. Il était âgé de 72 ans.

M. l'abbé Pierre Prieur, natif de la commune de Pessan, sexagénaire, fut autorisé à résider dans la commune d'Auch, sous la surveillance de la municipalité.

M. l'abbé Jean-Baptiste Prieur ou Prieux, habitant de Sansan, canton de Seissan, revint également dans sa commune. Il avait 60 ans.

Même autorisation fut accordée à M. l'abbé Joseph Casimir Sudria, sexagénaire, habitant de l'Isle-Jourdain;

A M. l'abbé Tauriac, de Mauvezin, âgé de 70 ans, ainsi qu'à M. l'abbé François Ninous, attendu qu'il était menacé de perdre totalement la vue, et que dans la maison de réclusion il n'avait pas les moyens et les ressources nécessaires pour prévenir une cécité absolue. Ce dernier se retira dans sa famille, à Auch.

Le lendemain, 23 nivôse, M. l'abbé Joseph Froment, ci-devant curé de Panjas, natif du canton de Beaumont-de-Lomagne, revint dans sa paroisse. Il avait 76 ans.

M. l'abbé Alary avait été autorisé par la municipalité de Sauveterre (Haute-Garonne) à aller prendre les eaux de Crouzat, à cause de ses infirmités, et à se retirer ensuite chez des parents à Homps, canton de Mauvezin (Gers).

Il avait été arrêté dans cette dernière localité, et, de son propre mouvement, s'était rendu à la maison de réclusion. Là une maladie sérieuse s'étant ajoutée aux graves infirmités dont il était accablé depuis longtemps, l'engagea à réclamer sa liberté auprès de l'administration centrale.

Les juges accédèrent à ses justes réclamations, parce que le *prêtre Alary n'avait jamais troublé la tranquillité publique !!!*

M. l'abbé Bernard Carron, de la commune d'Aurimont, canton de Saramon, âgé de 70 ans, fut mis en liberté ce même jour.

Le lendemain 24 nivôse, M. l'abbé Barrafitte,

ancien curé de Cazeneuve, canton de Gondrin, ayant demandé pareillement à rentrer dans sa famille, à Marsan, canton d'Aubiet, pour y recevoir les soins qu'exigeait son âge avancé, cette faveur lui fut aussitôt accordée, à la condition de se placer sous la surveillance de la municipalité de Gimont.

Le prêtre Emmanuel Bion, natif et domicilié de la commune de Condom, voulut à son tour jouir de la liberté que l'on avait accordée si facilement à la plupart de ses compagnons de captivité.

Il y avait droit, et d'autant plus qu'il s'était rendu des premiers en réclusion, qu'il n'avait jamais été fonctionnaire public et n'avait jamais reçu le moindre traitement de la nation.

En outre, depuis son enfance il était chargé d'infirmités qui devaient seulement finir avec sa vie. Il y avait donc tout lieu d'espérer que sa démarche réussirait auprès des administrateurs.

Elle réussit, en effet. L'administration centrale se rendit assez facilement aux désirs exprimés par M. l'abbé Bion, et mit d'autant plus de complaisance à lui accorder sa liberté, que ce prêtre produisit en même temps un certificat des plus favorables que la municipalité condomoise avait bien voulu lui délivrer dans ce but. C'était le 26 nivôse an 8.

A son tour, M. l'abbé Darquier, de Lectoure, écrivit à l'administration centrale du Gers :

« Je vous demande un acte de justice que les dispositions des lois et l'humanité sollicitent en ma faveur.

« Jamais je ne fus fonctionnaire public ; jamais je n'ai porté le trouble dans la société...

« Compris dans les lois de proscription, pour mes opinions religieuses seulement, je fus déporté en l'an 2, rendu à la liberté en l'an 3 par un arrêté du comité de salut public. J'ai vécu paisiblement sous les yeux des autorités constituées, qui n'ont pas cru que la loi du 19 fructidor an 4 me fût applicable...

« Je vous expose, en outre, que ma santé, naturellement très délicate et fort affaiblie par le long séjour que j'ai fait dans la maison d'arrêt est bien loin de trouver dans la maison de réclusion les secours dont elle a besoin.

« Le rapport des officiers de santé Druillet et Roumégoux, qui est en votre pouvoir, vient à l'appui de ce que j'avance...

« J'espère, citoyens administrateurs, qu'il vous plaira de me rendre à la liberté et à ma famille, dont les soins me sont indispensables, sous la surveillance de l'autorité, et même, si vous l'exigez, sous le cautionnement de mes parents.

« Signé : Darquier. »

Comme si elle se fût déjà repentie de l'indulgence dont elle avait usé au mois de nivôse, l'administration centrale, méprisant la décision des officiers de santé, ou du moins ne se donnant pas la peine de les consulter, arrêta le 18 pluviôse que M. l'abbé Darquier devait être maintenu dans la maison de réclusion !

Nous constatons ici, sans pouvoir l'expliquer, une nouvelle recrudescence de sévérité de la part des administrateurs du Gers.

M. l'abbé Augustin-Prosper Sentoux, âgé de plus de 60 ans, venait aussi d'exposer à ses juges qu'il était perclus de ses membres, au point de ne pouvoir faire absolument aucun mouvement, dans la maison de réclusion ; en outre, les douleurs rhumatismales dont il souffrait étaient tellement violentes qu'elles lui rendaient ce séjour impossible. Les administrateurs ne purent s'empêcher d'écouter sa plainte, bien que décidés à ne pas lui accorder sa liberté. Ils arrêtèrent qu'il serait confié aux soins de la famille Fillol, négociant à Auch, rue d'Etigny, et lui intimèrent l'ordre de rentrer en réclusion dès qu'il serait guéri de ses infirmités !

V

BROQUA.

11 ventôse (an 8).

M. l'abbé Jacques Broqua, curé de Lias, venait de se réfugier, la veille, chez le citoyen Lubat, commune de Lias, au Maignon, lorsqu'il fut arrêté par les gendarmes de Cazaubon.

Le brigadier rédige le procès-verbal séance tenante :

« Avons arrêté le nomé Broqua... pour être traduit devent une commision militaire aux termes de l'article 16 de la loy du 19 fructidor.

« Et nous lui avons trouvé un calice de composition, et nous lui avons trouvé auci tous les ornemans et livres qu'il se servait pour dire la messe.

« Et le tout est envoyé avec le dit prêtre dans deux sac tel que nous les avons trouves, fait ai clos à Lias, canton d'Estang. »

Deux jours après son arrestation, M. l'abbé Broqua comparaissait devant ses juges, à Auch.

Le président : — Quels sont votre nom, votre prénom, votre âge, votre qualité et votre domicile?

— Je m'appelle Jacques Broqua, âgé de 52 ans,

curé de Lias et de Marquestau, n'ayant point de domicile fixe.

— Par qui avez-vous été arrêté ? Et où l'avez-vous été ?

— Par la brigade de Cazaubon, dans la maison du citoyen Lubat, cultivateur, habitant dans la commune de Lias.

— Avez-vous resté longtemps chez ce citoyen ?

— J'y étais depuis le soir.

— Avez-vous exercé dans cette maison les fonctions du culte ?

— Ma conscience s'oppose à ce que je réponde à la question qui m'est faite.

— Si vous n'aviez pas exercé dans cette maison les fonctions du culte, feriez-vous une telle réponse ?

— Je n'ai point d'autre réponse à faire que celle que j'ai déjà faite.

— En sortant de cette maison, où alliez-vous ?

— Je ne puis en rendre compte.

— Avez-vous prêté les serments prescrits par la loi ?

— Je n'ai point de serments prescrits par les lois ; mais j'ai les déclarations de fidélité aux lois de la République...

— Etes-vous sorti du territoire de la République ?

— Non.

— Avez-vous fait les fonctions du culte ?

— J'ai fait les fonctions du culte lorsque l'administration du canton d'Estang me l'a eu permis, à deux époques différentes. La dernière fois, pendant deux mois, avant le 18 fructidor.

— Avez-vous obtenu cette permission par écrit ?

— Je ne m'en souviens pas : c'était aux approches de la Noël, avant le 18 fructidor.

— Vous saviez que vous étiez dans le cas de la déportation. Pourquoi n'êtes-vous pas sorti du territoire de la République ?

— Je ne suis pas sorti, pour donner des secours aux catholiques.

— Savez-vous si vous êtes inscrit sur la liste des émigrés ?

— Je ne le crois pas.

On exhiba devant lui tous les objets que la gendarmerie de Cazaubon avait confisqués. C'étaient un calice argenté, une boite pour les hosties, une bourse contenant une serviette fine, une patène, trois ou quatre purificatoires, deux fragments de missel, un missel, une aube, un cordon, un amict, une chasuble, un manipule, une étole et un voile.

— Reconnaissez-vous ces objets ?

— Je les reconnais et je déclare qu'ils m'appartiennent. Ils m'ont été donnés par des personnes dont je ne dirai pas le nom.

— Aviez-vous tous ces effets avec vous lorsque vous avez été arrêté?

— J'en avais une partie avec moi et le reste était dans un coffre de la maison où j'ai été arrêté.

— Est-ce que tout près de ce coffre, il n'y avait pas un autel ? Le coffre n'en servait-il pas?

— Ce coffre aurait pu servir d'autel. Je n'ai pas d'autre réponse à faire, sinon qu'il n'y avait pas d'autel auprès du coffre.

Déjà le commissaire du gouvernement, près l'administration centrale du Gers, avait reçu de son collègue d'Estang la note suivante au sujet de M. l'abbé Broqua.

« C'est un homme dangereux qui a fanatisé ce canton à un point extrême.

« L'année dernière, il se forma un attroupement près du lieu où il a été arrêté. On voulait enlever à la gendarmerie des réquisitionnaires qu'ils conduisaient à Nogaro.

« Il est nécessaire que cet individu ne revienne dans le pays qu'à la volonté du gouvernement, et il doit être tenu serré.

« Le bruit se répand au marché d'ici qu'il se formait aujourd'hui un attroupement pour l'enlever à la gendarmerie, si elle l'avait passé dans la commune de Lias, mais on lui a tracé une autre route. »

Ici s'arrêtent tous nos renseignements concernant cette nouvelle victime des lois révolutionnaires.

VI

Un prêtre de Sariac qui avait prêté le serment de fidélité à la Constitution civile du clergé, fut néanmoins arrêté à Masseube, un jour qu'il se rendait à Simorre, ainsi qu'on le verra dans l'interrogatoire qu'on lui fit subir à Auch.

— Etes-vous sorti du territoire de la République ?

— J'en suis sorti en vertu de la loi de la déportation des prêtres, et l'an 5, au mois de fructidor, je suis rentré.

— Où avez-vous resté depuis votre rentrée ?

— J'ai resté constamment à Sariac (Hautes-Pyrénées), excepté pendant deux décades, époque où j'ai été autorisé à aller respirer l'air natal, à Simorre. Au reste, je m'y présentai à l'agent municipal.

— Quel est le lieu où vous avez été arrêté et par qui ?

— J'ai été arrêté à Masseube où je me trouvais de passage pour me rendre à Simorre, et voici comment :

Après avoir passé les deux décades à Simorre, je revins à Sariac. Il faut dire toutefois que pendant mon séjour à Simorre, je demandai à être placé sous la surveillance de cette municipalité.

Les deux décades expirées, je me rendis à Sariac et là j'attendis l'effet de ma pétition. J'obtins en effet d'être placé sous la surveillance de ma commune natale et je m'y rendais en passant par Masseube. Là, je dus séjourner quelques heures de plus que je ne croyais, à cause du mauvais temps. Les gendarmes m'arrêtèrent et me conduisirent à Auch.

— Avez-vous exercé les fonctions du culte ?
— Non.
— Avez-vous prêté les différents serments auxquels la loi vous obligeait ?
— Je n'ai prêté que celui de fidélité à la Constitution de l'an 8 devant l'administration municipale de Castelnau.
— Pourquoi, devant vous rendre à Simorre, êtes-vous allé prêter votre serment de fidélité dans la commune de Castelnau ?
— J'ai agi de la sorte, afin de me trouver en règle, lorsque j'arriverais à Simorre où l'on m'avait invité à faire les fonctions du culte.

Aussitôt après cet interrogatoire, ce prêtre fut reconduit à la maison de réclusion ; et le jury ayant délibéré séance tenante arrêta :

« Qu'il serait ramené jusqu'à Simorre où il serait placé sous la surveillance de l'administration municipale. »

VII

AYMARD *(Lot).*

23 floréal (12 mai) an 8.

Le 23 floréal an 8, les gendarmes de Mauvezin aperçurent vers 4 heures du soir un individu qui leur parut étranger au département du Gers.

Ils l'arrêtèrent, le priant de montrer ses papiers.

Il répondit qu'il n'en avait point, avoua qu'il était prêtre et qu'il arrivait d'Espagne.

Il n'en fallut pas davantage ; nos agents de la sûreté publique s'empressèrent de le conduire à Gimont, afin que, le lendemain, il fût possible de le diriger sur Auch.

Et le 25 il paraissait devant ses juges pour y subir son interrogatoire.

Le président. — Quels sont vos nom, prénom, âge, profession et domicile ordinaire ?

Le prévenu. — Je me nomme Jean-Pierre Aymar, âgé de 39 ans environ, prêtre, habitant depuis 1792 la ville de Bellilla d'Ebre, en Espagne.

— Depuis quelle époque avez-vous quitté l'Espagne ?

— J'ai quitté l'Espagne depuis le 7 mai courant.

— Etes-vous entré en France, en quittant l'Espagne ?

— Oui.

— Quel était votre dessein en entrant en France ?

— Mon dessein était de me rendre dans ma famille.

— Où habite votre famille ?

— A Gramat, dans le département du Lot.

— Etes-vous natif de Gramat ?

— Oui.

— Quels sont les motifs qui vous ont obligé à quitter l'Espagne pour rentrer en France ?

— D'abord le mauvais état de ma santé et la détresse dans laquelle je me trouvais. Enfin deux lettres très pressantes de mon père, par lesquelles il m'invitait à me rendre près de lui, disant que je ne risquais rien.

— Vous connaissiez les lois rendues contre les prêtres insermentés. Pourquoi vous êtes-vous hasardé de rentrer contre leurs dispositions ?

— Je ne connaissais point les lois, et si je les avais connues je ne les aurais pas enfreintes.

— Reconnaissez-vous ce passe-port pour être à vous ? et voulez-vous le parapher ?

— Il m'appartient et je le pris en sortant de France. Je le signerai.

— Quelle est la première ville de France où vous êtes arrivé ?

— C'est Pau.

— Chez qui avez-vous logé ?

— A l'auberge, attendu que je ne connaissais personne.

— Avez-vous constamment suivi la grand'route depuis Pau jusqu'au lieu de votre arrestation ?

— Oui.

— Aviez-vous l'intention en entrant en France d'exercer le ministère du culte ?

— J'étais entré dans cette intention, en me soumettant aux lois de la République.

— Saviez-vous que les lois n'admettent à cette soumission que ceux qui avaient prêté serment aux précédentes ?

— Non.

— N'êtes-vous jamais rentré en France depuis votre départ ?

— J'y suis rentré en vertu des lois qui permettaient aux prêtres d'y revenir, au mois de septembre 1797, et j'en suis sorti après avoir passé dix jours à Bagnères-de-Luchon, dès que j'eus connaissance de la loi qui nous ordonnait de quitter le sol de la République.

— Avez-vous exercé le culte à Bagnères-de-Luchon ?

— Non.

— N'avez-vous point pénétré plus avant dans la France ?

— Non.

— Correspondiez-vous avec quelqu'un pendant que vous étiez en Espagne ?

— Je ne le pouvais point pendant le temps de la guerre; et depuis, je n'ai écrit à personne qu'à mon père, et par la voie de la poste.

— Savez-vous si vous êtes sur une liste d'émigrés ?

— Je ne le sais pas. Mais je ne crois pas y être inscrit, attendu que je ne suis sorti qu'en vertu de la loi du 26 août 1792.

Une dernière question.

— Aviez-vous connaissance qu'il fût rentré beaucoup de prêtres ou qu'il dût en rentrer ?

— Plusieurs avaient reçu de leurs parents et amis des lettres semblables à celles que j'avais reçues de mon père. Une partie était déjà rentrée. Les autres se disposaient à suivre leur exemple.

L'interrogatoire étant terminé, les gendarmes prirent M. Aymar et le reconduisirent à la maison d'arrêt.

Dès le lendemain, il écrivait au préfet la lettre suivante :

« Citoyen préfet,

« Jean-Pierre Aymar, prêtre, s'en revenant dans son département, fut arrêté par la gendarmerie de Mauvezin le 23, et traduit à la maison d'arrêt de cette commune.

« J'ai l'honneur de vous prier au nom de l'humanité de me faire transférer dans le département du Lot où j'ai ma famille, afin d'y puiser près d'elle les secours qui me sont nécessaires.

« J'ose espérer, citoyen préfet, que vous aurez égard à ma demande, en m'accordant ce que je réclame auprès de vous.

« Signé : JEAN-PIERRE AYMAR. »

Le 29 floréal, en effet, le citoyen préfet chargeait le commandant de la gendarmerie de faire transporter le prévenu dans son département.

Au reste, pour que le préfet du Lot ne pût trouver étrange la manière d'agir de son collègue du Gers, ce dernier développait les raisons qui avaient motivé sa conduite.

Entre autres choses, il disait que les registres désignaient comme déportés ou émigrés plusieurs prêtres du nom d'Aymard. Il espérait que l'administration centrale du Lot serait plus en mesure de se prononcer avec prudence sur cette affaire.

Or, le préfet du Lot répondit quelques jours après à celui du Gers pour lui annoncer qu'après vérification faite de la liste des émigrés de son département, aucun des noms Aymard inscrits sur la liste générale ne pouvait s'appliquer à ce personnage. Pour sa part, il avait jugé à propos d'en référer au ministre de la police. C'est là tout ce que nous savons relativement à ce prêtre.

A Vic-Fezensac résidait un autre prêtre non assermenté, qui pour des raisons de santé avait obtenu l'autorisation de ne pas quitter le sol de la France : c'était M. l'abbé Cassaignolès.

Cependant l'autorité civile crut devoir prendre de nouveaux renseignements à son sujet, et voici dans quelles circonstances :

La gendarmerie conduisait à Auch deux réquisitionnaires lorsqu'elle fut arrêtée par un attroupement armé qui voulait les délivrer ; et comme rien n'était plus naturel pour les révolutionnaires que d'attribuer ce soulèvement à l'incivisme des prêtres insermentés, l'adjoint municipal fut autorisé à faire des perquisitions dans tout le canton.

Le préfet consulta l'administration de Vic-Fezensac, et sur le rapport favorable de cette municipalité, il put facilement se convaincre que le citoyen Cassaignoles n'était point *d'un caractère turbulent* et que la population n'avait aucun *reproche à adresser au dit prêtre* concernant sa conduite. Persuadé en outre que la complexion du prévenu était excessivement faible, le préfet fit annoncer à la veuve Cassaignoles, que le ministre de la police générale lui accordait la liberté de son fils. (C'était le 24 floréal an 8).

VIII

FÊTE DE LA RECONNAISSANCE ET DES VICTOIRES.

10 prairial (29 mai.)

La fête de la Reconnaissance et des Victoires fut instituée pour rendre un hommage public et solennel aux héros qui avaient noblement versé leur sang pour la défense de la Patrie et aux soldats qui soutenaient l'honneur de la France devant les armées ennemies.

Voici l'ordre établi dans la plupart des cantons pour célébrer cette fête, d'après l'esprit des législateurs :

L'administration municipale, les fonctionnaires publics, les instituteurs et leurs élèves, les jeunes filles avec leurs institutrices, et toute la population devaient se rendre à l'heure déterminée aux portes de la maison commune. De là, on devait s'avancer au chant des hymnes patriotiques vers la place où était dressé l'autel de la Patrie, ou bien l'arbre de la Liberté. Le plus souvent, cet autel était dans l'église qu'on appelait à cette époque *Temple de la Raison*.

Les fonctionnaires publics et les membres de l'administration marchaient avec recueillement à côté des vieux soldats de la France, de leurs pères et de leurs mères. Arrivée devant le temple, la foule s'arrêtait par respect pour les défenseurs de la Patrie, qui entraient les premiers et allaient prendre place sur une estrade qui leur était spécialement réservée.

La statue de la Liberté, portée par quatre jeunes citoyens, était déposée au milieu d'eux. Puis le président, d'une voix ferme et accentuée, faisait une invocation à la Liberté. Cette invocation était aussitôt répétée par la foule ; des refrains patriotiques se faisaient entendre dans ce temple, où le chant des cantiques s'élevait autrefois comme un parfum de la terre vers le ciel. Le président ou bien l'un des membres de l'administration montait sur la chaire pour prononcer un discours de circonstance. La plupart du temps sa voix était couverte par des applaudissements frénétiques et des cris de *Vive la République française.* Quand l'orateur était descendu, il se dirigeait vers les pères et les mères des soldats, qu'il embrassait publiquement. Puis venaient de nouvelles invocations à la Liberté ; on quittait l'autel de la Patrie en le saluant par des cris réitérés de : *Vive la République...* Et la fête de *la Reconnaissance et des Victoires* se terminait par des danses et *autres jeux innocents* !

On trouva cependant des populations qui furent bientôt dégoûtées de ces scènes scandaleuses et refusèrent ensuite avec opiniâtreté d'y prendre part.

Les administrations locales, obligées d'envoyer à l'administration centrale le procès-verbal de chacune de ces fêtes, durent parfois dénoncer l'esprit contre-révolutionnaire de leurs administrés. Et alors, rien de plus naturel que d'en faire retomber tout l'odieux sur de malheureux prêtres, vieillards infirmes que les juges avaient dû, par la force des choses, laisser provisoirement dans leurs foyers.

C'est ainsi que l'agent municipal du Houga dénonça à l'autorité supérieure l'incivisme de l'archiprêtre de cette localité, de même que le fanatisme outré de quelques prêtres résidant à Monguilhem et à Toujouse.

Ailleurs, quand on avait entonné le dernier chant national devant l'autel de la Patrie, on se rendait à la maison commune ou dans l'église. Un banquet préparé avec soin attendait les pères et les mères des soldats de la France.

A St-Mézard, lorsque les esprits furent légèrement échauffés par le vin généreux de la contrée, les convives se levèrent pour rendre un hommage bruyant au grand Bonaparte, vainqueur de tous ses ennemis, et l'on se *donna les preuves les moins équivoques de la fraternité républicaine.*

Les enfants des écoles récitaient quelquefois des harangues en rapport avec la fête, ou bien quelque chapitre des *Droits de l'homme.*

Le 10 prairial n'était pas toujours célébré d'une façon très brillante et surtout avec un concours empressé de citoyens. Ainsi, à Mont-d'Astarac, on y compta seulement une douzaine de personnes. Naturellement, ce furent les prêtres que l'on accusa d'avoir travaillé la population pour l'empêcher de prendre part à cette fête. Au Houga, six ou sept citoyens seulement se rendirent à l'invitation de l'agent municipal.

Certains cantons, tels que Puycasquier, Eauze, l'Isle-Jourdain, ne jugèrent pas à propos à cause du mauvais temps de célébrer cette fête le jour déterminé par les législateurs. Alors la solennité fut retardée de quelques jours.

A Auch, la fête de la Reconnaissance et des Victoires fut célébrée d'une manière plus solennelle. Dès la veille, à 7 heures du soir et le matin, vers cinq heures, le canon se fit entendre. A une heure de l'après-midi, les corps constitués s'étant rendus à la maison commune, tandis que la garde nationale, la force armée et le reste de la population s'étaient rassemblées sur la place de la Liberté, le canon gronda de nouveau pour annoncer l'ouverture de la fête nationale. On avait déjà préparé un char de triomphe que l'on avait décoré des attributs militaires, drapeaux tricolores, guirlandes, branches de laurier fixés autour d'une colonne. A deux heures, une jeune citoyenne, représentant la Victoire, monta sur le char, entourée de huit petits enfants et précédée sur le même char triomphal d'un héraut d'armes.

Alors une décharge d'artillerie annonça le départ. Le cortége descendit par la rue d'Etigny ; cinq hérauts d'armes à cheval, pris dans les rangs de la gendarmerie ; un groupe de tambours ; la garde nationale sur deux lignes ; au milieu de cette dernière, de petits enfants bariolés des vêtements tricolores et portant à la main des branches de laurier ; quatre militaires avec un faisceau d'armes orné de drapeaux et de couronnes ; immédiatement après le char de triomphe, la musique guerrière exécutant des hymnes patriotiques ; puis un groupe de jeunes citoyennes vêtues de leurs habits blancs, et portant des couronnes civiques ; les autorités constituées tenant à la main des branches de chêne ; les vétérans nationaux, un détachement de la garnison sur deux lignes, la foule des citoyens ; tel était l'ordre du cortége pour cette fête des Victoires. Arrivés en face du pont de St-Pierre, le char s'arrête ; la déesse improvisée descend pour se rendre au son de la musique à l'hospice militaire, bénir et complimenter les soldats blessés et leur décerner des couronnes civiques.

Le cortége reprend ensuite sa marche dans le même ordre, se dirige vers la cathédrale pour y entonner un hymne à la Patrie, et entendre une harangue ridicule composée pour la circonstance. Puis le défilé prend la direction de l'autel de la Patrie, entouré de guirlandes, qui s'élevait dans la grande allée de la Porte-Neuve. Là, nouvelle harangue. Le faisceau d'armes est placé sur l'autel ; les jeunes filles vêtues de blanc y déposent leurs couronnes civiques ; le canon gronde, la musique fait entendre ses refrains accoutumés,

des centaines de voix entonnent le couplet :
Amour sacré de la Patrie, les salves d'artillerie,
les décharges de mousqueterie ébranlent les airs.
Il est nuit. A sept heures, grand spectacle dans
la salle de la Comédie ; à dix heures, brillante
illumination aux trois couleurs nationales, feux
d'artifice, danses et autres jeux divers. Tel fut le
programme fidèle de la fête des *Victoires* dans la
cité auscitaine.

Dans les environs de Risclo, au contraire, tout
se passait avec le plus grand calme. Les agents
municipaux réunissaient avec peine quelques
patriotes autour de l'arbre de la Liberté.

L'administration centrale s'en plaignit amèrement. Mais on devine la réponse des municipalités soupçonnées d'incivisme : ce sont les prêtres,
leurs parents et les esprits fanatisés qui arrêtent
l'élan de la population et l'empêchent de célébrer
dignement les fêtes nationales.

A Barcelonne, on fit l'éloge des soldats du
canton ; on proclama la liste de tous les jeunes
gens de la contrée qui étaient alors sous les drapeaux ; puis on rendit hommage aux vertus civiques de tous ceux qui étaient morts pour la
défense de la Patrie.

Les uns chantaient ; les autres criaient : *Vive
la République* ; les parents pleuraient au souvenir de leurs enfants, et la foule dansait autour
de l'arbre de la Liberté !

IX

COLOGNE.

Le maire de Cologne voulut faire preuve de civisme en adressant au sous-préfet de Lombez les quatre questions suivantes (25 thermidor an 8) :

1° Les prêtres résidant à Cologne n'ont pas fait de soumission ; ils paraissent néanmoins ; le peuvent-ils ?

Voici l'avis du sous-préfet :

« Nul doute que les prêtres ne puissent paraître depuis la loi du 21 nivôse dernier, sans avoir besoin de faire soumission, pourvu qu'ils ne troublent pas l'ordre public, etc., etc. (Suivent une foule d'observations plus ou moins claires et précises.)

2° Dans l'affirmative, peuvent-ils exercer le culte dans leur maison, en ne laissant pas entrer plus de dix personnes du dehors ?

Réponse du sous-préfet :

« Avant d'exercer le culte, il faut faire sa soumission. (Puis il présente une distinction qu'il est assez difficile de saisir.)

3° S'ils ont besoin de voyager ou d'aller aux eaux, peut-on leur délivrer des passe-ports ?

Réponse du sous-préfet :

« Les prêtres placés sous la surveillance de l'administration ne peuvent recevoir leur passeport que de l'administration supérieure. Quant à ceux qui ont une liberté illimitée, ils peuvent les recevoir de l'autorité municipale.

4° Les particuliers ayant des chapelles et y introduisant des habitants sont-ils tenus de faire la déclaration à la police ?... Doivent-ils déclarer leur ministère ; et s'ils n'en ont pas, peut-on ordonner que la chapelle soit fermée ? Les ministres qui voudraient exercer chez eux sont-ils tenus de se déclarer ?

Réponse du sous-préfet :

« Pour un culte privé, la déclaration est inutile dans les chapelles domestiques. Mais elle est rigoureusement nécessaire, si l'on veut y exercer un culte public.

« Le maire doit tolérer le culte public lorsque tout est conforme aux lois, soit pour la soumission des ministres qui doit être affichée dans l'église, soit pour la déclaration du lieu. Il doit faire fermer toutes les églises où l'on ne se serait pas conformé aux lois... »

X

L'ABBÉ BROUSSIN.

Ceux de nos compatriotes qui se trouvaient dans un autre diocèse au moment où éclata la tourmente révolutionnaire et qui furent victimes de la persécution dirigée contre tous les prêtres catholiques, méritent avec raison une place dans cet ouvrage.

Un des premiers que nous rencontrons sur l'échafaud, c'est M. l'abbé Jean-Baptiste Broussin, né en 1760, à Mareil, aujourd'hui département des Basses-Pyrénées. Il résidait à Bordeaux, quand il fut arrêté. Il avait refusé le serment de fidélité à *la Constitution*, ainsi que celui de *Liberté-Egalité*.

C'était plus qu'il n'en fallait pour être condamné. Aussi M. l'abbé Broussin fut-il traduit devant la commission militaire de Bordeaux le 1ᵉʳ nivôse an 2 (21 décembre 1793).

On l'accusa d'avoir refusé de se soumettre à la loi de la déportation, d'avoir dit la messe dans quelques maisons particulières, et par ses instructions, ses conseils, ses démarches d'avoir contribué à égarer les esprits en les fanatisant ;

on lui fit en outre un crime d'avoir inspiré à des jeunes gens dont il dirigeait l'éducation des sentiments contraires aux intérêts de leur Patrie (c'est-à-dire des sentiments de piété, de religion, de vertu). Devant ces accusations ridicules, la commission militaire n'hésita pas un instant à condamner ce vénérable prêtre à la peine de mort. Et, ce même jour, M. l'abbé Broussin, franchissait avec un noble courage les degrés de l'échafaud.

XI

L'ABBÉ DE LA GARDETTE.

Nous ne connaissons pas d'une manière précise le lieu natal de M. l'abbé de La Gardette. Nous savons seulement qu'il était originaire de la Gascogne et à ce titre nous sommes heureux de lui donner une place parmi nos martyrs de la religion catholique.

Il s'était retiré à Paris. A l'époque de la Révolution, il remplissait les fonctions de vicaire à la paroisse de St-Gervais et il refusa énergiquement le serment de fidélité à la *Constitution*; aussi l'autorité municipale le chassa-t-elle de son église. Il vint alors au quartier du Marais où il se présenta comme desservant principal d'une chapelle de catholiques.

Il ne pouvait ignorer que cette nouvelle charge devait le désigner à la fureur des révolutionnaires ; il savait que ses jours étaient en danger ; rien n'y fit ; il envisagea la mort avec gaité de cœur. Chassé de cette nouvelle chapelle, il voulut se dévouer jusqu'à la fin, en remplissant les fonctions de son ministère dans des maisons particulières de la rue des Francs-Bourgeois. A ce qu'il paraît, en recevant les ordres sacrés, pendant que son front s'inclinait sous la main du Pontife, il avait demandé à Dieu la grâce de mourir martyr de sa religion. Son vœu était sur le point d'être exaucé.

Arrêté vers le 10 août 1792 et enfermé dans la prison de la Force, la plus voisine de son domicile, M. l'abbé de La Gardette, loin de s'affliger de sa captivité, ne pouvait au contraire, à la pensée du dernier supplice qui le menaçait, cacher toute la joie de son âme. Il avait eu du goût pour la poésie. Du fond de sa prison, calme, souriant, malgré ses privations de tout genre, il composa un petit poème : *Le Pasteur dans les fers*.

Quand les assassins se présentèrent à la Force, les quatre, cinq et six septembre suivants, si M. l'abbé de La Gardette eût voulu prêter le serment de Liberté-Egalité, il aurait pu quitter sa prison et rentrer dans sa paroisse.

A la vue des bandits qui venaient l'égorger, il se leva. Il avait 40 ans environ ; sa taille peu commune et ses forces physiques imposèrent d'abord une sorte de respect à ces féroces massacreurs. Néanmoins, ils s'apprêtaient de leurs sabres à lui fendre la tête, quand ce prêtre par un mouvement instinctif, leva les mains pour parer les coups de ses bourreaux. Ses mains furent hachées. On lui avait déjà porté le coup mortel ; sa constitution robuste lui permit encore de marcher au hasard et il alla tomber à vingt pas de l'assassin qui l'avait frappé. Quelques instants après, l'âme du martyr, s'élançant de cette terre d'exil, pénétrait dans l'éternelle Patrie.

XII

JEAN-BERNARD INGRES.

M. Ingres naquit près de Gimont, à St-Martin-du-Tour, en 1771. Bien qu'il ne fût pas prêtre, nous sommes heureux de lui consacrer quelques lignes, ainsi qu'à M. d'Espagnet, car ils moururent l'un et l'autre victimes de la foi catholique. Jeune encore, M. Ingres exerçait avec succès la médecine à Lucanan, dans le Médoc, diocèse de Bordeaux. Et de bonne heure, il se fit distinguer par son attachement à la religion de ses pères, aussi bien que par les soins assidus et intelligents qui lui attirèrent bientôt la confiance et lui gagnèrent tous les cœurs.

Chaque jour, autant que ses fonctions le lui permettaient, il se faisait un devoir d'assister à la messe et de fréquenter les pieux exercices des prêtres non assermentés.

Sa conduite fut dénoncée aux comités révolutionnaires de Bordeaux, vers le commencement de 1794. Arrêté, livré à la commission militaire siégeant dans cette ville, il fut jugé le 24 germinal an 2 et condamné à mort comme fanatique et contre-révolutionnaire. Il fut exécuté le même jour, à l'âge de 23 ans.

XIII

3 messidor an 2 (21 juin 1794).

M. André Tursan d'Espagnet, né à La-Devéze-Rivière, en 1713, et président de la Cour des Aides à Montauban, s'était retiré à Caussade depuis quelque temps, lorsqu'on apprit la triste mort de Louis XVI. Alors quelques habitants dévoués à la Royauté déchirèrent publiquement les cocardes révolutionnaires pour arborer la cocarde noire. De ce nombre se trouva M. Tursan d'Espagnet. En outre, M. le curé de Caussade avait annoncé quasi publiquement pour le 1er février un service funèbre pour le repos de l'âme du roi-martyr. Il n'en fallut pas davantage pour déterminer les patriotes à dénoncer aux autorités constituées la conduite de ce prêtre, ainsi que les manœuvres des royalistes de la ville.

Les sentiments religieux que M. Tursan d'Espagnet n'avait jamais eu la pensée de déguiser le firent comprendre parmi les dix-sept accusés de Caussade. Il fut conduit avec eux à Paris et condamné comme *fanatique* par le tribunal révolutionnaire, le 3 messidor an 2, à l'âge de 51 ans. Le même jour, sa tête tombait sur l'échafaud et son âme s'envolait dans le ciel pour y recevoir la récompense de sa fidélité à la foi catholique.

CHAPITRE XXVI

Bordeaux — Guyane

I

Nous avons déjà parlé des souffrances qu'endurèrent nos prêtres français dans l'île de Ré.

Nous savons aussi que quelques-uns de nos prêtres furent déportés à Bordeaux, où ils furent obligés de souffrir toutes les rigueurs d'une horrible captivité. Une parole de M. l'abbé Roussille, prêtre de Lectoure, qui fut en cette occasion conduit de brigade en brigade dans le chef-lieu de la Gironde pour être aussitôt enfermé dans un vaisseau, nous dépeint une partie des souffrances de ces malheureux déportés. Ils étaient entassés pêle-mêle sur le navire, privés d'air, sans pain et sans ressources. Un jour que le surveillant venait, selon son habitude, leur faire sa visite, M. l'abbé Roussille laissa échapper cette plainte : « On donne de l'air aux chevaux de la République, et les prêtres de la France en sont privés ! »

Il en était des tortures de Bordeaux comme de celles de Blaye, au fort de l'île du Pâté. Voici le récit transmis par M. Maignen, aumônier de l'hôpital dans cette dernière ville :

Entassés par centaines les uns au fort de l'île, les autres au petit cône de la citadelle, ils n'y habitaient que des souterrains obscurs, où l'eau découlait des voûtes et où ils couchaient sur la terre humide. On ne leur donnait pas même de la paille pour leur servir de lit... On leur enlevait leur argent, leurs livres, et tout ce qui pouvait être pour eux un objet de consolation ; inutile de parler des mauvais traitements que les gardiens se permettaient envers eux. Blaye se rappellera longtemps la fureur avec laquelle un certain bataillon de volontaires fondit sur ceux d'entre ces prêtres que l'on faisait passer à Bourg-sur-Gironde. Il fallut toute l'énergie de la garde nationale de Blaye pour les soustraire à la rage des soldats. On ne donnait pour toute nourriture aux prêtres que du pain et de l'eau, et quel pain dans ces temps-là !... Ils sont même restés une fois trois jours sans avoir le pain noir de la ration ordinaire ; et plusieurs sont morts de faim. Plus d'une fois ils furent réduits à dévorer le peu d'herbe qui croissait sur cette terre sablonneuse. Les deux hivers qu'ils y ont passés ont été pour eux d'autant plus cruels qu'on ne leur donnait point de bois pour se chauffer et que rarement on permettait aux personnes compatissantes de leur en porter. La charité industrieuse de quelques bonnes âmes imaginait, à la vérité, des stratagèmes pour leur faire parvenir des moyens d'adoucir l'extrême rigueur de leur sort ; mais cette sainte industrie, quand elle était découverte par les agents de la persécution, valait l'emprisonnement à la personne qui l'avait employée ; et ce qui était destiné aux prêtres devenait la proie des satellites. Parmi les personnes emprisonnées à cause de ces pieux artifices, on compte M. Billonneau, orfèvre ; M. Chéty ; Mlle Deyrem, etc... Ils reçurent par intervalles, pendant la nuit, les secours de Mlle Pichon, de Bordeaux, qui leur envoya des malles remplies d'objets de première nécessité, d'un garçon boulanger, nommé Parenteau, et de plusieurs autres personnes de Blaye.

Leurs vêtements même, rongés par la vermine, étaient encore usés par le temps. Qu'on se les représente ainsi vêtus, dans une espèce de caveau infect d'où très souvent on les empêchait de sortir pour respirer un air moins contagieux... Ce supplice ne parut s'adoucir que trois mois après la chute de Robespierre ; mais quel adoucissement qui ne faisait guère que le varier, en y ajoutant la plus méprisante humiliation ! On les fit alors travailler comme des forçats pour le service de la citadelle ; il leur fallut rouler des pierres sur une brouette, ou les porter sur des brancards ; tous les travaux des bagnes leur étaient imposés, et malheur à celui d'entre eux qui n'avait plus assez de force pour faire ce qui lui était prescrit ! La moindre punition qu'on lui infligeait consistait à lui retrancher une partie de sa nourriture. Ces supplices ne durèrent pas moins de vingt mois. N'était-ce pas aussi les peines que les Néron, les Caligula, les Trajan infligeaient aux premiers chrétiens ?

II

GUYANE.

Quelques jours avant le 18 fructidor an 5 (4 septembre 1 ..), la religion catholique put croire qu'elle allait enfin cesser de gémir sous une si cruelle oppression. Mais hélas ! cette espérance fut de courte durée. Pour multiplier le nombre des victimes, le Directoire exigea que les prêtres qui s'étaient refusés à signer la déclaration déterminée par le décret du 7 vendémiaire an 4, prêtassent un serment non moins odieux, celui de haine à la Royauté. Mais comme la plupart de ceux qui avaient souscrit à la déclaration consentirent à jurer de nouveau, persuadés qu'ils n'étaient point pour ce motif en opposition avec la religion d'un Dieu de paix et d'amour, de fait le nombre des prêtres déportables ne fut pas si considérable que l'avaient espéré les persécuteurs.

Tout nous porte à croire que le Gers envoya quelques-unes de ses victimes à la Guyane, bien que les archives départementales gardent le silence sur ce point. Car au moment où nos Législateurs s'adressèrent à l'administration centrale du Gers afin de lui désigner la Guyane comme lieu de déportation, pour une certaine classe de prêtres réfractaires, ce département en comptait un assez grand nombre dans cette catégorie.

Entassées dans les vaisseaux, ces malheureuses victimes de la Révolution française passaient jusqu'à quatorze heures par jour et quelquefois davantage dans un entrepont infect où l'on ne recevait d'air que par deux ouvertures de trois pieds en carré. Là étaient jetés pêle-mêle tous ces prêtres, la plupart infirmes, respirant une atmosphère si fétide que les sentinelles elles-mêmes placées à l'extérieur demandèrent avec instances que l'on abrégeât le temps de leur faction. Le capitaine d'armes, tout en faisant rentrer chaque soir ces captifs dans ce lieu d'infection, comme on pousse un vil troupeau dans une étable, avait soin de fredonner à leurs oreilles ce vers du *Chant du départ :*

« Tyrans, descendez au cercueil. »

Quelques-uns d'entre eux furent expédiés vers le Konanama.

Exténués de fatigue et mourants de soif, ils ne trouvèrent, pour se désaltérer, que l'eau saumâtre d'un fleuve, sur les bords duquel ils durent se coucher pour en aspirer quelques gouttes. Parfois, ils crurent devoir s'adresser au chef qui les conduisait pour lui demander quelques instants de repos; ils ne reçurent pour toute réponse que ces paroles féroces : « Taisez-vous, chiens de déportés; où je vous ferai taire à coups de fusil. »

Ils arrivent enfin au lieu qu'on leur a désigné. Une hutte sur laquelle, en été, les feux du soleil tombent perpendiculairement, et dont la terre rougeâtre réfléchissant les rayons avec toute leur ardeur, exhale de son sein des odeurs pestilentielles, fut le seul abri de nos exilés pendant le jour. La nuit, ils étaient enfermés dans une misérable cabane appelée Hôpital, exposés aux piqûres des moustiques et des insectes venimeux, n'ayant tout d'abord d'autre lit que le sol brûlant. Huit onces de pain, un peu de farine de manioc desséché, huit onces de viande, un peu de riz, telle était pour chacun d'eux la nourriture de chaque jour.

Défense expresse de quitter l'enceinte qui leur était assignée *afin de ne pas soulever les habitants par la superstition;* défense encore de se livrer aux exercices de la pêche et de la chasse, même afin de pourvoir à leur subsistance.

Quinze jours s'étaient à peine écoulés que l'hôpital regorgeait de malades; leur ongles se détachaient des doigts, leurs jambes s'étaient enflées et couvertes de pustules, à tel point que les chairs tombaient même en lambeaux; la dyssenterie avait tellement épuisé ceux qui avaient pu résister à toutes ces épreuves, qu'ils n'avaient presque plus la force de se mouvoir. L'odeur fétide qui se dégageait de ces corps en dissolution était si repoussante que leurs confrères seuls, animés de la plus héroïque charité, avaient le courage d'approcher des moribonds. Après une agonie longtemps prolongée au milieu de souffrances atroces, lorsque les vers qui les rongeaient avaient pénétré dans leurs intestins, nos martyrs rendaient leur dernier soupir; et souvent dans leurs dernières paroles, à l'exemple du divin crucifié leur Maître, ils bénissaient leurs persécuteurs.

En entrant à l'hôpital, le malade se voyait aussitôt enlever tous ses effets par un garde-magasin, et lorsqu'il réclamait ensuite quelqu'un de ces objets indispensables, le garde-magasin lui répondait avec brutalité : « Vous êtes mort; ce que vous avez doit vous suffire. » Quand un cadavre était remis entre les mains des fossoyeurs, ceux-ci se mettaient aussitôt en mesure de creuser dans la terre un trou de peu d'étendue ; ils lui brisaient les jambes pour les replier sur le tronc et trépignaient sur ces restes encore palpitants qu'ils recouvraient de sable ou de poussière.

Le 3 février 1799, un de ces malheureux déportés, dont nous ne connaissons pas le nom, attendu que des initiales seules terminent sa lettre, écrivit à son père :

« Dieu a veillé sur sa faible créature : votre fils existe et la mort n'a pas encore frappé l'enfant que vous pleurez. Mon père, ô vous qui, dès ma tendre enfance, m'apprîtes par habitude et par plaisir à n'aimer que la vertu, si vos yeux, sans cesse baignés de larmes, s'ouvrent encore à la lumière, et si ces lignes tracées par une main chérie vous parviennent, qu'elles consolent votre vieillesse ; que la douleur cesse de vous accabler, et qu'au moins elle respecte les bords de votre tombe... O mon père, il est une autre vie où l'homme vertueux trouve enfin un abri ! Si la religion ne le disait pas, le malheur suffirait pour l'apprendre... Oui, mon père, c'est dans ce dernier monde où tout va se confondre, où le méchant n'a plus le droit de nous poursuivre, que nous pourrons nous revoir. C'est là que vos vertus, que mes infortunes nous feront trouver grâce devant Dieu...

« Mon père, vous parlerai-je de mes ennemis ? Oh ! non, le ministre d'un Dieu de paix ne doit point en avoir ; ma religion m'apprend à pardonner, et le ciel m'est témoin que mes lèvres ne prononcèrent jamais les noms de mes persécuteurs que pour attirer sur eux la miséricorde divine. Ah ! s'ils sont assez heureux pour que le repentir pénètre dans leurs âmes, si alors je ne suis pas là pour les consoler, pour leur dire : je vous ai pardonné, qu'une main généreuse leur montre ma lettre et qu'elle allége leurs tourments. Que votre bouche aussi, ô mon père, prononce leur pardon. Le coupable est toujours plus à plaindre que sa victime...

« Le cachot où je fus jeté renfermait déjà huit ministres de la religion, et, avec eux, toutes les vertus. Il était nuit quand j'entrai dans ce séjour funèbre ; une lampe y répandait sa lueur sépulcrale. Quel spectacle ! des vieillards couchés sur le carreau... ils n'avaient qu'un peu de paille pour reposer leurs têtes ; et cependant ils dormaient tous : l'innocence sommeille si aisément ! Bientôt mes regards se fixèrent involontairement sur un de ces infortunés : un visage céleste, de longs cheveux blanchis par les années, tout en lui commandait la vénération. A sa vue, saisi d'un saint respect, je m'approche, je tombe à genoux devant lui et je promets à Dieu de consacrer mes soins à ce vieillard. Il s'éveille, m'aperçoit, lève les yeux au ciel, puis me tendant la main : « O mon fils, me dit-il, vous êtes aussi l'enfant du Seigneur : que la foi vous soutienne dans la persécution, et que Dieu soit toujours votre consolateur... » Ses compagnons d'infortune, s'étant éveillés, s'unissent à lui; tous m'entourent, tous oublient leur malheur, pour ne s'occuper que du mien. Je parais être la seule victime ; je suis le seul que l'on console. »

Tels étaient les prêtres dangereux que la France révolutionnaire repoussait de son sein; mais tels sont aussi les prêtres que la France catholique salue avec respect sur les plages dévorantes de la Guyane. Que cette terre d'exil où reposent les ossements de nos martyrs soit à jamais vénérée. En France, on piétinait sur leurs corps; des bandits, avec une joie féroce, montraient à la foule les têtes sanglantes de nos victimes et les faisaient rouler à coups de pied sur les places publiques. Là, du moins, des mains criminelles n'iront jamais souiller de leur contact impur ces nobles reliques abritées par un climat insalubre ; seuls les frères catholiques de ces intrépides défenseurs de la foi viendront, pénétrés d'un saint respect et les larmes dans les yeux, s'agenouiller sur leurs tombes.

Condamnés au nom de leur patrie aux plus cruelles privations, au milieu de leurs tortures sur la terre étrangère, pâles, exténués, brisés par les souffrances de tout genre, nos martyrs faisaient encore des vœux pour la France, et leur dernier soupir était une prière pour leurs bourreaux !

FIN

TABLE DES MATIÈRES

Pages

Chapitre Ier.. 1

Monseigneur de Latour-Dupin-Montauban. — Ses protestations. — Son accusation. — Sa condamnation. — Son exil. — Ordinations. — M. l'abbé Darré. — Son arrestation. — Sa fuite. — Dévouement de quelques personnes. — M. l'abbé de Bastard. — Exécutions.

Chapitre II.. 27

Constitution civile du clergé.

Chapitre III... 32

Paul-Benoît Barthe. — Son élection. — Cérémonie d'installation. — Les prêtres refusent le serment. — Mandement de M. Barthe. — Pamphlet contre lui. — Accusation. — Condamnation. — Retour. — Synode diocésain. — Ordinations. — Sa mort.

	Pages
CHAPITRE IV...............................	66

Un prêtre assermenté. — Protestation d'un grand nombre de prêtres. — Dénonciation. — Prêtres exilés en Espagne. — Anecdotes.

CHAPITRE V................................	78

M. l'abbé Lespinasse. (Marciac 8 janvier 1793). — Sa correspondance. — Perquisitions. — Maison de réclusion. — M. l'abbé Aurensan. — Honoré Sansas. — Quelques autres prêtres. — Pierre Lacoste. — Le 29 fructidor.

CHAPITRE VI...............................	93

Le 29 fructidor. — Margouët. — Le 24 mars 1793. — Fête de la jeunesse. — Les prêtres Dazies — Bouzon — Lacave. — Décrets contre les prêtres. — Réclusions. — M. l'abbé Barris. — Déportation.

CHAPITRE VII..............................	122

Le costume ecclésiastique ou religieux prohibé. — M. l'abbé Blaise Rabin, condamné à mort. — M. l'abbé Daurio.

CHAPITRE VIII.............................	128

Affaires de Viella — St-Aunix — Beaumarchez — Mondebat. — M. l'abbé François Caupenne, condamné à mort.

CHAPITRE IX...............................	145

M. l'abbé Ducastaing. — La fête des Epoux. — Cologne. — Le Directoire d'Auch.

	Pages
Chapitre X.................................	157

Les prêtres Cantan-Hournet — Dubarry. — Fête des vieillards. — Gardère. — Vivent. — Demont. — Arqué. — Laporte. — Barris. — Sabathié. — Despiau. — Latreille.

| Chapitre XI................................ | 182 |

La persécution devient plus violente. — Les prêtres Castaignet — Hardouin — Sérenc — Larroque, condamné à mort — Cadroy — Cazaubon — Mothe.

| Chapitre XII............................... | 200 |

Nouvelles menaces. — Monlaur. — Simorre. — Masseube. — Saramon. — Gimont. — M. le curé de Garravet. — M. l'abbé Guillon.

| Chapitre XIII.............................. | 214 |

Affaire de Projan. — Lille Arbéchan. — Affaire de Masseube. — M. l'abbé Molas.

| Chapitre XIV.............................. | 233 |

M. Ader et son frère. — Les prêtres Gaspart et Delort. — Fête du 10 août. — Mendousse et Lamezan. — Montaut. — Labéjan. — M. l'abbé Sentis.

| Chapitre XV............................... | 256 |

Affaire de Scisses. — M. l'abbé Villemur. — Lamaguère. — Les prêtres Loumez — Souriguère — Bourret, condamné à mort.

	Pages
Chapitre XVI............................	272

Les prêtres Taillandier — Lalanne — Lagnoux-Béliard — Leydon — Mallac — Lacroix — Mestre. — L'île de Ré. — M. l'abbé Pérés.

Chapitre XVII........................... 291

Quelques autres prêtres suspects. — Les prêtres Laporte et Délas. — Fête de la souveraineté du peuple. — Sers. — Aigobère.

Chapitre XVIII.......................... 319

Le vicaire de Barbotan. — Les prêtres Lacaze-Sardac — Soubdès — Daurensan — Carrère. — Deux prêtres assermentés.

Chapitre XIX............................ 350

M. l'abbé Cadroy. — Fête de l'Agriculture. — Encore des suspects. — Les prêtres Caumel — Lasserre — Sabathié — Sorbets — Melet — Jaulin — Dorgueil.

Chapitre XX............................. 382

Les prêtres Lespiau (et Vignères) — Sentoux (et Dugers) — Boussens — Martin — Fourcade et Daulon. — Fête de l'anniversaire du dernier roi. — Barciet — Castex.

Chapitre XXI............................ 420

Affaire de Marciac. — Les prêtres Doubrère et Lagrange. — Quelques prêtres assermentés. — M. l'abbé Courtade. — La maison de réclusion. — Les prêtres Pardeillan — Cassagnolles — — Montamat.

	Pages
Chapitre XXII..........................	433

Plaisance. — Les prêtres Lafont — Mieussens — Daurensan — Jaulin. — Fête du 26 messidor. — Esquerré. — Délas. — Darquier.

Chapitre XXIII.........................	463

Aignan. — Lavardens. — Les prêtres Lacaze — Dazies — Dubosc de Pesquidoux — Ingres — Lacroix — Lécussan — Mingué — Lateulère — Duran — Majeau — Duclos — Sentex — Mingué.

Chapitre XXIV.........................	483

M. l'abbé Fourcade. — Le ministre de la police. — Les prêtres Molas — Meillan et Moysen — Pic et Bayonne — St-Gery — Barada.

Chapitre XXV..........................	503

Les prêtres détenus demandent et obtiennent leur liberté. — Fête de la Reconnaissance et des Victoires. — Les prêtres Broussin — De la Gardette. — MM. Ingres — D'Espagnet.

Chapitre XXVI.........................	557

Bordeaux — Guyane.

TARBES, IMPRIMERIE ÉMILE CROHARÉ.

www.ingramcontent.com/pod-product-compliance
Lightning Source LLC
Chambersburg PA
CBHW070412230426
43665CB00012B/1335